ZUKUNFTSBRANCHE BAHN

Beruf & Karriere 2025/2026

17. Jahrgang

Herausgeber:

VDV Die Verkehrsunternehmen

Premiumpartner:

VDV Industrieforum

Mit freundlicher Unterstützung:

VPI

Gleisbau Überwachungsgemeinschaft

In Kooperation mit:

Bundesagentur für Arbeit

InnoTrans Campus

NA Nationale Agentur für Erasmus+ Hochschulzusammenarbeit | DAAD Deutscher Akademischer Austauschdienst German Academic Exchange Service

AZUBI MOBIL

transport logistic

IT-TRANS YOUR HUB FOR DIGITALISATION IN MOBILITY

Inklusive Bewerbungshelfer von:

Hesse/Schrader
Erfolg haben. Mensch bleiben.

BERUFSBILDER BAHN

Bitte einsteigen

BERUFSBILDER AUS DEN UNTERNEHMEN

Aus- und Weiterbildung

Bahnbau

Eisenbahndienstleister

Eisenbahnverkehrsunternehmen

BERUFSBILDER AUS DEN UNTERNEHMEN

Ingenieurbüro

IT-Technik

Vermietung

UNTERNEHMENSPORTRÄTS

Kontaktarena

UNTERNEHMENSPORTRÄTS

EUROPA

BEWERBUNGSHELFER

Bewerbung

Jobmessen

AUS- UND WEITERBILDUNG

ZUKUNFTSBRANCHE BAHN

BERUFSBILDER BAHN

Berufsbilder Bahn

Ausbildung und Studium im Überblick

„Um die Zukunft der Mobilität aufs Gleis zu bringen, sucht unsere Branche immer qualifizierte, engagierte und kreative Köpfe für die Bahnindustrie von morgen. Traditionsreiche Bahnindustrieunternehmen wie junge Start-ups erfinden die Schiene immer wieder neu – wer im Wettbewerb um die nächste Generation von Mobilitätsgestaltern vorn ist, kann auch den Wettbewerb um innovative Zukunftskonzepte gestalten. Das Karrierehandbuch Zukunftsbranche Bahn spiegelt die Vielfalt und Faszination unseres Sektors als attraktiver Arbeitgeber in seiner ganzen Bandbreite und schreibt somit an der Erfolgsgeschichte nachhaltiger Mobilität mit."

Volker Schenk, VDB-Präsident a.D.

FOTO: MARIDAV - STOCK.ADOBE.COM

Nach der Schule ist vor dem Berufsleben. Die eigenen Stärken zu kennen hilft bei der Wahl des wirklich eigenen Weges durchs Leben und dabei, angesichts der Vielzahl der Bahnberufe den Überblick zu behalten.

Schule fertig – und jetzt?

Mach deinen Weg

Wenn sich die Schulzeit dem Ende nähert, werden Schülerinnen und Schüler überschüttet mit Hochglanzbroschüren. Die Botschaft: Jetzt sei die Zeit der Karriere und des beruflichen Durchstartens angebrochen. Griffige Slogans wie „Ready for Take-off" oder „Weichen stellen für die Karriere" sollen Aufmerksamkeit erzeugen – sie helfen aber nicht weiter, wenn es darum geht, den eigenen Berufsweg zu finden.

Es gibt tatsächlich Menschen, die schon in jungen Jahren sicher wissen, welchen Beruf sie später ergreifen wollen. Doch die meisten von uns sind unsicher, welcher Beruf der richtige ist. Kein Wunder, denn das Angebot an Berufsbildern und Ausbildungswegen ist riesig und für den Einzelnen kaum zu überblicken. Wie finde ich heraus, was beruflich zu mir passen könnte? Nun, dafür gibt es – wie so häufig bei schwierigen Fragen – leider keinen Königsweg. Es gibt aber ein paar Grundregeln, die Orientierung bieten können.

Die erste dieser Regeln besagt: Lass dich nicht verrückt machen von Hochglanzbroschüren und ihren Versprechungen, dass ausgerechnet hier der Job wartet, der dich glücklich macht.

Die zweite Regel lautet: Achte bei der Berufswahl nicht so sehr auf die Sprossen der Karriereleiter, auch wenn die genannten Broschüren dies empfehlen. Achte lieber auf die Solidität der Ausbildung, denn sie bildet die Grundlage deiner beruflichen Laufbahn.

Studium oder Lehre?

Regel Nummer drei: Ein Studium kann eine sehr solide Sache sein – aber es ist ein Irrglaube, dass nur der Weg über die Universität zum Erfolg führt! Auch ein Lehrberuf, mit dem weltweit geschätzten dualen System von Ausbildung in Betrieb und Berufsschule, vermittelt ein Wissen und Können, das du ein Leben lang nutzen kannst. Die Erfahrungen, die du während einer Lehrzeit sammelst, werden leider oft unterschätzt. Die in der Ausbildung vermittelte Fachkompetenz in Verbindung mit der Erfahrung, wie ein Betrieb funktioniert – das ist wichtiges Know-how für deinen Erfolg und deine Zufriedenheit in einem sinnvollen Beruf, und dies gilt auch dann, wenn du dich nach der Lehre für eine neue berufliche Richtung entscheidest und vielleicht doch noch an die Uni wechselst.

Interesse oder Begabung?

Regel Nummer vier: Achte bei der Berufswahl auf deine Interessen – folge aber vor allem deiner Begabung! Die Psychologie hat in zahlreichen Studien herausgefunden, dass unsere Interessen und Talente manchmal erstaunlich weit auseinander liegen – ohne dass wir es merken.
Ein Beispiel: Du willst deiner Leidenschaft folgen und Mechatroniker werden. Klare Sache! Das Problem: dein räumliches Vorstellungsvermögen. Ein Mechatroniker muss sich Gegenstände dreidimensional so gut vorstellen können, dass er sie im Geist „drehen" kann. Diese Begabung ist enorm wichtig für diesen Beruf,

FOTO: FREEPIK

bei dem du schnell entscheiden musst, wie zum Beispiel ein Bauteil richtig in eine Lokomotive eingesetzt wird. Dein Interesse wäre hier kein guter Berufsratgeber.

Wo liegen deine Begabungen? Du bist vielleicht ein Organisationstalent und kommunizierst gerne mit Menschen. Dann solltest du dich nicht in einem Bahnbetriebswerk „verstecken", sondern mit deinen Qualitäten lieber Fahrdienstleiter, Zugdisponent oder Kaufmann für Verkehrsservice werden und dort eine Ausbildung machen. Natürlich: Die Realität funktioniert nicht immer so einfach; aber das Beispiel verdeutlicht, dass es Wege gibt, Interessen und Talente unter einen Hut zu bekommen.

Auch Umwege führen zum Ziel

Regel Nummer fünf: Du darfst Fehler machen! Natürlich ist es schöner, wenn der erste Schritt ins Berufsleben gleich passt und sich gut anfühlt. Doch wenn du nach einiger Zeit merkst, dass du dich für die falsche Richtung entschieden hast, geht davon die Welt nicht unter!

Wo liegen meine Begabungen?

Wie finde ich heraus, für was ich besonders talentiert oder begabt bin?

Aufgaben und Anforderungen, die gut zu unseren besonderen Fähigkeiten passen, fallen uns leicht – und deshalb bemerken wir sie oft gar nicht. Gerade weil uns etwas leicht von der Hand geht, denken wir: Das ist doch nichts Besonderes! Was fällt dir besonders leicht? Das kann ein erster guter Hinweis auf eine Begabung sein!

Und was ist mit Tests? Die Wissenschaft rät zur Vorsicht, denn hier gibt es große qualitative Unterschiede. Die eigene Berufswahl von einem unprofessionellen Talent-Test abhängig zu machen, kann in die Irre führen. Die Meinung von Freunden und Familie kann helfen. Zwar haben nicht alle ein Talent dafür, andere Menschen und deren Talente gut einschätzen zu können – aber wenn du viele Menschen fragst, die dich kennen, sollten sich ein paar Eigenschaften herauskristallisieren. Und noch ein Tipp aus der Psychologie: Immer wieder kleine Episoden aus deinem Leben vergegenwärtigen oder aufschreiben, in denen du Probleme gemeistert hast. Welche Fähigkeiten haben dir dabei geholfen?

Übrigens gibt es einen Unterschied zwischen Talent und Begabung: Eine Begabung steht für ein noch verborgenes Potenzial, ein Talent dagegen ist eine bereits realisierte Begabung. So wird aus einer Begabung oft erst nach intensivem Training ein Talent. Ein Beispiel: Wenn ich eine Veranlagung für handwerkliche Arbeiten habe, aber kein Werkzeug in die Hand nehme, werde ich niemals feststellen, dass ich diese Begabung habe, und kann sie nicht weiterentwickeln. Und warum ist Talent von Vorteil im Berufsleben? Weil man mit Talent bei weniger Aufwand mehr erreichen kann, sagt der Psychologe Prof. Dr. Aljoscha Neubauer von der Karl-Franzen-University in Graz. Und: Unsere Interessen können sich im Laufe des Lebens verändern – unsere Talente jedoch nicht!

FOTO: FREEPIK / RAWPIXEL.COM

Wo liegen deine Begabungen? Was sind deine Talente? Mache den Weg zu deinem Weg!

Wenn ich ein langjähriges Medizinstudium begonnen habe, aber nach ein paar Wochen merke, dass ich kein Blut sehen kann, ist es sicherlich besser, das Studium abzubrechen. Wenn ich während meiner Lehrzeit feststelle, dass ich falsch liege, kann ich die Ausbildung abbrechen und den Lehrberuf wechseln. Ich kann aber auch versuchen, diese Berufsausbildung als Erfahrung mitzunehmen und die Lehre als Orientierungsphase zu betrachten ... Manchmal muss man eben etwas ausprobieren, um festzustellen, ob es passt oder nicht.

Was du auch tust – es ist dein Weg! Der beste Rat ist: Mach es wirklich zu DEINEM Weg!

cwk

Das Buch zum Thema:

Mach, was du kannst

Die neueste psychologische Forschung zeigt: Wir sind erstaunlich schlecht darin, die eigenen Begabungen einzuschätzen. Das führt dazu, dass viele Menschen sich für Tätigkeiten interessieren, für die sie nicht begabt sind, und umgekehrt verfügen viele über Potenziale, von denen sie nichts wissen und die sie nicht ausschöpfen.

In seinem neuen Buch befasst sich der renommierte Psychologe Aljoscha Neubauer mit der Frage, wie Eignung und Neigung zusammenhängen. Er legt dar, welche Begabungen und Talente es gibt, welche Bedeutung Interessen für das berufliche Fortkommen haben und inwiefern die Persönlichkeit eines Menschen zu dem passen sollte, was er tut. Vor allem aber gibt Neubauer Hinweise, wie man herausfindet, was man wirklich kann und will – und wie man dadurch den Weg zu Erfolg und Lebensglück ebnen kann.

Preis: 20 Euro, Umfang: 272 Seiten, gebunden, Verlag: DVA
ISBN: 978-3-421-04793-9

Vielfältige Jobs: Faszination Bahn

Rund 500 Berufsbilder mit Zukunft!

Die Eisenbahn gehört nicht erst seit der Klimaschutzdebatte zu den Jobmotoren in Europa. Allein bei der Deutschen Bahn sind über 300.000 Menschen beschäftigt, bei den Österreichischen Bundesbahnen (ÖBB) stehen mehr als 43.000 Menschen auf der Gehaltsliste und die Schweizerischen Bundesbahnen (SBB) beschäftigen über 32.000 Mitarbeitende. Es gibt nur wenige Wirtschaftszweige, in denen so viele Menschen mit so unterschiedlichen Qualifikationen und Berufsbildern ihren Lebensunterhalt verdienen. Insgesamt sind es rund 500 verschiedene Berufsbilder, die die Zukunftsbranche Bahn den Menschen in Deutschland, Österreich, der Schweiz und Luxemburg anbietet.

Denken wir an die Berufe der Eisenbahn, dann fallen uns vermutlich als Erstes die Lokführer*innen sowie das Zugpersonal ein. Doch wenn wir etwas genauer hinschauen, dann erkennen wir, dass der Verkehrsträger Schiene eine unglaubliche Vielfalt an Berufen bietet: Da gibt es zum Beispiel Fahrdienstleiter*innen, die wir in ihrem Job zwar nicht sehen können, die aber in ihrer Funktion mit Fluglots*innen zu vergleichen sind und vom Stellwerk aus den Zugverkehr steuern. Sie sorgen mit ihrer verantwortungsvollen Aufgabe für einen reibungslosen, sicheren und pünktlichen Bahnverkehr. Es gibt Zugdisponent*innen, die Verkehrsleistungen und den Einsatz von Lokomotiven und Wagenmaterial managen, damit zu jeder Tageszeit der geplante Zug verlässlich am Bahnsteig steht. Es gibt Lokrangierführerinnen, Fahrzeugreiniger, Gefahrgutbeauftragte, Wagenmeister, Prüfingenieurinnen, Mechatroniker und sogar Forstwirtinnen, die innerhalb der Bahnbranche dafür sorgen, dass hochmoderne Lokomotiven, Triebzüge und Wagen gebaut werden und rund um die Uhr an 365 Tagen im Jahr ein reibungsloser Bahnbetrieb erfolgt. Doch was genau ist eigentlich die Bahnbranche, wer baut die Lokomotiven und wer fährt mit ihnen auf

dem Gleis – und apropos Gleise: Wer beseitigt Schäden an den Weichen oder baut neue Fahrwege? Die Bahnbranche setzt sich aus verschiedenen Bereichen zusammen, die dann in ihrer Summe die Eisenbahn oder den Verkehrsträger Schiene ergeben.

Eisenbahnverkehrsunternehmen

Da sind zuerst einmal die Eisenbahnverkehrsunternehmen (EVU), die mit ihren Lokomotiven und Triebzügen Fahrgäste und Güter auf den Schienen transportieren. Die EVU sorgen in erster Linie also für den Bahnbetrieb. Einige von ihnen besitzen auch Schieneninfrastruktur – also die Gleise, auf denen gefahren wird. Die großen staatlichen Eisenbahnunternehmen, wie zum Beispiel die DB, die ÖBB, die SBB, die französische SNCF, die polnische PKP oder die luxemburgische CFL, verfügen über ein großes Streckennetz. Dieses Streckennetz wird dann von allen anderen EVU mitgenutzt. Es gibt aber auch private Eisenbahnverkehrsunternehmen, die über ein eigenes Streckennetz verfügen. Die Rhätische Eisenbahn in der Schweiz hat zum Beispiel ein eigenes Streckennetz, aber auch die Borkumer Kleinbahn oder die Westfälische Landeseisenbahn verfügen über eine eigene Infrastruktur. Alle Unternehmen, die eine eigene Infrastruktur besitzen, nennt man auch Eisenbahninfrastrukturunternehmen (EIU). Die Deutsche Bahn AG ist also ein EVU und zugleich auch ein EIU.

Schon die Eisenbahnverkehrsunternehmen bieten ein riesiges Feld an Berufsbildern, das von Lokführer*innen (oder Triebfahrzeugführer*innen, wie es richtig heißt) über Zugdisponent*innen und Reinigungskräfte bis ins Management reicht.

Bahnindustrie

Damit ein EVU einen Fahrbetrieb aufbauen kann, benötigt es Schienenfahrzeuge und Infrastruktur. Die Fahrzeuge hierfür, also Lokomotiven, Triebzüge oder Güterwagen, liefert die Bahnindustrie. Allein in Deutschland arbeiten direkt – also ohne Wirtschaftszweige, die als Zulieferer dienen – rund 160.000 Menschen in der Bahnindustrie. Die Bahnindustrie in Deutschland und Europa deckt das gesamte Spektrum an bahntechnischem Zubehör ab. Vom einzelnen Befestigungssystem für Schienen bis hin zu kompletten Bahnsystemen. Es gibt kleine und mittelständische Hersteller, die Komponenten liefern, wie auch große und international agierende Systemhäuser, die Hochgeschwindigkeitszüge inklusive der notwendigen Signaltechnik liefern. Insgesamt sind allein in Deutschland mehr als 1000 Unternehmen direkt oder indirekt mit der Bahnindustrie verbunden.

Die Bahnindustrie selber lässt sich unterteilen in Fahrzeughersteller (Lokomotiven, Triebzüge, Reise- und Güterwagen), Infrastrukturunternehmen (Gleisbau, Leit- und Sicherungstechnik), Komponenten- und Subsystemhersteller (Antriebstechnik, Motoren, Bremssystem etc.),

Ingenieurdienstleister (Planung und Produktentwicklung) sowie Servicedienstleister (Wartung, Reparatur und Reinigung). Ohne die Bahnindustrie und ihre Produkte könnten die EVU keinen Betrieb machen.

Was oft unterschätzt wird: Die Produkte der Bahnindustrie sind Hochtechnologie und brauchen sich mit ihrem technischen Niveau nicht hinter der Automobilindustrie zu verstecken. Ganz im Gegenteil, denn Schienenfahrzeuge müssen wie Flugzeuge maximale Sicherheit bieten und viele Millionen Kilometer an Wegstrecke sicher und ohne Ausfälle zurücklegen können. Dies bedarf intelligenter Ingenieurleistungen und fachlich hochwertigster Handwerkskunst. Viele technische Entwicklungen haben ihren Ursprung in der Bahnindustrie. Moderne Elektroautos wären ohne die zahlreichen Erfindungen der Bahnindustrie im Bereich der E-Mobilität kaum denkbar. Aus diesem Grund ist ein Job in der Bahnindustrie für all diejenigen geeignet, die sich für modernste Technik, Präzision und technologische Herausforderungen interessieren – und zugleich auf sichere Arbeitsplätze setzen.

Bahnbauunternehmen

Auch wenn die Gleisbauunternehmen zur Bahnindustrie gehören, sind sie zugleich ein Teil der Bauindustrie und nehmen deshalb innerhalb der Bahnindustrie eine Sonderstellung ein. Dies soll aber nicht bedeuten, dass sie nicht so wichtig sind. Ganz im Gegenteil, denn ohne eine verlässliche Schieneninfrastruktur lässt sich kein sicherer, moderner und zuverlässiger Bahnbetrieb durchführen. Zu den Aufgaben der Bahnbauunternehmen gehört es, neue Strecken zu planen und zu bauen sowie die schon bestehende Infrastruktur zu reparieren und zu modernisieren. Aber auch der Bau von Gebäuden, wie neuen Bahnhöfen, Stellwerken, Bahnwerkstätten oder Brücken, gehört zum Aufgabenfeld des Bahnbaus. Wurden früher noch viele Arbeiten von Hand ausgeführt, ist der Bereich des Bahnbaus heute hochtechnisiert. Gleise können zum Beispiel in einem Arbeitsgang mit Spezialmaschinen, die eher einer Fabrik auf Rädern ähneln, in kürzester Zeit saniert werden. Neben dem klassischen Gleisbau und Bauingenieurwesen bietet auch der Bahnbau eine Vielzahl an Berufsbildern, von Vermessungstechniker*innen und Baugeräteführer*innen bis hin zu Fahrbahnmechaniker*innen.

Banken, Versicherer und Berater

Auch wenn die Finanzbranche nicht direkt zur Bahnbranche gerechnet werden kann, gibt es doch Finanzdienstleister und Versicherungsunternehmen, die sich auf den Verkehrsträger Schiene spezialisiert haben, denn natürlich müssen auch Lokomotiven finanziert und versichert werden. Dies benötigt ein spezielles Know-how. Außerdem gibt es eine Vielzahl an Beratungsunternehmen, die der Bahnbranche als Consulter zur Seite stehen. Das Themengebiet weist dabei ein denkbar breites Spektrum auf: von der Finanzierungsberatung über Rechtsberatung und Vertragsmanagement bis hin zur Bedarfsanalyse und Verkehrsplanung.
Vor allem Volks- und Betriebswirt*innen, Jurist*innen, Geograf*innen und Ingenieur*innen sind in diesem Umfeld zu Hause.

Wissenschaft, Forschung und Lehre

Ein Verkehrsträger, der zukunftsfähig bleiben möchte, benötigt bestens ausgebildete Fachleute und Wissenschaftler*innen. Dieses Feld übernimmt innerhalb der Bahnbranche die sogenannte Eisenbahnforschung, die zugleich auch die Verantwortung für die Ausbildung des

akademischen Nachwuchses trägt. Die Eisenbahnforschung erfolgt an Universitäten, Fachhochschulen sowie privaten Instituten und zum Teil auch Fachschulen.
Die Themenfelder, die innerhalb der Eisenbahnforschung in Deutschland und Europa bearbeitet werden, lassen sich in folgende Bereiche unterteilen:

- Fahrzeugtechnik,
- Eisenbahninfrastruktur,
- Eisenbahnbetrieb,
- Eisenbahn und Umwelt,
- Recht, Struktur und Planung sowie
- Wettbewerb und Unternehmensstrategien.

Die Eisenbahnforschung bietet eine Fülle an interessanten Studiengebieten und Berufsfeldern an Hochschulen wie auch privaten Instituten, in der Verkehrspolitik und Beratungsunternehmen.
Die Mobilität von heute und morgen ist eine gigantische und großartige Aufgabe. Die Bahnbranche umfasst Hunderte von Berufsbildern am Puls der Zeit – ziemlich wahrscheinlich ist auch Ihr Traumberuf dabei. Mehr Zukunftspotenzial, mehr Fortschritt und Klimaschutz zugleich bietet Ihnen derzeit wohl kaum eine andere Branche.

Christian Wiechel-Kramüller

FOTO: FREEPICK

Berufsbilder in der Zukunftsbranche Bahn:

Übersicht zur Orientierung (Auswahl)

Bahnbau

- Baugeräteführer
- Bauingenieur
- Baustellendisponent
- Baustoffprüfer
- Bauzeichner
- Beton- und Stahlbetonbauer
- Elektroniker für Betriebstechnik
- Fahrbahnmechaniker
- Gleisbauer
- Planungsingenieur Oberleitungsbau
- Polier im Bahnbau
- Rohrleitungsbauer
- Vermessungstechniker

Bahnbetrieb

- Betriebsprozessdatenmanager
- Eisenbahnbetriebsleiter
- Fahrdienstleiter
- Fahrplanmanager
- Lehrlokführer
- Lokführer
- Lokrangierführer
- Mitarbeiter Notfallleitstelle
- Netzkoordinator
- Rangierbegleiter
- Zugbegleiter
- Zugdisponent

Sicherheit

- Abnahmeprüfer für Signalanlagen
- Betrieblicher Risikomanager
- Cyber-Security-Spezialist
- Fachkraft für Arbeitssicherheit
- Fachkraft für Schutz und Sicherheit
- Gesundheitsmanager
- Medizinische Fachkraft
- Sachbearbeiter Safety
- Servicetechniker Brandschutz
- Technischer Prüfer
- Ultraschallprüfer

Service

- Fachkraft für Systemgastronomie
- Facility Manager
- Gebäudereiniger
- Kaufmann für Verkehrsservice
- Koch
- Mitarbeiter Bordgastronomie
- Reiseberater
- Restaurantfachkraft
- Verkehrsmittelreiniger
- Zugbegleiter

**Alle Berufsbezeichnungen in dieser Übersicht: m/w/d*

Management

- Angebotsmanager
- Ausschreibungsmanager
- Controller
- Immobilienkaufmann
- Industriekaufmann
- Kaufmann für Büromanagement
- Marketing und Kommunikation
- Personaleinsatzplaner
- Personalmanager
- Qualitätsmanager
- Ressourcenmanager
- Vertragsmanager
- Wirtschaftsingenieur

Logistik

- Disponent
- Fachkraft für Lagerlogistik
- Gefahrgutbeauftragter
- Kaufmann für Spedition und Logistikdienstleistung
- Key Account Manager
- Logistik-Controller
- Logistik-Ingenieur
- Logistikmanager
- Supply Chain Manager
- Verkehrsbetriebswirt

IT-Technik

- Big-Data-Spezialist
- Fachinformatiker
- IT Account Manager
- IT-Anforderungsmanager
- IT-Architekt
- IT-Projektleiter
- IT-Projektmanager
- IT-Systemelektroniker
- IT-Systemingenieur
- IT-Testmanager
- Programmierer
- Systemanalyst

Bahnindustrie

- Elektroniker für Maschinen- und Antriebstechnik
- Entwicklungsingenieur
- Industriemechaniker
- Ingenieur
- Konstruktionsmechaniker
- Mechatroniker
- Produktmanager
- Prüf-/Systemingenieur
- Qualitätsprüfer
- Sachbearbeiter Dokumentation
- Softwareentwickler
- Technischer Einkäufer
- Technischer Systemplaner

Instandhaltung

- Elektroniker/Elektriker
- Fahrzeuglackierer
- Industriemechaniker
- Klimatechniker
- Mechatroniker
- Metallbauer
- Schweißer
- Servicetechniker
- Wagenmeister
- Werkstattleiter
- Zerspanungsmechaniker
- Zweiradmechaniker

Wissenschaft

- Bahnsystemingenieur
- Geograf
- Stadtplaner
- Verkehrsingenieur
- Verkehrsökonom
- Verkehrsplanung
- Verkehrspsychologe
- Verkehrssoziologe

Umweltschutz

- Forstwirt
- Referent Emissionsschutz
- Umweltingenieur
- Umwelttechnischer Assistent

**Alle Berufsbezeichnungen in dieser Übersicht: m/w/d*

Für Quereinstieg und Berufsanfang

Die Bahnbranche bietet vielfältige Perspektiven: für Berufsanfänger*innen, die sich für eine qualifizierte Ausbildung interessieren, wie auch für Quereinsteiger*innen, die beruflich noch einmal neu durchstarten wollen. Egal ob im Bahnbetrieb, dem Bahnbau oder der Bahnindustrie: Rund 500 Berufsbilder stehen innerhalb der Branche zur Auswahl – von Lokführer*innen, Fahrdienstleiter*innen und Köch*innen bis hin zu Prüfingenieur*innen oder Forstwirt*innen. Traumberufe für (fast) alle: Die Bahn ist das Verkehrsmittel der Zukunft!

BAHNBAU

Baugeräteführer*in

Aufgabenbereich: Auf Bahnbaustellen kommen die modernsten Baumaschinen zum Einsatz. Viele dieser Fahrzeuge und Geräte sind heute fahrende Computer, mit starken Motoren und leistungsstarker Hydraulik und häufig auch Laser- und GPS-Systemen ausgestattet. Baugeräteführer*innen führen und beherrschen die unterschiedlichsten Maschinen. Sie heben Baugruben aus, planieren das Gelände und verdichten Flächen, heben Gräben aus, fahren Baustoffe heran, setzen schwere Stahl- und Betonelemente punktgenau ab und entsorgen anfallenden Bauschutt. Sie kennen die von ihnen genutzten Geräte genau, führen kleinere Wartungs- und Pflegearbeiten selber durch und erkennen technische Probleme sofort. Baugeräteführer*innen führen ihre Baumaschine in der Regel eigenverantwortlich – sie sind aber trotzdem echte Teamplayer, denn sie arbeiten eng mit dem Baustellenteam wie auch der Baustellenleitung zusammen.

FOTO: KADMY - STOCK.ADOBE.COM

Voraussetzung: Mindestens Hauptschulabschluss. Technisches Verständnis und Freude am genauen Arbeiten und dem verantwortungsvollen Führen kleiner wie auch schwerer Baumaschinen. Führerscheinklasse B in der Regel notwendig. Führerscheinklasse C von Vorteil.
Ausbildung: drei Jahre duale Ausbildung im Baubetrieb und der Berufsschule. Während der Ausbildung können die benötigten Führerscheine erworben werden. Die Kosten hierfür trägt in der Regel der Ausbildungsbetrieb. Quereinstieg bei geeigneter Vorbildung grundsätzlich möglich.
Pluspunkt: Baumaschinenführer*innen sind die Herrscher*innen über die schwersten Maschinen und schweben dabei manchmal wortwörtlich hoch über der Baustelle und allen Kolleg*innen!

Bauingenieur*in

Aufgabenbereich: Vom Bahnhof bis zum neuen Bahnübergang – das Berufsbild Bauingenieur*in im Bahnbau ist sehr weit gefasst und das Aufgabenfeld entsprechend vielfältig. Es reicht vom klassischen Tiefbau, für den Planungsingenieur*innen Erd- und Grundbaumaßnahmen planen, entwerfen und konstruieren, über den Konstruktions-Ingenieurbau, der sich vor allem mit dem Bau von Brücken und Tunneln beschäftigt, bis hin zur klassischen Aufgabe der Bauleitung, bei der Bauingenieur*innen Bahnbaustellen als Projektleiter*innen verantwortlich leiten und begleiten. Bauingenieur*innen arbeiten häufig im Team und mit Fachleuten verschiedenster Disziplinen zusammen. Auch die Kooperation und Abstimmung mit Behörden (Genehmigungsverfahren etc.) gehören hierzu. Sie erarbeiten Entscheidungsvorlagen für Projektleiter*innen und Auftraggeber*innen, überwachen Termine und Budgets.

FOTO: DEUTSCHE BAHN AG / MAT NEIDHART

Voraussetzung: Abitur oder Fachabitur, Interesse an naturwissenschaftlichen Themen, kreativ, teamfähig und belastbar, gute Fremdsprachenkenntnisse (mind. Englisch).

Ausbildung: Studium an Universität oder Fachhochschule. Das Erststudium führt zum Bachelor und dauert in der Regel 6 Semester. Wer einen Masterabschluss anstrebt, muss nach dem Bachelor weitere 4 Semester studieren.

Pluspunkt: Vielseitige Aufgabenfelder mit spannenden Themen, Abwechslung zwischen Bürojob und Außentätigkeit auf der Baustelle, hervorragende Verdienst- und Aufstiegsmöglichkeiten, sehr gute Zukunftsaussichten.

Baustellendisponent*in

Aufgabenbereich: Baustellendisponent*innen im Bahnbau disponieren Triebfahrzeuge, Lokomotiven und Wagen. Sie sorgen für die Personaleinteilung und, wenn notwendig, auch für die Organisation von Übernachtungsmöglichkeiten. Sie unterstützen einen optimalen Workflow auf der Baustelle und sind verantwortlich für die projektbezogene Bestellung von Zugtrassen für den Baustellenverkehr bei den Eisenbahninfrastrukturunternehmen. Der*Die Baustellendisponent*in erstellt Wagenlisten, plant die Baustofftransporte und überwacht deren Abwicklung.

FOTO: CONTRASTWERKSTATT - STOCK.ADOBE.COM

Voraussetzung: Mittlere Reife oder Abitur, hohe Belastbarkeit, Teamfähigkeit, unternehmerisches Denken und Zuverlässigkeit.

Ausbildung: In der Regel Quereinstieg durch abgeschlossene kaufmännische Ausbildung oder Studium und Erfahrung im Eisenbahnbetrieb.

Pluspunkt: Abwechslungsreiches Aufgabenfeld, viel Freiraum und positive Entwicklungspotenziale. Attraktive Verdienstmöglichkeiten!

Bauzeichner*in

Aufgabenbereich: Bauzeichner*innen sind in der Regel auf einen Schwerpunkt spezialisiert und werden vielfach im Bereich der Architektur, dem Tief-, Straßen- und Landschaftsbau sowie im Bahnbau eingesetzt. Im Bahnbau kommen Bauzeichner*innen vor allem für die Erstellung von maßstabsgerechten Plänen für den Bau von Brücken, Gebäuden, Gleis- und Bahnhofsanlagen zum Einsatz. Auf Grundlage der Vorgaben eines Bauingenieurs/einer Bauingenieurin erstellt der*die Bauzeichner*in die Entwurfspläne sowie später die auf der Baustelle benötigten Baupläne und Detailzeichnungen. Die Arbeit erfolgt heute nur noch sehr selten am Reißbrett, sondern vornehmlich mithilfe des Computers und von CAD-Systemen.

FOTO: ELNUR - STOCK.ADOBE.COM

Voraussetzung: Mindestens Hauptschulabschluss – besser Mittlere Reife. Technisches Verständnis, ein Gefühl für Raumaufteilungen sowie Freude an Genauigkeit und Präzision. Handwerkliche Ausbildung oder Erfahrungen im Baugewerbe von Vorteil.
Ausbildung: drei Jahre duale Ausbildung (Betrieb + Berufsschule). Quereinstieg über Berufsakademien und Abendschule möglich.
Pluspunkt: Bauzeichner*innen arbeiten in der Regel zwar nach den Vorgaben von Ingenieur*innen und Architekt*innen, sie genießen aber auch relativ große Freiheit, dürfen kreativ sein und ihre Vorschläge und Hinweise in die Planungsarbeit einbringen.

Gleisbauer*in

Aufgabenbereich: Allein das Streckennetz der Deutschen Bahn AG erstreckt sich zurzeit auf über 33.000 Kilometer Länge. Hinzu kommen die Schieneninfrastruktur von Häfen, Verladestationen, Werksbahnen und privaten Bahngesellschaften. Es gibt also viel zu tun – und der*die Gleisbauer*in sorgt dafür, dass das vorhandene Streckennetz bei Bedarf ausgebaut und regelmäßig gewartet und instandgehalten wird. Der*Die Gleisbauer*in arbeitet im Team, erstellt mithilfe von Spezialmaschinen den notwendigen Unterbau und tauscht und montiert Gleise und Weichen. Zum Ausbildungsbereich gehören das Schweißen und Brennschneiden, Fertigkeiten in der Gleisinstandhaltung und Kenntnisse im Stahlbau wie auch Tiefbau.

FOTO: DEUTSCHE BAHN AG / BENJAMIN KEDZIORA

Voraussetzung: Mindestens Hauptschulabschluss, belastbar und zuverlässig.
Ausbildung: drei Jahre duale Ausbildung (Betrieb + Berufsschule), zum Teil auch in überbetrieblichen Ausbildungszentren. Die Ausbildung ist in der Regel in zwei Segmente unterteilt: In den ersten beiden Jahren erfolgt die Ausbildung zum*r Tiefbaufacharbeiter*in und im letzten Lehrjahr die Vertiefungsausbildung zum*r Gleisbauer*in.
Pluspunkt: Vielseitiges Aufgabenfeld mit soliden Verdienstmöglichkeiten und sehr guten Zukunftsaussichten. Weiterentwicklung zu Vorarbeiter*in, Meister*in, Techniker*in oder Ingenieur*in möglich.

Planungsingenieur*in Oberleitung

Aufgabenbereich: Rund 61 Prozent des Streckennetzes in Deutschland sind mit Oberleitungen ausgestattet und jedes Jahr kommen weitere Kilometer an Oberleitung dazu, denn elektrifiziert kann die Schiene ihre Stärken und ihre Umweltfreundlichkeit besonders gut ausspielen. Planungsingenieur*innen Oberleitung sind Elektroingenieur*innen mit einer Spezialisierung auf den Oberleitungsbau. Ihr Aufgabengebiet liegt vor allem in der Erstellung von Entwurfsplänen, der Begleitung der Bauausführung und Wartung von Oberleitungsanlagen. Ihr Arbeitsbereich kann sich aber auch auf die Verteilung und Sicherstellung der elektrischen Energie im Bahnnetz sowie die Leit- und Sicherungstechnik erstrecken. Eingesetzt in der Produktentwicklung konstruieren sie neue Bauelemente und Komponenten für den Oberleitungsbau. Im Baustelleneinsatz arbeiten Planungsingenieur*innen Oberleitung eng mit Fachunternehmen und Behörden zusammen. Sie tragen Verantwortung für die Planung, Qualitätssicherung und Überwachung des Baufortschritts.

FOTO: POWERLINES GROUP GMBH

Voraussetzung: (Fach-) Abitur oder gleichwertige Hochschulzugangsberechtigung. Interesse an Mathematik und Naturwissenschaften. Eine abgeschlossene Ausbildung, zum Beispiel als Energieelektroniker*in oder Kabelmonteur*in im Oberleitungsbau, kann vorteilhaft sein.
Ausbildung: Studium der Elektrotechnik mit Fachrichtung Bahnstromversorgung mit Bachelor- oder Masterabschluss.
Pluspunkt: Das Studium der Elektrotechnik bietet eine Vielzahl an Berufschancen. Planungsingenieur*innen Oberleitungsbau haben gute berufliche Zukunftsaussichten, denn das Oberleitungsnetz im Schienenverkehr wächst beständig, auch in der Solar- und Windkraftbranche bieten sich Betätigungsfelder.

Vermessungstechniker*in

Aufgabenbereich: Das Berufsbild Vermessungstechniker*in gibt es in zwei Fachrichtungen: Vermessung und Bergvermessung. Eine ältere Bezeichnung für diesen Beruf ist das aus dem Griechischen stammende Fremdwort Geometer, also „jemand, der die Erde vermisst". Die Tätigkeit findet im Innen- und Außendienst statt. Vermessungstechniker*innen der Fachrichtung Vermessung führen Lage-, Höhen- und Längenvermessungen im Gelände durch. Sie werten die erstellten Messdaten aus, archivieren die gewonnenen Informationen und fertigen hieraus Pläne, Karten und Kataster an. Im Bereich des Bahnbaus arbeiten Vermessungstechniker*innen häufig gemeinsam mit Ingenieur*innen und Techniker*innen an Infrastrukturprojekten zusammen. Zu den Tätigkeiten im Außendienst gehören gleisgeometrische Aufnahmen, Absteckarbeiten und Lichtraummessungen sowie die Vermessung baulicher Anlagen für Planungen und Dokumentationsaufgaben.

FOTO: KADMY – STOCK.ADOBE.COM

Voraussetzung: Möglichst Realschulabschluss oder Abitur, Interesse an Mathematik (Geometrie), robuste Gesundheit (weil die Vermessungstätigkeit auch bei widrigen Wetterverhältnissen stattfinden kann), gutes Seh- und Hörvermögen, räumliches Vorstellungsvermögen, Genauigkeit und Sorgfalt.
Ausbildung: drei Jahre duale Ausbildung (Betrieb und Berufsschule). Das Berufsbild wird in zwei Fachrichtungen unterteilt: Vermessung und Bergvermessung.
Pluspunkt: Relativ selbstständiges Arbeiten im Team, abwechslungsreich, Mischung aus Innen- und Außendienst, gute Aufstiegschancen durch Weiterbildung – zum Beispiel zum*zur Techniker*in für Vermessungstechnik oder durch ein Studium in den Bereichen Vermessungstechnik, Kartografie oder Geotechnologie.

Fahrdienstleiter*in

*(Eisenbahner*in in der Zugverkehrssteuerung)*

Aufgabenbereich: Das Aufgabenfeld der Eisenbahner*innen im Betriebsdienst Fachrichtung Fahrweg (EIB F), auch Fahrdienstleiter*innen genannt, ist vergleichbar mit den Aufgaben von Fluglots*innen im Tower, denn sie sorgen durch ihre Arbeit im Stellwerk – für die Reisenden in der Regel unsichtbar – für einen pünktlichen, reibungslosen und sicheren Zugbetrieb im Schienenverkehr. Der*Die Fahrdienstleiter*in ist für sämtliche Zug- und Rangierfahrten verantwortlich, die in seinem*ihrem Zuständigkeitsbereich ablaufen. Damit trägt der*die Fahrdienstleiter*in eine hohe Verantwortung, auf die er*sie im Rahmen einer umfangreichen Ausbildung in Theorie und Praxis systematisch vorbereitet wird.

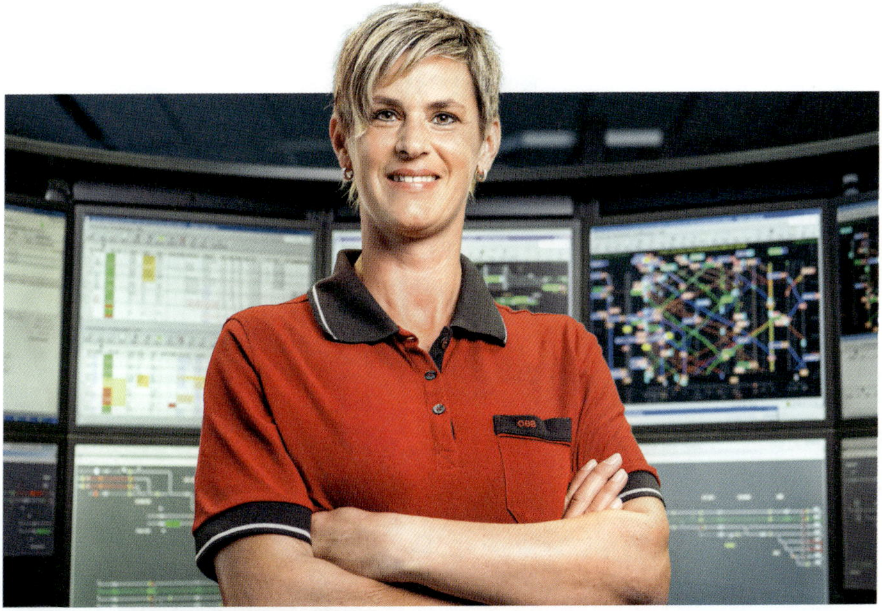

FOTO: ÖBB INFRA

Voraussetzung: Realschulabschluss oder Abitur. Hohe Belastbarkeit, gutes Koordinationsvermögen, verantwortungsvolles Handeln, Teamfähigkeit, Bereitschaft zum Schichtdienst.
Ausbildung: drei Jahre, Praxis, Berufsschule, Training am Simulator, Ausbildung zum Teil auch in bahninternen Schulungszentren.
Pluspunkt: Fahrdienstleiter*innen arbeiten direkt im Herzen des Bahnbetriebs und stecken mittendrin im komplexen System des Eisenbahnverkehrs. Gute Verdienstmöglichkeiten!

BAHNBETRIEB

Lokführer*in

*(Eisenbahner*in im Betriebsdienst – Lokführer*in Transport)*

Aufgabenbereich: Der*Die umgangssprachlich Lokführer*in genannte Eisenbahner*in im Betriebsdienst heißt in der Fachsprache Triebfahrzeugführer*in. Ein*e Triebfahrzeugführer*in steuert Lokomotiven und Triebzüge (z. B. ICE) im Auftrag eines Eisenbahnverkehrsunternehmens und sorgt dafür, dass Personen und Güter zuverlässig und sicher ihren Zielort erreichen. Lokführer*innen kann man mit Pilot*innen vergleichen, denn sie tragen Verantwortung für viele Fahrgäste und Güter und sind Herrscher*innen über eine Hochleistungsmaschine mit einer Leistung bis zu mehreren Tausend PS. Dies erfordert Flexibilität, Belastbarkeit sowie eine hohe Zuverlässigkeit.

FOTO: DEUTSCHE BAHN AG / OLIVER LANG

Voraussetzung: Mindestens ein sehr guter Hauptschulabschluss – besser Mittlere Reife. Technisches Verständnis und ein Händchen für Mathematik. Zuverlässig, belastbar und ein rasches Reaktionsvermögen. Bereitschaft zum Schichtdienst. Ärztliche Eignungsprüfung notwendig.
Ausbildung: drei Jahre duale Ausbildung (Fahrbetrieb in der Praxis und im Simulator + Theorie). Quereinstieg über zahlreiche Eisenbahnfachschulen in kürzerer Zeit möglich.
Pluspunkt: Eigenverantwortliches Handeln, sehr abwechslungsreich, Kontakt mit Menschen und Umgang mit moderner und leistungsstarker Technik. Zurzeit sehr gute Berufsaussichten!

Zugdisponent*in

Aufgabenbereich: Zugdisponent*in ist kein klassischer Ausbildungsberuf, sondern eine berufliche Spezialausbildung innerhalb der Eisenbahnbranche. Häufig wird die Ausbildung zum Disponenten/zur Disponentin in Ergänzung zur Ausbildung zum Fahrdienstleiter beziehungsweise zur Fahrdienstleiterin angeboten. Es gibt aber auch spezielle Aus- und Weiterbildungsangebote, die häufig als On-the-job-Training erfolgen und durch entsprechende Ausbildungsmodule ergänzt werden. Hauptaufgabe der Disponenten*innen ist es, auf Basis guter Organisation und eines flexiblen Managements für einen reibungslosen und sicheren Betriebsablauf im Schienenverkehr zu sorgen. Hierzu werden Fachkräfte, Lok- und Fahrzeugeinsätze wie auch Rangiertätigkeiten so organisiert, dass die bestellten Verkehrsleistungen verlässlich ausgeführt werden können. Disponent*innen sind Teamplayer und behalten auch in schwierigen Situationen einen kühlen Kopf und den notwendigen Überblick. Sie betrachten Probleme als Herausforderungen und haben für Unwägbarkeiten im Betriebsalltag immer eine clevere Lösung auf Lager.

FOTO: JACOB LUND - STOCK.ADOBE.COM

Voraussetzung: Mindestens Realschulabschluss oder (Fach-) Abitur. Wenn möglich, bereits erste Berufserfahrungen als Eisenbahner*in im Betriebsdienst – doch auch der Quereinstieg ist möglich. Teamfähig, gut organisiert, stressresistent, verlässlich und kommunikativ, Bereitschaft zur Schichtarbeit.

Ausbildung: Die Ausbildung zum Disponenten oder zur Disponentin wird häufig in Ergänzung zur Ausbildung zum*zur Fahrdienstleiter*in angeboten, als spezielles Aus- und Weiterbildungsangebot. Die Dauer der Ausbildung ist abhängig vom jeweiligen Ausbildungskonzept und reicht von sechs Monaten bis zu drei Jahren.

Pluspunkt: Eigenverantwortliches Arbeiten, gute berufliche Zukunftsaussichten und Verdienstmöglichkeiten.

Fachkraft für Schutz und Sicherheit

Aufgabenbereich: Das Sicherheitsbedürfnis von Fahrgästen auf Bahnhöfen und in den Zügen wächst. Im Streifendienst vermitteln die Fachkräfte für Schutz und Sicherheit den Fahrgästen, Kund*innen und Tourist*innen bereits durch ihre Anwesenheit ein gutes Gefühl. Die Fachkräfte vermeiden Konflikte, deeskalieren, sie erkennen Gefahren und wenden diese bereits im Vorfeld kompetent ab. Neben dem Personenschutz sichern Fachkräfte für Schutz und Sicherheit abgestellte Schienenfahrzeuge, Bahnanlagen und Objekte. Sie erkennen und dokumentieren den Verbesserungsbedarf im Überwachungsverlauf und wirken bei der Erstellung von Angeboten und der Bearbeitung von Sicherheitsaufträgen mit. Auch das Planen und Organisieren von Einsätzen gehört zu ihrem Aufgabengebiet, außerdem führen Fachkräfte für Schutz und Sicherheit entsprechende Einsatzgruppen.

FOTO: MARCUS EWERS · DEUTSCHE BAHN AG

Voraussetzung: Möglichst Hauptschulabschluss, sportlich, körperlich belastbar, teamfähig und kooperativ, kommunikativ, sicheres Auftreten, Fremdsprachkenntnisse, Bereitschaft zur Schichtarbeit.
Ausbildung: Duale Berufsausbildung (Betrieb und Berufsschule), Quereinstieg über Berufsakademien möglich.
Pluspunkt: Eigenverantwortliches Arbeiten, sichere Zukunftsaussichten und gute Verdienstmöglichkeiten. Weiterbildung zum*zur Meister*in für Schutz und Sicherheit oder Studium Sicherheitsmanagement und Sicherheitstechnik.

Betriebliche*r Risikomanager*in

Aufgabenbereich: Die Eisenbahn ist eines der sichersten Verkehrsmittel der Welt. Damit dies so bleibt, analysieren Risikomanager*innen regelmäßig die bestehenden Unternehmensprozesse, bewerten Risiken im Arbeitsalltag auf Basis von Sicherheitsindikatoren und arbeiten am Aufbau und der Weiterentwicklung von Sicherheitsregelwerken und Risikomanagementsystemen, die sich in die Leistungsprozesse des Schienenverkehrs integrieren lassen. Sie erstellen Krisen- und Notfallpläne sowie interne Normen und ermitteln die zur Umsetzung notwendigen Maßnahmen. Betriebliche Risikomanager*innen dokumentieren Sicherheitsziele und sorgen auch dafür, dass Mitarbeiter*innen über die innerbetrieblichen Sicherheitsregeln informiert sind. Das betriebliche Risikomanagement ist mit den Wirkungsmechanismen des Qualitätsmanagements verwandt und arbeitet eng und interdisziplinär mit unterschiedlichen Unternehmensbereichen zusammen.

FOTO: ARTEM PODREZ - PEXELS

Voraussetzung: Abgeschlossenes Hochschulstudium mit technischem Schwerpunkt oder Erfahrungen im Qualitätsmanagement mit Kenntnissen im Risiko- und Gefährdungsmanagement. Durchsetzungsstärke, Teamfähigkeit und Zuverlässigkeit, Fremdsprachenkenntnisse.

Ausbildung: Hochschulstudium und/oder Weiterbildung in überbetrieblichen Ausbildungszentren (z. B. TÜV oder DEKRA etc.)

Pluspunkt: Sichere Zukunftsaussichten, denn das Qualitätsbewusstsein wächst und Unternehmensrisiken nehmen zu. Möglichkeiten zur fachlichen Weiterbildung durch Ausbildungszentren. Berufsaufstieg in Geschäftsleitung oder Vorstand je nach Branche und Unternehmen möglich.

SICHERHEIT

SERVICE

Kaufmann*frau für Verkehrsservice

Aufgabenbereich: Kaufleute im Verkehrsservice beraten Kunden in den Reisezentren und Servicebereichen der Bahnhöfe und Reisende in den Zügen. Zum Aufgabenbereich gehört auch der Verkauf von Reisetickets und die Beratung zu den verschiedenen Reiseangeboten – vom Familienticket bis zu besonderen Pendler-Abonnements. Kaufleute für Verkehrsservice arbeiten an Werbemaßnahmen mit und setzen diese um, sie lösen Probleme, die im Zusammenhang mit einer Reise entstehen, und kümmern sich höflich und kompetent um Beschwerden der Fahrgäste. Der Beruf ist sehr abwechslungsreich und bietet internationalen Kundenkontakt. Der direkte Kontakt zu den Bahnkund*innen ist ganz klar Mittelpunkt der Tätigkeit, weshalb kundenorientiertes Handeln und professionelle Kommunikation im Zentrum der Ausbildung stehen.

FOTO: ÖBB/HARALD EISENBERGER

Voraussetzung: Sehr guter Hauptschulabschluss – besser Mittlere Reife. Fremdsprachenkenntnisse (zum Beispiel Englisch) sind von Vorteil. Belastbarkeit und Freude am Umgang mit Menschen.
Ausbildung: drei Jahre duale Ausbildung (Betrieb und Berufsschule). Quereinstieg möglich.
Pluspunkt: Sehr abwechslungsreich, Menschenkenntnis und immer wieder neue Reiseziele.

Koch/Köchin

Aufgabenbereich: Vom Appetizer bis zum Dessert: Köch*innen bereiten mit Handwerk und Kreativität köstliche Menüs und kulinarische Meisterwerke. Sie stehen nicht nur am Herd, sondern organisieren die gesamte Küche. Wenn es mal stressig wird, müssen Arbeitsabläufe eingespielt sein und jeder Handgriff sitzen. Köch*innen erstellen Speisepläne, kaufen Lebensmittel ein, prüfen deren Qualität und führen das Vorratslager. Sie verfügen deshalb, neben dem eigentlichen Koch-Handwerk, auch über kaufmännische Kenntnisse sowie Fachwissen im Bereich der Ernährungslehre und Hygiene. Im Bereich der Eisenbahnen finden Köch*innen Aufgaben in den Bordrestaurants, Bahnhofrestaurants und Mitarbeiterrestaurants.

FOTO: WAVEBREAKMEDIAMICRO - STOCK.ADOBE.COM

SERVICE

Voraussetzung: Hauptschulabschluss oder Mittlere Reife, geistige und körperliche Belastbarkeit, guter Geschmacks- und Geruchssinn, Kreativität, Spaß an der Entwicklung neuer Speisen und Zubereitungen, Fremdsprachenkenntnisse, Bereitschaft zur Arbeit an Abenden und Wochenenden.
Ausbildung: drei Jahre duale Ausbildung (Betrieb und Berufsschule).
Pluspunkt: Guten Köch*innen steht die Welt offen, denn sie werden auf der ganzen Welt gesucht. Weiterbildung zum/zur Küchenmeister*in oder Lebensmitteltechniker*in beziehungsweise Studium der Ökotrophologie oder Hotelbetriebswirtschaft.

Verkehrsmittelreiniger*in

(Schienenfahrzeug)

Aufgabenbereich: Die Tätigkeit von Verkehrsmittelreiniger*innen ist nicht mit einem „Putzberuf" zu verwechseln, denn hier geht es darum, Bahnhöfe und Haltestellen sowie Nah-, Fern- und manchmal auch Güterzüge professionell zu reinigen, um für Fahrgäste das notwendige und hygienische Wohlfühlklima zu schaffen. Damit sorgen Verkehrsmittelreiniger*innen zugleich dafür, dass mehr Menschen vom Auto auf Busse und Bahnen umsteigen. Verkehrsmittelreiniger*innen kennen die besonderen Gefahren des Bahnbetriebs und können typische Verschmutzungen in und an Schienenfahrzeugen beurteilen und entscheiden, welche Reinigungsmittel in welcher Dosierung eingesetzt werden müssen, um ein maximales Reinigungsergebnis bei minimaler Umweltbelastung zu erhalten. Gleiches gilt für die zur Verfügung stehenden Reinigungsmaschinen und Reinigungsverfahren. Hierdurch werden die Fahrzeuge nicht nur regelmäßig gepflegt, sondern auch im Wert erhalten.

FOTO: GODJI10 - STOCK.ADOBE.COM

Voraussetzung: Hauptschulabschluss von Vorteil – aber nicht zwingend notwendig.
Ausbildung: Der*Die Verkehrsmittelreiniger*in ist im Gegensatz zum*r Gebäudereiniger*in noch kein Ausbildungsberuf. Ausbildung über Theorie und Praxis in den Unternehmen oder über spezielle Ausbildungsgänge („Teamleiter in der Verkehrsmittelreinigung", über den VDEF angeboten).
Pluspunkt: Verkehrsmittelreiniger*innen leisten einen wichtigen Beitrag, um das Reisen mit öffentlichen Verkehrsmitteln angenehm zu machen. Damit haben sie eine verantwortungsvolle Aufgabe, die zugleich dafür sorgt, dass Umwelt und Klima geschützt werden.

Zugbegleiter*in

Aufgabenbereich: Zugbegleiter*innen (manchmal auch Kundenbetreuer*innen genannt) sind das Aushängeschild der Eisenbahnverkehrsunternehmen (EVU), denn sie sind der direkte Kontakt zu den Fahrgästen und haben entsprechend den „Finger am Puls" der Passagiere. Sie betreuen Reisende auf den Bahnfahrten, kontrollieren Fahrausweise, erteilen Auskünfte und sorgen in den Zügen für die notwendige Ordnung, Sauberkeit und Sicherheit. Durch den steten Kontakt zu den Fahrgästen erhalten die Zugbegleiter*innen auch wichtige Informationen zum Stand der Kundenzufriedenheit und über Probleme im täglichen Bahnbetrieb. Sie sind damit auch eine wichtige Informationsquelle für das Marketing und das Qualitätsmanagement.

FOTO: ÖBB / PHILIPP HORAK

Voraussetzung: Mindestens Hauptschulabschluss, Freude am Umgang mit Menschen und am Reisen, Kommunikationsstärke, ausgeprägtes Kunden- und Servicebewusstsein, Konfliktfähigkeit, Nervenstärke, Teamfähigkeit, Verantwortungsbereitschaft und Bereitschaft zum Wechsel-Schichtdienst.

Ausbildung: Eine abgeschlossene Berufsausbildung zur Kauffrau/zum Kaufmann für Verkehrsservice ist wünschenswert. Der Quereinstieg (über Seminare und Weiterbildung) aus anderen Berufsfeldern ist aber eher der Normalfall als die Ausnahme.

Pluspunkt: Eigenverantwortliches Arbeiten, abwechslungsreiche Tätigkeit verbunden mit Zugreisen und vielfältigem Kontakt mit Menschen, sehr zukunftssicher.

Immobilienkaufmann*frau

Aufgabenbereich: Eisenbahnverkehrsunternehmen und Eisenbahninfrastrukturunternehmen verfügen häufig über einen großen Immobilienbestand, wie zum Beispiel Bahnhöfe, Grundstücke in zentraler Lage, Verwaltungsgebäude, Reisezentren oder eigene Hotels. Dieser Immobilienbestand ist wertvoll und muss professionell verwaltet werden. Dies ist das Aufgabengebiet der Immobilienkaufleute, die Verwaltung, Bewirtschaftung und Vermarktung von Grundstücken und Gebäuden organisieren. Immobilienkaufleute arbeiten deshalb nicht nur am Schreibtisch, sondern auch häufig im Außendienst. Sie beraten Kund*innen, besichtigen und bewerten Immobilien, vermieten oder verkaufen Objekte und kaufen bei Bedarf für den Bahnbetrieb benötigte Immobilien und Grundstücke an. Der*Die Immobilienkaufmann*frau beherrscht die Immobilienbewertung, Buchführung, Finanzierungsplanung und Marketinginstrumente.

FOTO: THIRDMAN - PEXELS

Voraussetzung: Mindestens Hauptschulabschluss – besser Mittlere Reife oder Abitur.
Ausbildung: Die Ausbildungsdauer liegt – je nach Vorkenntnissen und Schulabschluss – zwischen 2,5 und 3,5 Jahren. Auch Quereinstieg über Fachschulen möglich.
Pluspunkt: Abwechslungsreiche Arbeit, Kontakt mit vielen Menschen und sehr gute Verdienstmöglichkeiten.

Industriekaufmann*frau

Aufgabenbereich: Der*Die Industriekaufmann*frau plant, steuert, organisiert und kontrolliert in den verschiedenen Zweigen der Bahnbranche betriebswirtschaftliche Vorgänge, wie zum Beispiel im Einkauf, dem Marketing oder der allgemeinen Verwaltung. Industriekaufleute sind deshalb mit vielen Bereichen des Betriebs vertraut. Sie beherrschen das Projektmanagement und die Projektorganisation, verfügen über Kenntnisse im Qualitätsmanagement, Finanzen und Controlling sowie in der Bürokommunikation und dem Personalmanagement.

FOTO: CHAGIN – STOCK.ADOBE.COM

MANAGEMENT

Voraussetzung: Mindestens Hauptschulabschluss – besser Mittlere Reife oder Abitur.
Ausbildung: Die Ausbildungsdauer liegt – je nach Vorkenntnissen und Schulabschluss – zwischen zwei und drei Jahren.
Pluspunkt: Industriekaufleute können innerhalb der gesamten Bahnbranche – vom Eisenbahnverkehrsunternehmen bis hin zum Bahnbau und der Bahnindustrie – eingesetzt werden. Entsprechend vielseitig ist die Tätigkeit!

MANAGEMENT

Marketing- und Kommunikationsexpert*in

Aufgabenbereich: Die Eisenbahnen in Europa befördern täglich sicher, komfortabel, zuverlässig und umweltfreundlich viele Millionen Menschen und ebenso viele Container und Güterwagen kreuz und quer über den Kontinent. So viel gute Arbeit muss kommuniziert werden – und dies ist eine Aufgabe für Spezialist*innen! Marketing- und Kommunikationsexpert*innen übernehmen Aufgaben im Kommunikationsmanagement, in der strategischen Planung für Markenstrategie und Markensteuerung, betreuen Werbekampagnen und führen Marktanalysen durch. Sie koordinieren Projekte, erstellen Pressemitteilungen, pflegen Kontakte zu Journalist*innen und Verlagen, entwerfen Kommunikationskonzepte für Kampagnen und Einzelmaßnahmen. Auch das Event- und Messemanagement, das Online- und Social-Media-Marketing gehören häufig zu den Aufgabenfeldern der Marketing- und Kommunikationsexpert*innen.

FOTO: SANNA SHVETS - PEXELS

Voraussetzung: Mittlere Reife, (Fach-) Abitur oder gleichwertige Hochschulzugangsberechtigung, Freude an Kommunikation und Sprache, Teamfähigkeit, Belastbarkeit, Fremdsprachenkenntnisse.
Ausbildung: drei Jahre duale Ausbildung (Betrieb und Berufsschule) zum Kaufmann/zur Kauffrau für Marketingkommunikation oder Hochschulstudium (z. B. Werbung und Marktkommunikation).
Pluspunkt: Eigenverantwortliches Arbeiten, gute Verdienstmöglichkeiten und mit solider Ausbildung auch sichere Berufsaussichten.

Fachkraft für Lagerlogistik

Aufgabenbereich: Güter und Waren sollen wirtschaftlich und umweltschonend transportiert werden und müssen zum richtigen Zeitpunkt in der richtigen Menge am richtigen Ort sein. Fachkräfte für Lagerlogistik sind die Allround-Profis innerhalb der Warenwirtschaft. Sie kontrollieren und steuern alle Prozesse, die sich im Lager abspielen: Waren ein- und auslagern, Lieferungen zusammenstellen, Begleitpapiere prüfen und archivieren. Sie führen Inventuren durch, prüfen Mengen und Qualitäten, sorgen für eine sachgerechte Verpackung, überwachen Termine und Laufzeiten und optimieren lagerwirtschaftliche Prozesse. Klassische Arbeitsorte einer Fachkraft für Lagerlogistik sind häufig Lagerhäuser, Fabrikhallen und Kühlhäuser. Besonders spannend: das Zukunftspotenzial. Denn die Güterlogistik der Bahnbranche ist auf dem Sprung in die Zukunft. Automatische und digitale Zugkupplungen, moderne Güterhubs und Kombi-Terminals werden den Schienengüterverkehr revolutionieren und mithelfen, Klima und Umwelt zu schützen!

FOTO: ZORIANA - STOCK.ADOBE.COM

LOGISTIK

Voraussetzung: Hauptschulabschluss oder (besser) Realschulabschluss, körperlich belastbar (häufiger Wechsel zwischen Büro, Lager und Freifläche), teamfähig und verantwortungsbewusst, sorgfältig, gute organisatorische Fähigkeiten, Fremdsprachenkenntnisse.
Ausbildung: drei Jahre duale Berufsausbildung (Betrieb und Berufsschule).
Pluspunkt: Sichere Zukunftsaussichten durch die rasante Entwicklung der Schienenverkehrslogistik, gute Verdienstmöglichkeiten. Verschiedene Möglichkeiten zur Weiterbildung: zum Beispiel geprüfte*r Logistikmeister*in, Fachwirt*in für Logistiksysteme oder durch ein Studium zum/zur Betriebswirt*in für Logistik.

Logistikmanager*in

Aufgabenbereich: Die volkswirtschaftliche Bedeutung des Güter- und Warenverkehrs hat in den vergangenen Jahrzehnten einen starken Wachstumsimpuls erhalten. Ein Großteil dieses Wachstums hat jedoch auf der Straße stattgefunden. Aufgrund der Umweltprobleme und Klimaveränderungen muss der umweltfreundlichere Schienenverkehr rasch aufholen. Dafür braucht es junge, kreative Logistikmanager*innen mit neuen Ideen!
Das Logistikmanagement setzt sich aus verschiedenen Teildisziplinen zusammen, die sich mit Transportprozessen und Lagerprozessen beschäftigen. Die Kernaufgaben des Logistikmanagements lassen sich auf drei Problembereiche konzentrieren, die in einem engen Verhältnis zueinander stehen: Zeit, Kosten und Qualität. Ziel des Logistikmanagements ist es, mit Blick auf dieses magische Dreieck der Logistik die Wirtschaftlichkeit und den Erfolg logistischer Prozesse zu optimieren und neue Konzepte zu entwickeln. Stichwort Umweltschutz: Auch der Klimaschutz und die Ressourcenschonung werden zukünftig eine immer größere Rolle innerhalb der Logistik spielen.

FOTO: FLAMINGO IMAGES - STOCK.ADOBE.COM

Voraussetzung: Je nach Hochschule (Fach-) Abitur oder gleichwertige Hochschulzugangsberechtigung.
Ausbildung: Studium an Universität, Fachhochschule oder Berufsakademie (IHK oder auch Fernstudium), Studienabschluss Bachelor, Master oder auch Zertifikat.
Pluspunkt: Logistik ist seit Jahrzehnten ein Wachstumsmarkt, deshalb bieten sich sehr gute Berufsaussichten mit attraktiven Verdienstmöglichkeiten.
Supply-Chain-Management: Steuern und Planen der gesamten Logistikkette und Lagerprozesse.

Fachinformatiker*in – Systemintegration

Aufgabenbereich: Die Zu(g)kunft ist digital. Computer, Internet und Smartphone haben längst unseren Alltag erobert. Und auch das Bahnsystem erlebt seit Jahren einen rasanten digitalen Wandel – vom reinen Anbieter von Schienenverkehr hin zur modernen und vernetzten Mobilitätsplattform. Die Arbeitsbereiche von Fachinformatiker*innen sind sehr vielseitig: Sie konfigurieren Hard- und Softwarekomponenten und integrieren diese in neue und bestehende Netzwerke, sie entwickeln neue Benutzeroberflächen, analysieren Kundenanforderungen, planen, installieren und warten IT-Systeme, beraten Anwender*innen und führen bei Bedarf interne und externe Schulungen durch. Fachinformatiker*innen können praktisch in allen Branchen eingesetzt werden – auch innerhalb der Bahnbranche gibt es vielfältige Aufgabengebiete.

FOTO: TIM VAN DER KUIP - UNSPLASH

Voraussetzung: Realschulabschluss oder (Fach-) Abitur, Interesse an IT-Technologie und Mathematik, kommunikativ, Teamplayer, Fremdsprachenkenntnisse.
Ausbildung: drei Jahre duale Ausbildung (Betrieb + Berufsschule), zum Teil auch in überbetrieblichen Ausbildungszentren.
Pluspunkt: Sichere Zukunftsaussichten durch die rasante Entwicklung der Digitaltechnik. Die Möglichkeiten zur Weiterbildung und zum Berufsaufstieg sind vielfältig: zum Beispiel zum/zur Fachwirt*in für Computer Management oder durch ein Studium der Informatik.

IT-Systemelektroniker*in

Aufgabenbereich: IT-Systemelektroniker*innen planen, installieren und konfigurieren IT-Systeme und nehmen diese in Betrieb. Auch die Wartung von IT-Geräten sowie die Fehleranalyse und Beseitigung von Störungen gehören zu ihren grundlegenden Aufgaben. In der Bahnbranche sind IT-Systemelektroniker*innen häufig mit dem Aufbau und der Betreuung technischer Anlagen im Bereich Sicherheit, ITK-Technik (Informations- und Kommunikationstechnik) und Automatentechnik beschäftigt, hierzu zählen zum Beispiel Einbruch- und Brandmeldeanlagen, Video- und Beschallungsanlagen, Ticketautomaten und die Funktechnik. Auch das Einrichten von Netzwerken und die Arbeit mit Netzwerken von Kupfer bis Glasfaser sind wichtige Aufgabengebiete von IT-Systemelektroniker*innen.

FOTO: AUREMAR - STOCK.ADOBE.COM

Voraussetzung: Realschulabschluss oder (Fach-) Abitur. Außerdem Interesse an Technik und Elektronik, Mathe und Physik.

Ausbildung: drei Jahre duale Ausbildung (Betrieb und Berufsschule) in Industrie, Handel und Handwerk.

Pluspunkt: Durch die Beschäftigung mit Zukunftstechnologien bieten sich relativ sichere Berufschancen. Die Bereitschaft zur Fortbildung sichert Aufstiegsmöglichkeiten und bietet gute Verdienstmöglichkeiten. Aufstiegsmöglichkeit zum*zur (Industrie-) Meister*in oder durch Studium der Elektrotechnik oder Technischen Informatik.

Ingenieur*in

Aufgabenbereich: Ohne Ingenieur*innen gäbe es keinen Backofen, keinen Föhn, keinen Fernseher – und keine Lokomotiven ... Eine Welt ohne Ingenieur*innen gibt es nicht, aber den*die Universal-Ingenieur*in gibt es leider auch nicht – auch nicht im Bereich des Schienenverkehrs, obwohl gerade hier viele Ingenieur*innen über eine interdisziplinäre Ausbildung verfügen. Dies liegt vor allem an der engen Verzahnung zwischen bautechnischen und baukonstruktiven Problemstellungen, die Themen wie Signaltechnik, Fahrzeugtechnik, Energietechnik wie auch Fahrwegtechnik betreffen. Von der Fachrichtung her sind in der Bahnindustrie vor allem Maschinenbauexpert*innen, Elektroingenieur*innen, Informatiker*innen und auch Wirtschaftsingenieur*innen gefragt. Sie arbeiten an der neuesten Technologie und entwickeln Hochgeschwindigkeitszüge genauso wie U-Bahnen, Bahnhöfe und Signaltechnik.

FOTO: GORODENKOFF - STOCK.ADOBE.COM

BAHNINDUSTRIE

Voraussetzung: Abitur oder Fachabitur, Interesse an naturwissenschaftlichen Themen, kreativ, teamfähig und belastbar, gute Fremdsprachenkenntnisse (mindestens Englisch).
Ausbildung: Studium an Universität oder Fachhochschule. Das Erststudium führt zum Bachelor und dauert in der Regel 6 Semester (drei Jahre). Wer einen Masterabschluss anstrebt, muss nach dem Bachelor weitere 4 Semester (zwei Jahre) studieren.
Pluspunkt: Vielseitige Aufgabenfelder mit spannenden Themen sowie hervorragenden Verdienst- und Aufstiegsmöglichkeiten. Sehr gute Zukunftsaussichten!

Konstruktionsmechaniker*in

Aufgabenbereich: Moderne Schienenfahrzeuge, Kräne, Brücken, Hallen und Aufzüge etc. entstehen häufig in Modulbauweise und werden deshalb in Baugruppen gefertigt. Konstruktionsmechaniker*innen erstellen die hierfür benötigten Bauteile durch Drehen, Fräsen, Sägen oder Laserschneiden und setzen die erstellten Komponenten durch Fügetechniken, wie zum Beispiel Schweißen, Schrauben, Löten, Nieten oder Kleben, zusammen. Konstruktionsmechaniker*innen sind hierdurch oftmals direkt an der Produktion von Konstruktionen und Baugruppen oder Fahrzeugen beteiligt. In der Ausbildung werden die notwendigen Zerspanungs- und Fügetechniken sowie das Lesen von Konstruktionszeichnungen und Schweißplänen erlernt. Der Beruf Konstruktionsmechaniker*in ist durch die auftragsbezogene Fertigung sehr interessant und abwechslungsreich.

FOTO: BREMENPORTS

Voraussetzung: Handwerkliches Geschick, körperliche Belastbarkeit, Interesse am Metallbau, guter Haupt- oder Realschulabschluss

Ausbildung: 3,5 Jahre duale Ausbildung (Betrieb + Berufsschule), das Erlernen von Zusatzqualifikationen erfolgt zum Teil auch in überbetrieblichen Ausbildungszentren.

Pluspunkt: Der Beruf des Konstruktionsmechanikers/der Konstruktionsmechanikerin bietet durch die auftragsbezogene Fertigung inhaltlich wechselnde Tätigkeiten. Da Konstruktionsmechaniker*innen nicht nur in der Bahnindustrie, sondern auch im Maschinen-, Fahrzeug- und Schiffbau sowie der Luft- und Raumfahrt benötigt werden, bietet sich nach der Ausbildung ein vielseitiges und zukunftsorientiertes Aufgabenfeld mit guten Verdienstmöglichkeiten. Weiterbildung zu Vorarbeiter*in, Meister*in, Techniker*in oder Ingenieur*in (Studium) möglich.

Produktmanager*in

Aufgabenbereich: Entwicklung und Evaluation neuer Produkte im Bereich der Bahnindustrie. Die Produktpalette kann hierbei sehr weitreichend sein und von der Entwicklung neuer Bahnschwellen bis hin zum kompletten Schienenfahrzeug reichen. Produktmanager*innen arbeiten bei der Realisierung neuer Produkte in der Regel sehr eng mit internen Abteilungen wie dem Marketing und der Konstruktion sowie mit Kund*innen wie auch Lieferant*innen zusammen. Zu ihren Aufgaben gehört nicht nur die Entwicklung neuer Produkte, sondern auch die aktive Bearbeitung und Weiterentwicklung des bestehenden Produktportfolios. Produktmanager*innen unterstützen die Verkaufsabteilung bei der Akquisition sowie die Kund*innen bei der Projektabwicklung.

FOTO: GORODENKOFF - STOCK.ADOBE.COM

Voraussetzung: Abitur und Studium als Bau-, Maschinen-, Elektro- oder Wirtschaftsingenieur*in. Je nach Bedarf auch Betriebswirt*in. Durchsetzungsfähig, interdisziplinär und vorausschauend im Denken. Gute Fremdsprachenkenntnisse (mindestens Englisch). Reisebereitschaft.
Ausbildung: Studium, Berufspraxis oder Traineeprogramm. Auch Quereinstieg möglich.
Pluspunkt: Sehr spannendes Aufgabenfeld, viel Freiraum und positive Entwicklungsmöglichkeiten. Attraktive Verdienstmöglichkeiten!

Technische*r Einkäufer*in

Aufgabenbereich: Technische*r Einkäufer*in ist kein klassischer Ausbildungsberuf, sondern bietet vor allem Industriekaufleuten, Groß- und Außenhandelskaufleuten wie auch Betriebswirten und Betriebswirtinnen die Möglichkeit zur Spezialisierung und zum Berufsaufstieg. Jede Fabrikation benötigt Technik und Werkzeuge, Materialien und Hilfsstoffe zur Produktion von Gütern. Technische Einkäufer*innen beschaffen die hierfür benötigten Geräte und Werkstoffe. Sie berücksichtigen dabei die technischen, logistischen und wirtschaftlichen Anforderungen und kaufen an nationalen wie auch internationalen Märkten ein. Technische Einkäufer*innen arbeiten hierdurch an wichtigen Kostenschnittstellen, denn je effizienter ein Unternehmen einkauft, desto größer die mögliche Gewinnspanne. Technische Einkäufer*innen verfügen deshalb nicht nur über ein entsprechendes technisches Verständnis der eigenen Produkte und der zu beschaffenden Materialien, sondern auch über ausgeprägte kaufmännische Fähigkeiten.

FOTO: BLAZINGDESIGNS - STOCK.ADOBE.COM

Voraussetzung: Abgeschlossene (kaufmännische) Berufsausbildung oder Studium, technisches Verständnis, Verhandlungsgeschick und Fremdsprachenkenntnisse.
Ausbildung: Kaufmännische Ausbildung (z. B. Industriekaufmann/-frau, Groß- und Außenhandelskaufmann/-frau) oder Studium (häufig BWL oder Wirtschaftsingenieurwesen).
Pluspunkt: Einkäufer*innen haben einen wesentlichen Anteil am Erfolg des Unternehmens. Sie werden in allen Industriezweigen benötigt und tragen viel Verantwortung. Entsprechend gut sind die Verdienst- und Aufstiegschancen.

Industriemechaniker*in

Aufgabenbereich: Der*Die Industriemechaniker*in verfügt über eine sehr breite Grundlagenausbildung, kann in der Instandhaltung ebenso gut eingesetzt werden wie in der industriellen Produktion und gehört deshalb zu den gefragtesten Berufen im Bereich der Mechanik und Metallbearbeitung. Industriemechaniker*innen sind Expert*innen für komplexe Werkstücke und haben ein Händchen für Präzision. Sie können deshalb, wenn es notwendig ist, auch auf den Tausendstelmillimeter exakt arbeiten. In der Bahnindustrie arbeiten sie mit technischen Zeichnungen und stellen Maschinenteile, Baugruppen, Apparate oder Instrumente für Schienenfahrzeuge her oder montieren diese. Sie verfügen über gute Kenntnisse im Bereich der Elektrotechnik, Hydraulik und Pneumatik, können schweißen, löten und kleben und beherrschen die Zerspanungstechnik. In der Regel bearbeiten Industriemechaniker*innen hochwertige Stähle wie auch Leichtmetalle, zunehmend auch immer mehr Kunststoffe und Verbundwerkstoffe.

FOTO: DOMINIK OBERTREIS · WWW.OBERTREIS.DE

Voraussetzung: Sehr guter Hauptschulabschluss – besser Mittlere Reife oder Abitur. Interesse an Technik und Präzision, Mathematik und Physik.

Ausbildung: 3,5 Jahre, duale Ausbildung (Betrieb + Berufsschule) oder Betrieb + Fachhochschule.

Pluspunkt: Aufgrund der weitgefächerten Grundlagenausbildung stehen Industriemechaniker*innen viele Türen offen. Hierdurch ergeben sich vielseitige Aufgabenfelder mit spannenden Themen, entsprechend gut sind die späteren Berufschancen wie auch die Verdienst- und Aufstiegsmöglichkeiten zu Meister*in, Techniker*in oder Ingenieur*in (Studium).

Klimatechniker*in

Aufgabenbereich: Die Klimatechnik gilt als Berufsbild mit Zukunft, denn die Klimatisierung von Schienenfahrzeugen wie auch Gebäuden spielt infolge veränderter Umweltbedingungen eine immer größere Rolle. Vor allem die Hygiene und die Verhinderung von Verkeimungen sind in der Klima- und Lüftungstechnik durch die Corona-Pandemie stark in den Blickpunkt gerückt. Klimatechniker*innen überwachen und installieren Kälte-, Klima- und Lüftungsanlagen von Schienenfahrzeugen und Wärmepumpen von Gebäuden. Sie nehmen Prüfungen sowie Fehleranalysen vor und führen eigenständige Instandhaltungsarbeiten durch. Das Berufsbild Klimatechniker*in hat in den vergangenen Jahren viele Wandlungen durchlaufen und entwickelte sich unter anderem aus dem Sanitär- und Heizungsbereich. Der heutige Ausbildungsberuf ist Mechatroniker*in für Kältetechnik – es gibt aber auch zahlreiche Möglichkeiten, sich durch Umschulungen und durch Weiterbildungen zum*zur Klimatechniker*in ausbilden zu lassen.

FOTO: AUREMAR - STOCK.ADOBE.COM

Voraussetzung: Mindestens Hauptschulabschluss, besser Mittlere Reife, handwerkliches Interesse, Sorgfalt, Freude an Mathematik und Physik.
Ausbildung: 3,5 Jahre duale Ausbildung (Betrieb und Berufsschule), zum Teil auch in überbetrieblichen Ausbildungszentren.
Pluspunkt: Mechatroniker*innen für Kältetechnik verfügen über eine fundierte Ausbildung und bewegen sich in einem Wachstumsmarkt. Hierdurch bieten sich gute Berufschancen wie auch Verdienst- und Aufstiegsmöglichkeiten zu Kälteanlagenmeister*in oder zum*zur staatlich geprüften Techniker*in Fachrichtung Kältetechnik. Auch Studienmöglichkeiten, zum Beispiel zum Bachelor Engineering Mechatronik, bieten sich an.

Mechatroniker*in

Aufgabenbereich: Der*Die Mechatroniker*in ist eine vollwertige Fachkraft der Elektrotechnik und verfügt zugleich über die Kompetenzen von Mechaniker*innen. Im Mittelpunkt der Arbeit von Mechatroniker*innen in der Instandhaltung von Schienenfahrzeugen steht die elektrische und digitale Steuerungstechnik, Elektropneumatik, Elektromechanik und Elektrohydraulik von Lokomotiven, Triebzügen, Reisezugwagen oder auch Gleisbaumaschinen. Mechatroniker*innen verfügen über die Fähigkeit, Anlagen in Betrieb zu nehmen, zu programmieren und zu warten. Bei technischen Problemen an Schienenfahrzeugen spüren sie dem Fehler bis zur Ursache nach und beheben das Problem selbstständig erfolgreich.

FOTO: AKN EISENBAHN GMBH

Voraussetzung: Sehr guter Hauptschulabschluss, besser Mittlere Reife oder Abitur. Freude an Technik und Problemlösung, gute Mathematik- und Physikkenntnisse. Grundsätzliche Bereitschaft zur Schichtarbeit.

Ausbildung: drei bis 3,5 Jahre, duale Ausbildung (Betrieb + Berufsschule), häufig zusätzliche Fortbildung in Schulungszentren der Bahnen und Eisenbahnfachschulen.

Pluspunkt: Vielseitige Aufgaben in einem zukunftsweisenden Umfeld. In der Regel selbstständiges Arbeiten. Solider Verdienst, sehr gute Zukunftsaussichten und Weiterbildung zum*r staatlich geprüften Techniker*in oder Industriemeister*in möglich.

Metallbauer*in

Aufgabenbereich: Metallbauer*innen erschaffen aus Stahl, Aluminium, Kupfer oder Messing etc. große wie auch kleine Bauteile. Das Aufgabenfeld ist sehr groß und reicht von Karosserieteilen für Schienenfahrzeuge über Tore für Werkstätten oder Fahrzeughallen bis hin zu Fensterrahmen, Lüftungsgittern, Treppen, Aufstiegen, Fahrwerksteilen oder Aufbauten von Güterwagen. Bei den angefertigten Werkstücken kann es sich um Serienprodukte handeln, sehr häufig werden aber auch Einzelstücke hergestellt oder Ersatzteile angefertigt. Aus diesem Grund sind Metallbauer*innen innerhalb der Bahnbranche in der Instandhaltung (Reparatur) wie auch in der Industrie (Produktion) anzutreffen. Der Beruf Metallbauer*in erfordert zahlreiche Fertigkeiten: Hierzu gehören das Lesen von Konstruktionszeichnungen, Anfertigen von Skizzen, Trennen und Zusammenbau von Werkstücken und die Herstellung von Verbindungen durch Schrauben, Nieten oder Schweißen. Die Beherrschung von Kalt- und Warmumformungen sowie die Montage von Werkstücken gehören ebenfalls zum Ausbildungsumfang. Da Metallbauer*innen häufig auch Ziergegenstände entwerfen und herstellen, hat der Beruf auch eine kreative Komponente.

Voraussetzung: Möglichst Hauptschulabschluss, körperlich belastbar, handwerkliches Interesse, räumliches Vorstellungsvermögen, Sorgfalt.

Ausbildung: 3,5 Jahre duale Ausbildung (Betrieb und Berufsschule), zum Teil auch in überbetrieblichen Ausbildungszentren. In der Regel wird das Berufsbild in drei Fachrichtungen unterteilt: Nutzfahrzeugbau, Konstruktionstechnik und Metallgestaltung. Die Inhalte der Ausbildung sind zum Beginn für alle angehenden Metallbauer*innen gleich. Eine Spezialisierung auf die verschiedenen Fachbereiche erfolgt in der Regel nach dem zweiten Ausbildungsjahr.

Pluspunkt: Metallbauer*innen verfügen über eine breitgefächerte Ausbildung und sind deshalb vielfältig und flexibel einsetzbar. Sie werden in zahlreichen Industriezweigen benötigt und tragen viel Verantwortung. Entsprechend gut sind die späteren Berufschancen wie auch die Verdienst- und Aufstiegsmöglichkeiten zu Meister*in, Techniker*in oder Ingenieur*in (Studium).

FOTO: PICKONE - STOCK.ADOBE.COM

Wagenmeister*in

Aufgabenbereich: Wagenmeister*in ist kein klassischer Ausbildungsberuf, sondern eine berufliche Spezialausbildung innerhalb der Eisenbahnbranche. Wagenmeister*innen prüfen vor jeder Zugfahrt die technische Betriebssicherheit, Einsatzfähigkeit und Verkehrssicherheit von Zügen, Wagengruppen und Einzelwagen sowie deren Ladung, wenn es sich um Güterwagen handelt. Sie überprüfen die Fahrzeuge mit Blick auf Schäden und Mängel und entscheiden eigenverantwortlich, ob ein Wagen auf die Reise gehen darf oder aus dem Zugverband ausgesetzt und in einer Werkstatt instandgesetzt werden muss. Wagenmeister*innen können auch Bremsproben durchführen und dürfen, im Unterschied zu Wagenprüfer*innen, auch Untersuchungen durchführen, die über eine rein augenscheinliche Kontrolle hinausgehen. Zu den Werkzeugen des Wagenmeisters/der Wagenmeisterin gehören Messinstrumente, wie Radsatzlehre, Messschieber und der sogenannte Klanghammer – eine Sonderform des Schlosserhammers. Diesen nutzen Wagenmeister*innen zum akustischen Überprüfen von Radreifen. Anhand des Klanggeräusches können sie Brüche und Materialschäden feststellen.

FOTO: LITTLEWOLF1989 - STOCK.ADOBE.COM

INSTANDHALTUNG

Voraussetzung: Eine abgeschlossene Ausbildung in einem Metall- oder Elektroberuf oder eine vergleichbare Tätigkeit mit entsprechender Berufserfahrung wird erwartet. Außerdem: verantwortungsvolles Handeln, Sorgfalt und Zuverlässigkeit, geistige und körperliche Fitness.
Ausbildung: Die Ausbildung zum*zur Wagenmeister*in wird von verschiedenen Bildungseinrichtungen innerhalb der Bahnbranche angeboten und dauert in der Regel, je nach Ausbildungskonzept, zwischen sechs und zwölf Monaten.
Pluspunkt: Eigenverantwortliches Arbeiten, gute berufliche Zukunftsaussichten und solide Verdienstmöglichkeiten.

UMWELTSCHUTZ

Umweltingenieur*in

Aufgabenbereich: Umweltingenieur*innen arbeiten schon heute an Strategien für die Welt von morgen: Lösungen, um Müll zu vermeiden, Gewässer zu schützen, den Lärmschutz auf der Schiene zu verbessern, den Einsatz von Pestiziden zu reduzieren und Emissionen zu verringern. Sie bewerten Umweltschäden und erstellen Systeme, um den Energieverbrauch von Lokomotiven, Bahnhöfen und Werkstätten weiter zu senken. Kurzum: Sie arbeiten daran, den Verkehrsträger Schiene jeden Tag noch umweltfreundlicher zu machen.
Einsatzgebiete können Baustellen, Bahnindustrie, Energiegewinnung, Werkstattmanagement oder Abfallentsorgung sein, um nur einige zu nennen. Um die gesetzten Umweltziele zu erreichen, planen, entwickeln, optimieren und überwachen Umweltingenieur*innen nachhaltige Verfahren, Projekte und Methoden. Sie schreiben Berichte, erstellen Gefährdungsgutachten und schulen Führungskräfte und Mitarbeitende zu Themen des Umweltschutzes. Der Aufgabenbereich ist groß, vielfältig und abwechslungsreich. In den Planungsphasen verbringen Umweltingenieur*innen viel Zeit im Büro vor dem Computer, die wiederum von Phasen im technischen Labor oder vor Ort, im Freien, abgelöst werden.

FOTO: HALFPOINT - STOCK.ADOBE.COM

Voraussetzung: (Fach-) Abitur oder gleichwertige Hochschulzugangsberechtigung. Freude an Umweltthemen und Naturwissenschaften. Eine abgeschlossene Ausbildung, zum Beispiel in einem technischen Beruf, kann vorteilhaft sein.
Ausbildung: Studium mit Bachelor- oder Masterabschluss.
Pluspunkt: Eigenverantwortliches Arbeiten, gute berufliche Zukunftsaussichten und solide Verdienstmöglichkeiten.

Umwelttechnische*r Assistent*in

Aufgabenbereich: Ein sehr vielfältiger Beruf. Ob Feinstaubbelastungen in der Luft, Lärmschutz am Gleis, Probleme mit der Abfallentsorgung oder Schadstoffe in Boden und Wasser: Umwelttechnische Assistent*innen (UTA) spüren durch Untersuchungen im Labor und mit modernsten technischen Geräten die unterschiedlichsten Umweltbelastungen auf. Sie erstellen Berichte und Tabellen und dokumentieren Arbeitsschritte und Ergebnisse. Ziel ist es, die Ursache für Umweltbelastungen zu suchen und Lösungen zu finden, um diese zukünftig zu vermeiden und die Umwelt zu schützen. Umwelttechnische Assistent*innen werden in der Regel von Forschungseinrichtungen, Unternehmen der Wasserversorgung sowie Natur- und Umweltämtern beschäftigt – immer häufiger aber auch von Eisenbahnverkehrsunternehmen und der Bahnindustrie.

FOTO: PRODUCTION PERIG - STOCK.ADOBE.COM

Voraussetzung: Realschulabschluss oder (Fach-) Abitur, Interesse an Umweltthemen, gute Noten in Mathematik und in den naturwissenschaftlichen Fächern, teamfähig, Fremdsprachenkenntnisse.
Ausbildung: Schulische Ausbildung an öffentlichen wie auch privaten Berufsfachschulen; Dauer: zwei bis drei Jahre. In der Regel wird der schulische Teil durch ein Praktikum ergänzt. Verschiedene Eisenbahnverkehrsunternehmen bieten jedoch auch Ausbildungsplätze an.
Pluspunkt: Sichere Zukunftsaussichten durch ein verändertes Umweltbewusstsein. Die Möglichkeiten zur Weiterbildung und zum Berufsaufstieg sind vielfältig: zum Beispiel zum/zur Umweltschutztechniker*in oder durch ein Studium der Umweltwissenschaften.

Geograf*in

Aufgabenbereich: Beim Thema Geografie denken wir zunächst in der Regel an Landkarten und Atlanten – doch Geografie umfasst viel mehr als die Erdkunde, die wir aus der Schule kennen. Geografie beschäftigt sich mit dem Zusammenspiel zwischen Mensch und Umwelt. Das Berufsbild des Geografen/der Geografin ist entsprechend breit angelegt und reicht von der Klimaforschung über die Verkehrsplanung, Landschaftsplanung und den Umweltschutz bis hin zur Wirtschaftsförderung und Marktforschung. Im Bereich des Schienenverkehrs übernehmen Geograf*innen häufig Aufgaben in der Planung von Verkehrsleistungen. Sie erstellen und optimieren Fahrzeugumläufe sowie Dienst- und Turnuspläne, dokumentieren Leistungsdaten, führen Statistiken, begleiten Ausschreibungen und überwachen deren Umsetzung. Eine wichtige Funktion haben sie oftmals auch in Beratungsgesellschaften, die für Eisenbahnverkehrsunternehmen, aber auch für die Verkehrspolitik sowie Städte und Kommunen tätig sind.

FOTO: AGNORMARK – STOCK.ADOBE.COM

Voraussetzung: (Fach-) Abitur oder gleichwertige Hochschulzugangsberechtigung. Interesse am Zusammenspiel zwischen Mensch und Umwelt, Interesse an Mathematik, Statistik, Chemie und Biologie.

Ausbildung: Studium mit Bachelor- oder Masterabschluss.

Pluspunkt: Häufig eigenverantwortliches Arbeiten in Führungspositionen, gute berufliche Zukunftsaussichten durch Aufstiegschancen und solide Verdienstmöglichkeiten.

Verkehrspsycholog*in

Aufgabenbereich: Die Verkehrspsychologie stellt ein breites, interessantes und zukunftsgerichtetes Tätigkeitsgebiet dar.
Verkehrspsycholog*innen beschäftigen sich mit vielfältigen Aufgabenstellungen, Problemen und Projekten rund um das Thema Mobilität. Der Aufgabenbereich reicht dabei von der Verkehrsplanung über die Verkehrspädagogik, Personalauswahl, Mobilitätspsychologie bis hin zu Unfallanalysen sowie neuen Konzepten im Nahverkehr. Das Aufgabengebiet ist entsprechend breit aufgestellt und erfordert häufig die interdisziplinäre Zusammenarbeit mit anderen Forschungszweigen, wie der Medizin, den Ingenieurwissenschaften oder der Rechtswissenschaft. Verkehrspsycholog*innen können in der Forschung tätig sein, üben aber auch eine wichtige Funktion in der Praxis aus, zum Beispiel als Berater*innen.

FOTO: SEVENTYFOUR - STOCK.ADOBE.COM

Voraussetzung: (Fach-) Abitur oder gleichwertige Hochschulzugangsberechtigung. Obwohl Verkehrspsycholog*innen im Zeitalter sich wandelnder Mobilität eine sehr gefragte Expertengruppe darstellen, gibt es in Deutschland noch keinen Studiengang, der eine direkte Ausbildung zum/zur Verkehrspsycholog*in anbietet. Weiterführende Informationen stellt die Deutsche Gesellschaft für Verkehrspsychologie bereit: www.dgvp-verkehrspsychologie.de
Ausbildung: Studium mit Masterabschluss.
Pluspunkt: Eigenverantwortliches Arbeiten, sehr gute berufliche Zukunftsaussichten und solide Verdienstmöglichkeiten.

BERUFSBILDER AUS DEN UNTERNEHMEN

Berufsbilder aus den Unternehmen

Für Einsteiger, Aufsteiger und Umsteiger

„1996 startete die InnoTrans mit 172 Ausstellern. Als ich 2004 dazu kam, belegte die Messe vier Hallen – heute ist sie die weltweit größte Fachmesse für Schienenverkehrstechnik und das größte Event der Messe Berlin. Diese Erfolgsgeschichte haben wir gemeinsam mit der Industrie, den Verbänden, Ausstellern und Fachbesuchern geschrieben. Mich begeistert, wie kreativ und innovativ diese Branche ist – etwa wenn wir neue Formate wie das Railway Influencer Festival umsetzen oder junge Menschen nach ihrem ersten InnoTrans-Besuch mit strahlenden Augen wiedersehen. Für den Branchennachwuchs ist die InnoTrans der place to be – ich lade Sie herzlich ein, die Vielfalt der Bahnwelt hier live zu erleben."

Kerstin Schulz,
Direktorin InnoTrans

BahnEinsteiger GmbH

Umschulung zum Triebfahrzeugführer

Echte Züge steuern, quer durchs Land fahren und dabei auch noch Geld verdienen. Klingt nicht schlecht, oder? Als Lokführer ist das kein Problem.

Umschulung zum Triebfahrzeugführer im Personen- und Güterverkehr
Klasse A & B inkl. Rangierbegleiter

Anders als bei einem eintönigen Bürojob sind Triebfahrzeugführer – so der Fachbegriff für den Lokführer-Beruf – draußen unterwegs. Sie sind verantwortlich für den Zug und sorgen vor, während und nach der Fahrt für die Sicherheit von Gütern und/oder Personen.

Bei den BahnEinsteigern lernt man alles, was man braucht, um 1500 Tonnen schwere Züge von A nach B zu bewegen und gleichzeitig etwas für die Wirtschaft und die Gesellschaft zu tun. Lokführer sind unentbehrlich, um den Wirtschaftsmotor am Laufen zu halten.

Nach dem erfolgreichen Ablegen der Abschlussprüfung bieten die BahnEinsteiger eine hundertprozentige Jobgarantie.

In der Bildungsakademie für Bahnberufe lernt man alle Skills, die für dieses facettenreiche Berufsbild nötig sind. Neben Grundlagen des Bahnbetriebs lernt man das umfassende Regelwerk des Personen- und Güterverkehrs sowie alle relevanten Rechtsverordnungen und Gesetze kennen. Darüber hinaus lehren erfahrene Dozenten, wie man Warn- und Notsignale erkennt und sendet und wie man mit stressigen Situationen umgeht.

FOTOS: BAHNEINSTEIGER GMBH

Alle Module und Inhalte im Überblick:

- Einführung in die Grundlagen des Bahnbetriebs
- Wagenprüfer Stufe 1 & 2
- Bremsprobenberechtigung
- Rangieren
- Signalkunde
- Züge fahren im Regelfall und bei Unregelmäßigkeiten
- Prüfungsvorbereitung und theoretische Prüfung nach Anlage 5 gemäß TfV
- Fachthema: Diesel-Grundlagen
- Fachthema: Grundlagen der Elektrotechnik
- Fachthema: Punktförmige Zugbeeinflussung
- Simulator-Training
- Prüfungsvorbereitung und Prüfung nach Anlage 6 & Anlage 7 gemäß TfV

Darüber hinaus erwirbt man spezielle Kenntnisse, etwa die Gefahrgut-Schulung sowie die Qualifikation zum Wagenprüfer für Güterwagen und zum Bremsprobeberechtigten.
Das Führen von Triebfahrzeugen wird an modernen Simulatoren erlernt. Hier können sämtliche Situationen, die einen im späteren Berufsleben erwarten, erprobt und geübt werden.
Entscheidet man sich für die Umschulung zum Triebfahrzeugführer inklusive Praxis, dann geht es anschließend in den realen Betrieb.

Mit Praxis (11 Monate)

Die Umschulung zum Triebfahrzeugführer mit Praxisfahrten dauert elf Monate. Die Lehrfahrten werden bei einem Praxispartner absolviert. Die BahnEinsteiger kooperieren mit erfahrenen Eisenbahnverkehrsunternehmen, bei denen die praktische Abschlussprüfung Anlage 6 und Anlage 7 gemäß Triebfahrzeugführerscheinverordnung (TfV) abgelegt wird.
Die Umschulung zum Triebfahrzeugführer ist eine Herausforderung, aber auch wenn man nur einen Teil der Umschulung besteht, ist das kein Problem. Dadurch erwirbt man automatisch einen Teilabschluss zum Rangierbegleiter, mit dem man ebenfalls einen anerkannten Beruf ausüben kann.
Interessierte, die von vornherein ausschließlich Rangierbegleiter werden wollen, können die Umschulung ebenfalls bei uns absolvieren.

Durch TQ zum EiB (abschlussorientiert)

Mit der Teilqualifizierung können Sie schrittweise berufliche Kenntnisse und Fertigkeiten erwerben und den Berufsabschluss „Eisenbahner im Betriebsdienst" erlangen.
Mit unseren Qualifikationen werden Sie Schritt für Schritt auf den neuen Beruf vorbereitet und werden zur Fachkraft im Schienenverkehr.

Weitere Informationen unter:
www.bahneinsteiger.de

Kontakt:

BahnEinsteiger GmbH
Unsere Schulungsstandorte in Dortmund und Bielefeld

Hohe Str. 1, 4.OG | 44139 Dortmund
Herforder Str. 130, 2.OG | 33609 Bielefeld

Telefon: 0800 4008884 (kostenfreie Hotline)
E-Mail: info@bahneinsteiger.de
Internet: www.bahneinsteiger.de

HAAsE GmbH

Mit einer Ausbildung an der HAAsE GmbH Akademie zum zukunftssicheren Beruf

Ausbildung zum/r Triebfahrzeugführer/in im Güter- und Personenverkehr

Die Ausbildung zum/r Triebfahrzeugführer/in ist einer der gefragtesten Ausbildungszweige in der deutschen Bahnbranche: Triebfahrzeugführer/innen sorgen eigenverantwortlich für den pünktlichen, reibungslosen und sicheren Ablauf im Schienenverkehr. Die Einsätze können dabei sowohl im Personennah- und Fernverkehr als auch im bundesweiten Güterverkehr erfolgen.

Die HAAsE GmbH hat sich auf die Ausbildung und Vermittlung von Lokführer/innen spezialisiert. Im Rahmen unseres Trainingsprogramms vermitteln wir in 14 Monaten (mit zusätzlichem Fachsprachkurs in bis zu 18 Monaten) alle theoretischen und praktischen Grundlagen, die zum eigenständigen Führen von Triebfahrzeugen benötigt werden. Nach dem Erwerb des Triebfahrzeugführerscheins und dem erfolgreichen Abschluss der Zusatzbescheinigung ist ein unbefristeter und zukunftssicherer Job mit attraktivem Einstiegsgehalt bei uns oder einem unserer deutschen Partner-Eisenbahnunternehmen sichergestellt.

Zugangsvoraussetzungen

- Mindestens qualifizierter Mittelschulabschluss (ehemals Hauptschulabschluss) oder vergleichbare Schulbildung
- Mindestalter 24 Jahre (bei Ende der Maßnahme)
- Gute Deutschkenntnisse: B1-Niveau oder mindestens A2 für eine Teilnahme am Sprachkurs vor der Ausbildung – Nachweis der Kenntnisse in unserem Assessment
- Bestehen des ärztlichen und psychologischen Eignungstests
- Grundlegendes technisches Verständnis
- Bereitschaft zum Schicht- und Wochenenddienst

Maßnahmeninhalte

Die Ausbildung an der HAAsE Akademie unterteilt sich in Theorie- und Praxisphasen und bereitet Sie optimal auf die vielfältigen und herausfordernden Aufgaben als Lokführer/in vor.

Sie ist in sogenannte Teilqualifikationen (TQ) gegliedert. Damit werden im Laufe der Ausbildung unterschiedliche Abschlüsse erworben, die bereits sehr gute Jobchancen bieten, z. B. Rangierbegleiter/in, Bremsprobeberechtigte/r oder Wagenprüfer/in G.

Grundkurs (optional)

- Eisenbahnerfachsprache Deutsch B1-B2

FOTO: HAASE GMBH

TQ1 – Bestandteile des Triebfahrzeugführerscheins gem. Anlage 5 TfV

- Allgemeine Kenntnisse
- Grundlagen E-Traktion
- Grundlagen V-Traktion
- Kommunikationsanlagen und Funk
- Signale gem. Ril. 301

TQ2 – Bestandteile der Zusatzbescheinigung gem. Anl. 6 und 7 TfV

- Wagenprüfung G oder P Stufe II
- Bremsprobeberechtigung
- Rangierbegleitung
- Gefahrgut-Grundschulung
- Praktische Ausbildung an Lok, Wagen und Bremsprobegerät sowie im Rangierdienst

TQ3 – Bestandteile der Zusatzbescheinigung gem. Anl. 6 und 7 TfV

- Betriebsdienst (Regelmäßigkeiten und Unregelmäßigkeiten)
- Zugbeeinflussungssysteme PZB und LZB
- Praktische Ausbildungsfahrten am Simulator

Bei Abschluss aller einem Beruf zugehörigen TQs ist eine Zulassung zur Externenprüfung bei der IHK zum jeweiligen Ausbildungsberuf möglich. Damit kann bei Vorliegen aller Voraussetzungen der Berufsabschluss zum/r Eisenbahner/in im Betriebsdienst –Lokführer/in und Transport nachträglich erworben werden.

Die HAAsE GmbH ist eine vom Eisenbahnbundesamt zugelassene Ausbildungs- und Prüfungsstätte. Zudem sind wir nach AZAV und DIN ISO 9001:2015 zertifiziert.

Finanzierung

Die Lehrgangskosten können bei Erfüllung der persönlichen Voraussetzungen vollständig von der Agentur für Arbeit übernommen und ein Bildungsgutschein ausgehändigt werden.
Bei entsprechender Eignung werden Teilnehmende über unser Weiterbildungsprogramm gefördert und während der Ausbildung bei uns beschäftigt.

Ablauf

- Die Dauer beträgt bis zu 14 Monate in Vollzeit, mit vorherigem Deutschkurs bis zu 18 Monate.
- Der Unterricht findet mit maximal 18 Teilnehmenden statt. In der Theoriephase ist Anwesenheitspflicht von Montag bis Freitag i.d.R. von 08:30 bis 17:00 Uhr.
- Die Ausbildungsfahrten erfolgen im Schichtdienst.
- Während der Maßnahme finden regelmäßige Ausbildungsgespräche mit Evaluation durch die sozialpädagogische Betreuung statt.

Abschluss

Der Lehrgang endet mit dem Erwerb der Zusatzbescheinigung der Anlage 6 und 7 TfV. Zuvor ist die Prüfung für den europäischen Triebfahrzeugführerschein gemäß Anlage 5 TfV erfolgreich abzulegen.

Jetzt unverbindlich informieren:

Kontakt:

Haase GmbH Akademie
Blumenstraße 16a
D-93055 Regensburg
Telefon: +49 (0) 941 70 57 07 75
E-Mail: info@ausbildung-lokfuehrer.de
Internet: www.haase-bahn.de

ALBERT FISCHER
BAUUNTERNEHMEN

Albert Fischer GmbH

Gleisbauer (m/w/d)*

Gleisbauer sind für den Bau, die Wartung und Erneuerung von Schienennetzen verantwortlich und übernehmen damit wichtige Aufgaben im Schienenverkehr. Ohne fachkundige Gleisbauer wäre beispielsweise ein einwandfreier Bahnverkehr undenkbar. Mit handwerklichem Können und cleveren Ideen meistern sie auf Baustellen am Gleis diverse Herausforderungen.

Der Arbeitsalltag ist in erster Linie von Arbeiten direkt am Gleis und damit vom Aufenthalt im Freien geprägt. Gleisanlagen müssen nicht nur kontrolliert, sondern auch Gleisbetten erneuert und Weichen verlegt werden. Zudem gehören die Instandhaltung von Maschinen, Montagearbeiten, der Bau von Bahnübergängen und die Mängelbeseitigung an Gleisanlagen zum Aufgabenspektrum. Da während des Arbeitstages viele verschiedene und modernste Bau-, Gleisüberwachungs- und Gleisbaumaschinen bedient werden müssen, sind die Ansprüche an die Geschicklichkeit hoch. Auch Reaktionsgeschwindigkeit ist gefragt, da auf Warnsignale unmittelbar reagiert werden muss. Sorgfältiges und umsichtiges Arbeiten ist beim Verlegen von Gleisen unverzichtbar.

FOTOS: ALBERT FISCHER GMBH

*Personenbezeichnungen schließen stets alle Geschlechter ein.

Albert Fischer GmbH

Bauleitung Gleisbau (m/w/d)*

Als Bauleiter im Bereich Gleisbau erwarten Sie anspruchsvolle Aufgaben beim Neubau und der Instandhaltung von Bahnanlagen. Dazu zählen Gleise, Weichen und angrenzende Bauwerke, wie zum Beispiel Bahnsteige, Wartungsgruben und Bahnübergänge.

Sie verantworten unsere komplexen Baumaßnahmen im Eisenbahnbau. Ihre Aufgaben liegen dabei im fachlichen und sicherheitsrelevanten Bereich, wobei Sie stets die vertragsrechtlichen Rahmenbedingungen und die Unternehmensziele im Auge behalten. Sie haben Freude an der Führung und Betreuung eines festen Mitarbeiterstammes. Bei der Vorbereitung und Realisierung der Bauvorhaben fördern Sie eine gute Zusammenarbeit zwischen den Projektbeteiligten.

Sie betreuen die Baustelle von der Vertragsprüfung über die Bauausführung bis zur Abrechnung der erbrachten Leistungen. Sie sind für die Mitarbeiter, die Logistik, den Bauablauf und die auf der Baustelle tätigen Maschinen und Geräte verantwortlich. Die Wahl der Arbeitsverfahren und die Abstimmung des Bauablaufes klären Sie im Vorfeld mit dem Polier, den Sie auf der Baustelle einsetzen werden.

Außerdem kümmern Sie sich um die Einhaltung aller relevanten Sicherheits- und Arbeitsschutzmaßnahmen. Flexibilität und Mobilität sowie die Bereitschaft zu Reisetätigkeit sind Voraussetzung.

Kontakt:

Albert Fischer GmbH

Heilswannenweg 53
D-31008 Elze
Telefon: +49 (0) 5068 9290 23
E-Mail: info@albert-fischer.de
Internet: www.albert-fischer.de

*Personenbezeichnungen schließen stets alle Geschlechter ein.

Motoren Feuer GmbH

Motoren Feuer – Power für deine Zukunft!

Motoreninstandsetzung mit Leidenschaft und Präzision.

Die Motoren Feuer GmbH aus Overath bringt Antriebe wieder auf Touren. Wir kümmern uns um die komplette Aufbereitung von PowerPacks und großen Dieselmotoren – ob sie in Lkw, Bussen, Zügen oder Industrieanlagen laufen. Unser Team steht für saubere Arbeit, moderne Technik und echtes Know-how. Als Teil der Gütegemeinschaft der Motoreninstandsetzungsbetriebe (GMI) legen wir viel Wert auf geprüfte Qualität und arbeiten nach klaren Standards – zertifiziert nach DIN EN ISO 9001:2015. Mit dem RAL-Gütezeichen (RAL-GZ 797) zeigen wir: Bei uns zählt Präzision, Zuverlässigkeit und Handwerk, das überzeugt.

Starte deine Karriere bei Motoren Feuer!

Wir suchen motivierte Menschen, die Lust haben, Teil eines engagierten Teams in einer spannenden Branche zu werden. Ganz gleich, ob du am Anfang deiner beruflichen Laufbahn stehst, dich neu orientieren möchtest oder nach einer Pause zurück in den Beruf willst – bei uns findest du die passende Einstiegsmöglichkeit.

Für Jugendliche in der Ausbildung:

Starte deine berufliche Zukunft bei uns mit einer Ausbildung zum/zur Kfz-Mechatroniker/in mit Schwerpunkt Kraftfahrzeugtechnik.

Du lernst modernste Reparatur- und Instandsetzungstechniken kennen, arbeitest mit professioneller Maschinen- und Prüftechnik und wirst Schritt für Schritt in ein spannendes technisches Berufsfeld eingeführt.

FOTO: MOTOREN FEUER GMBH

Für Umsteiger aus anderen Branchen:
Du hast technisches Interesse oder handwerkliches Geschick und möchtest dich neu orientieren?

Bei uns erhältst du eine fundierte Einarbeitung und kannst dich in Fachbereiche wie Kurbelwellenbearbeitung, Zylinderkopfinstandsetzung oder Einspritzsysteme einarbeiten. Auch ohne klassische Branchenerfahrung hast du bei uns beste Chancen.

Für Wiedereinsteiger:
Du möchtest nach einer Pause wieder beruflich einsteigen?

Wir unterstützen dich mit gezielter Einarbeitung, Fortbildungsangeboten und einem Team, das Erfahrung im Umgang mit unterschiedlichen Qualifikationsständen hat. So gelingt dein Wiedereinstieg reibungslos und sicher.

Das bieten wir dir:
- Abwechslungsreiche und anspruchsvolle Aufgaben
- Modern ausgestattete Werkstätten und Prüftechnik
- Kollegiales Team mit Erfahrung und Know-how
- Persönliche Entwicklungsmöglichkeiten durch Fort- und Weiterbildung
- Sichere Arbeitsplätze mit Zukunftsperspektive

Werde Teil unseres Teams – wir freuen uns, dich kennenzulernen.

Mehr Infos:

MOTOREN® FEUER

Kontakt:

Motoren Feuer GmbH

Am Weidenbach 3-4
51491 Overath
Telefon: 02206 95 86-0
E-Mail: info@motorenfeuer.de
Website: www.motorenfeuer.de

STRABAG Rail GmbH

Tiefbaufacharbeiter:in

mit Zusatzqualifikation als Gleisbauer:in

Die STRABAG Rail GmbH ist ein internationales Bahnbauunternehmen und Teil des STRABAG SE-Konzerns. Durch ihre inzwischen 100-jährige Erfahrung gibt die Gesellschaft wertvolle Impulse bei der Planung von Bahnbauprojekten und setzt bei der Bauausführung qualitative Maßstäbe.

Ergreife die Initiative und steige bei uns ein. Es erwarten dich spannende Projekte, die Mitarbeit in dynamischen Teams und eine praxisorientierte Aus- und Weiterbildung. Denn wir glauben an die Kraft des Teams. Und daran, dass genau das den Unterschied ausmacht, um Außergewöhnliches entstehen zu lassen.

An unseren bundesweiten Standorten suchen wir fertige Tiefbaufacharbeiter:innen mit der Zusatzqualifikation Gleisbau ebenso wie interessierte Berufseinsteiger:innen für eine Ausbildung in diesem Berufsbild.

Tiefbaufacharbeiter:innen mit der genannten Zusatzqualifizierung wirken an der Gestaltung der Eisenbahninfrastruktur mit. Auf unseren Baustellen in ganz Deutschland werden Projekte rund um die Schienenbearbeitung und -erneuerung bis hin zum Aufbau großer schienengebundener Verkehrsanlagen realisiert.

Was dich erwartet: Eine dreijährige Ausbildung, die sich in zwei Stufen unterteilt – im ersten und zweiten Ausbildungsjahr werden Kenntnisse im Tiefbau vermittelt. Nach dem zweiten Jahr ist eine Prüfung zum:zur Tiefbaufacharbeiter:in mit Gesellenbrief zu absolvieren. Im dritten Ausbildungsjahr werden alle Themen rund um das Gleis gelehrt. Danach bist du Gleisbauer:in.

Um Gleisbauer:in werden zu können, musst du zuerst die Ausbildung zum:zur Tiefbaufacharbeiter:in machen. Diese zweijährige Ausbildung wird auf den Baustellen des Ausbildungsbetriebs, in der Berufsschule und im überbetrieblichen Ausbildungszentrum absolviert. Die Ausbildung wird von interessanten und vielseitigen Tätigkeiten rund um die schienengebundene Infrastruktur begleitet. Wir schulen dich zum Beispiel darin, Erdarbeiten durchzuführen oder Gräben, Baugruben sowie Verkehrswege einzurichten. Zugleich erwirbst du bereits in dieser Zeit Grundkenntnisse im Gleisbau sowie Wissen zu notwendigen Sicherheitsvorschriften, elektronischen Messgrößen und Arbeitsabläufen sowie zur Nutzung von Spezialwerkzeug. Diese Kenntnisse werden dann im dritten Ausbildungsjahr vertieft. Nach Eignung und bestandener Prüfung zum:zur

FOTO: STRABAG RAIL GMBH

STRABAG
WORK ON PROGRESS

Tiefbaufacharbeiter:in ist eine Vertragsverlängerung für die Spezialisierung im dritten Ausbildungsjahr mit dem Abschluss Gleisbauer:in möglich. Die Tätigkeiten im Gleisbau sind vielfältig – die Betriebssicherheit von Gleisanlagen wird durch den Austausch fehlerhafter Schienen und Weichen gewahrt oder es werden bei Neubauprojekten neue Schienen und Weichen montiert und verlegt. Auch Höhen- und Richtungsfehler werden beseitigt, Schwellenschrauben nachgezogen, Gleisbettungen erneuert, Bahnübergänge gebaut und einiges mehr.

Was wir erwarten: Voraussetzung für die Ausbildung zum:zur Tiefbaufacharbeiter:in mit Zusatzqualifikation als Gleisbauer:in ist eine gute Schulausbildung – ein Realschulabschluss oder ein qualifizierender oder mittlerer Hauptschulabschluss. Eine gute körperliche Konstitution, Flexibilität und die Bereitschaft, bundesweit zu arbeiten, sind ebenfalls erforderlich. Bei Bewerber:innen ab 18 Jahren ist ein Führerschein von Vorteil.

Nach abgeschlossener Berufsausbildung hast du sehr gute Chancen, von uns übernommen zu werden. Weiterhin bieten wir unseren Mitarbeitenden vielfältige Karriere- und Weiterbildungsmöglichkeiten: vom:von der Facharbeiter:in, Baugeräteführer:in, Vorarbeiter:in, Werk- oder geprüfte:n Polier:in über den:die Meister:in bis hin zum:zur Bauleiter:in.

Bei Interesse sende uns bitte deine vollständigen und aussagefähigen Bewerbungsunterlagen über das Onlineformular unter www.strabag-rail.com in der Rubrik Karriere zu.

Weitere Ausbildungsmöglichkeiten bei uns findest du in der Kontaktarena, Seite 252 und 253.

ANZEIGE

Unternehmensgruppe Wiebe

Ausbildung Gleisbauer (m/w/d)

Unternehmensprofil

Die Unternehmensgruppe Wiebe ist ein Bauunternehmen von Format: Verschiedenste Leistungsbereiche und mehrere Tochterunternehmen gewährleisten ein facettenreiches sowie spannendes Projektportfolio, das von den Erfahrungen jahrhundertelanger Bautradition profitiert. 1848 gegründet, besitzt die Unternehmensgruppe heute mehr als 800 Mitarbeiter, die die hohe Kompetenz des gesamten Unternehmens ausmachen. Besonders erfolgreich zeigt sich die Sparte des Gleisbaus, die 2010 als DB-Lieferant des Jahres in der Kategorie Bauleistungen ausgezeichnet wurde. Nutzen Sie die hohe Expertise im Gleisbau zu Ihrem Vorteil und starten Sie Ihre Karriere als Gleisbauer bei der Unternehmensgruppe Wiebe!

Berufsbild

Der Beruf des Gleisbauers beinhaltet mehr als nur das reine Verlegen von Schienen; neben

FOTO: WIEBE HOLDING GMBH & CO. KG

FOTO: WIEBE HOLDING GMBH & CO. KG

Montagearbeiten von Gleisen und Weichen tragen Gleisbauer dafür Sorge, dass das gesamte Schienennetz in einwandfreiem Zustand ist. Dazu müssen Gleis- und Weichenanlagen erneuert und unterhalten werden. Auch die Erstellung und Pflege des Gleisbetts gehört dazu. In der Berufsschule und im Betrieb lernen Sie dafür das nötige Know-how – von der Theorie und planerischen Vorgängen bis hin zum Umgang mit den speziellen Maschinen und Gerätschaften, die für die Gewährleistung eines reibungslosen Schienenverkehrs eingesetzt werden.

Anforderungen

Als Gleisbauer besitzen Sie eine hohe Affinität zu handwerklichem Arbeiten und mögen es, an der frischen Luft zu arbeiten. Zusätzlich sind Ihre Arbeitsabläufe stets von Sorgfalt und Sicherheit geprägt, wobei Sie immer auch das Gelingen des Gesamtprojekts im Auge behalten. Selbstständiges Arbeiten gehört für Sie ebenso wie Teamarbeit zu einer wünschenswerten Arbeitsatmosphäre.

Voraussetzungen

Für die Ausbildung als Gleisbauer bei der Unternehmensgruppe Wiebe – und somit den Start in eine vielversprechende berufliche Zukunft – benötigen Sie mindestens einen Hauptschulabschluss.

Wenn Sie Ihren beruflichen Werdegang im Gleisbau sehen und dabei von der hohen Kompetenz einer starken und etablierten Unternehmensgruppe profitieren wollen, dann schicken Sie Ihre aussagekräftige Bewerbung mitsamt Lebenslauf und Zeugnis.

Kontakt:

H. F. Wiebe GmbH & Co. KG
Im Finigen 8
D-28832 Achim
Telefon: +49 (0) 4202/987-0
Fax: +49 (0) 4202/987-100
E-Mail: info@wiebe.de
Internet: www.wiebe.de

ENON Gesellschaft mbH & Co. KG

Berufe bei ENON – Ihre Zukunft auf der Schiene

Die ENON-Gruppe bietet vielfältige Berufsbilder in der Bahnbranche. Wir suchen Mitarbeitende, die Verantwortung übernehmen, technisches Interesse mitbringen und Lust auf Teamarbeit haben.

Triebfahrzeugführer*in (m/w/d)

Sie steuern unsere Züge, sorgen für einen reibungslosen Transport und übernehmen Verantwortung für Sicherheit und Pünktlichkeit. Bei ENON werden Sie intensiv geschult und auf alle betrieblichen Anforderungen vorbereitet.

Wagenmeister*in (m/w/d)

Als Wagenmeisterin sind Sie für die sichere und zuverlässige technische Kontrolle unserer Güterwagen zuständig. Sie führen Untersuchungen und Bremsproben durch, erkennen Unregelmäßigkeiten und unterstützen unsere Kunden bei Sonder- und Gefahrguttransporten.

Mitarbeiterin Lokinstandhaltung (m/w/d)

In der Lokinstandhaltung kümmern Sie sich um Wartung, Reparatur und Überholung unserer Schienenfahrzeuge. Sie bauen Komponenten ein und aus, wechseln Motoren und Getriebe und führen sorgfältige Revisionsarbeiten durch, damit unsere Loks jederzeit zuverlässig einsatzbereit sind – gelegentliche Einsätze direkt beim Kunden vor Ort gehören ebenfalls zu Ihren Aufgaben.

Quereinsteiger*innen

Auch wer bisher nicht in der Bahnbranche gearbeitet hat, kann bei ENON durchstarten. Wir bieten Schulungen, Praxisbegleitung und Entwicklungsmöglichkeiten, um neue Talente fit für die Schiene zu machen.

FOTO: NICO DALCHOW - FOTOGRAFENHERZ | „24MORE"

Das bieten wir allen Mitarbeitenden

- Abwechslungsreiche Aufgaben in einem wachsenden Umfeld
- Schulungen, Fortbildungen und Karrierechancen
- Familiäre Unternehmenskultur mit Teamgeist
- Moderne Arbeitsplätze und Sicherheit

Sie möchten Teil eines engagierten Teams werden und aktiv die Zukunft des Güterverkehrs mitgestalten? Dann nutzen Sie die Chance, sich bei der ENON zu bewerben und Ihre beruflichen Ziele zu verwirklichen. Wir freuen uns darauf, Sie kennenzulernen!

Ihre Karriere bei ENON beginnt jetzt!
Besuchen Sie www.enon-karriere.de

Kontakt:

ENON Gesellschaft mbH & Co. KG

Pritzwalker Straße 8
16949 Putlitz
Telefon: 0160 – 92 54 00 87
E-Mail: bewerbung@desag-holding.de
Website: www.enon-karriere.de

Bentheimer Eisenbahn AG

Berufsbilder bei der Bentheimer Eisenbahn

Mehr als 400 Mitarbeiter bilden das Herzstück unseres Unternehmens. Die Aktivitäten der Bentheimer Eisenbahn AG und ihrer Tochterunternehmen bieten viele Berufsmöglichkeiten. Wir sind stets auf der Suche nach motiviertem und qualifiziertem Personal.

Triebfahrzeugführer (m/w/d)

Als Triebfahrzeugführer (m/w/d) sind Sie für die sichere und pünktliche Beförderung der Fahrgäste auf dem Streckennetz der BE Netz GmbH von Bad Bentheim nach Neuenhaus der RB 56 der Bentheimer Eisenbahn AG verantwortlich. Außerdem überwachen und bedienen Sie die technischen Systeme des Triebfahrzeugs und sind für die Einhaltung von Sicherheits- und Betriebsbestimmungen verantwortlich.

Zugbegleiter (m/w/d)

Als Zugbegleiter (m/w/d) übernehmen Sie eine zentrale Rolle und tragen wesentlich zur Zufriedenheit unserer Fahrgäste bei. Sie betreuen die Fahrgäste, kontrollieren die Fahrkarten, unterstützen bei Bedarf beim Ein- und Ausstieg aus dem Zug und geben Auskunft zu Verbindungen und Tarifen.

Fahrdienstleiter (m/w/d)

Ohne den Fahrdienstleiter (m/w/d) rollt kein Zug über die Schiene. Als Fahrdienstleiter (m/w/d) gewährleisten Sie einen sicheren und pünktlichen Zugverkehr. Zu den Aufgaben zählen die Überwachung und Steuerung des Zugverkehrs im Zuständigkeitsbereich mittels moderner Leittechnik und Computersystemen. Durch das Stellen der Weichen und Signale gewährleisten Sie, dass der Zug sicher und pünktlich von einem Punkt zum anderen gelangt. Sie kommunizieren stetig mit dem Triebfahrzeugführer, um sich über Informa-

FOTOS: BENTHEIMER EISENBAHN AG

tionen zu eventuellen Störungen, Verspätungen oder Änderungen im Fahrplan auszutauschen, um diese dann an die Kolleginnen und Kollegen in der Verkehrsleitung für weitere Maßnahmen zu kommunizieren.

Mitarbeiter in der Verkehrsleitung (m/w/d)

Als Mitarbeiter in der Verkehrsleitung (m/w/d) sind Sie für operative und präventionsorientierte Überwachung des Betriebsablaufs zuständig. Sie erkennen Störungen im Betriebsablauf und ergreifen Maßnahmen, um diese zu beheben. Außerdem sind Sie zuständig für die dispositive Personaleinteilung, die Steuerung des Fahrzeugeinsatzes sowie die sichere und umfassende Dokumentation von Betriebsabweichungen und Fahrzeugstörungen.

Die Bentheimer Eisenbahn AG bietet unbefristete Festanstellungen in Voll- und Teilzeit, tarifliche Vergütung (inkl. Weihnachts- und Urlaubsgeld) sowie umfangreiche Sozialleistungen (inkl. Betrieblicher Altersvorsorge, E-Bike Leasing, Firmenfitness und Betriebskitaplätzen).

Kontakt:

Bentheimer Eisenbahn AG
Otto-Hahn-Str. 1
48529 Nordhorn
Telefon: +49 (0) 5921 8033 220

Ansprechpartnerin: Patricia Stepputis-Gesing
bewerbung@bentheimer-eisenbahn.de
www.bentheimer-eisenbahn.de

Chemion Logistik GmbH

Kaufmann*frau (w/m/d)

für Spedition und Logistikdienstleistung

Eine Ausbildung bei Chemion bietet dir einen spannenden und abwechslungsreichen Start ins Berufsleben. Wir gehören zu den Top-Unternehmen unserer Branche und bieten unseren Azubis damit beste Perspektiven – und das in vielen unterschiedlichen Berufsbildern. Ob du Eisenbahner*in im Betriebsdienst (m/w/d) werden möchtest, qualifizierte Fachkraft für Lagerlogistik (m/w/d) oder eine Ausbildung zum*zur Kaufmann*frau für Spedition und Logistikdienstleistung (m/w/d) anstrebst: Überzeuge uns von deinen Fähigkeiten. Wir freuen uns auf dich!

Für den Bereich Logistik Services suchen wir Auszubildende für den Ausbildungsberuf Kaufmann*frau für Spedition und Logistikdienstleistung (m/w/d).

Kaufleute (m/w/d) für Spedition und Lagerlogistik planen und organisieren unter anderem Logistikabläufe.

Aufgaben

- Beratung von Kund*innen
- Ermittlung von Transportkosten
- Ermittlung der bestmöglichen Verpackung
- Korrespondenz mit Kund*innen und Dienstleister*innen
- Einholung und Erstellung von Angeboten
- Sachbearbeitung von Logistikaufträgen
- Planen, Organisieren und Steuern von Logistikabläufen
- Abwicklung von Zollangelegenheiten

Anforderungen

- Schulabschluss: Realschulabschluss
- Schulnoten: gute Schulnoten in den Fächern Deutsch und Mathematik
- hohe Lern- und Einsatzbereitschaft
- hohes Verantwortungsbewusstsein
- hohe Zuverlässigkeit

Infos

- Ausbildungsdauer: 3 Jahre
- Ausbildungsort: Leverkusen
- Ausbildungsbeginn: 1. August 2026

Kontakt:

www.chemion.de/karriere/ausbildung

Chemion Logistik GmbH

Fachkraft (w/m/d)

für Lagerlogistik

Eine Ausbildung bei Chemion bietet dir einen spannenden und abwechslungsreichen Start ins Berufsleben. Wir gehören zu den Top-Unternehmen unserer Branche und bieten unseren Azubis damit beste Perspektiven – und das in vielen unterschiedlichen Berufsbildern. Ob du Eisenbahner*in im Betriebsdienst (m/w/d) werden möchtest, qualifizierte Fachkraft für Lagerlogistik (m/w/d) oder eine Ausbildung zum*zur Kaufmann*frau für Spedition und Logistikdienstleistung (m/w/d) anstrebst: Überzeuge uns von deinen Fähigkeiten. Wir freuen uns auf dich!

Für den Bereich Logistik Services suchen wir Auszubildende für den Ausbildungsberuf Fachkraft (m/w/d) für Lagerlogistik.

Aufgaben

- Arbeitsorganisation, Information und Kommunikation
- Sicherheit und Gesundheitsschutz bei der Arbeit
- Logistische Prozesse und qualitätssichernde Maßnahmen
- Annahme, Lagerung und Versand von Gütern bzw. Gefahrgütern
- Einsatz von Arbeitsmitteln
- Kommissionierung und Verpackung von Gütern bzw. Gefahrgütern
- Umweltschutz

Anforderungen

- Schulabschluss: Realschulabschluss
- Schulart: Hauptschule, Realschule oder Gesamtschule
- Schulnoten: mindestens Note 3 in den Fächern Deutsch und Mathematik
- Einsatzbereitschaft
- Verantwortungsbewusstsein
- Zuverlässigkeit

Infos

- Ausbildungsdauer: 3 Jahre
- Ausbildungsort: Leverkusen und Krefeld
- Ausbildungsbeginn: 1. August 2026

Die Ausbildungsvergütung erfolgt gemäß Tarifvertrag.

Kontakt:

www.chemion.de/karriere/ausbildung

GRAFIKEN: DISPO-TF RAIL GMBH

dispo-Tf Rail GmbH

Lokführer:in – dein Job mit Verantwortung, Power und Perspektive

1.500 Tonnen hinter dir. Endlose Gleise vor dir. Und die Verantwortung, dass Güter sicher ans Ziel kommen. Als **Lokführer:in bei dispo-Tf Rail** bist du weit mehr als nur „Fahrer:in" – du bist ein **Profi auf der Schiene**, oder wie wir sagen: ein echter ***Rail Hero***.

Wir bilden dich aus – auch als Quereinsteiger:in!

Egal, ob du ganz neu starten oder nach einer Pause zurück in den Beruf willst: Wir machen dich in unserer zertifizierten **Weiterbildung** in nur **12 Monaten** fit für den Führerstand. Theorie, Praxis, Training an eigenen Loks – wir bringen dich aufs Gleis. **Individuelle Nachhilfe, praxiserfahrene Dozent:innen und ein neues Schulungskonzept** sind dabei inklusive!

Das macht den Job als Lokführer:in so besonders:

- Du bewegst tonnenschwere Güter sicher durchs Land – und hältst die Wirtschaft am Laufen.
- Du bist verantwortlich für Technik, Sicherheit und Pünktlichkeit – und übernimmst Verantwortung, die zählt.
- Du bist unterwegs – in Deutschland und darüber hinaus.
- Du arbeitest in einem krisen- und zukunftssicheren Beruf und bist Teil eines starken Teams.

Was du mitbringen solltest, um bei uns einzusteigen:

- Mindestalter von 20 Jahren
- Physische und psychologische Belastbarkeit (interne Untersuchung)
- Schul- oder Berufsabschluss
- Deutschkenntnisse mind. B2-Niveau
- Kraftfahrt-Bundesamt-Auszug ohne Eintragungen
- Bereitschaft zu Schicht- und Wochenenddiensten

DISPO-TF RAIL

Mehr Infos:

Das bieten wir dir:

- Ausbildung mit starker Praxis und individueller Betreuung
- Einstellungszusage schon zum Start deiner Weiterbildung
- Unbefristete Übernahme nach erfolgreichem Abschluss
- Hohes Einstiegsgehalt nach der Weiterbildung von mind. 3.756 € brutto (GDL-Tarif) plus Zuschläge, Weihnachtsgeld und Sozialleistungen
- Abwechslungsreicher, zukunftssicherer Job mit Perspektive
- Viele Möglichkeiten zur Weiterentwicklung
- Familiäres Team in einem wachsenden Unternehmen

Und das Beste: Die Kosten übernehmen in der Regel **Kostenträger** wie die Arbeitsagentur, Berufsgenossenschaft oder der Berufsförderungsdienst der Bundeswehr.

Dein Weg, um ein *Rail Hero* zu werden:

- Beraten lassen und **Angebotsschreiben** erhalten
- Schreiben zur **Arbeitsagentur** bringen
- **Finanzierung** abklären (z. B. Bildungsgutschein)
- **Bildungsgutschein** bei uns abgeben
- Bahnärztliche **Eignungsuntersuchung**
- **Weiterbildung** starten und *Rail Hero* werden!

Bereit, was Großes zu bewegen?

Bewirb dich jetzt und starte dein Abenteuer auf der Schiene!
Technikfan? Dann starte als **Wagenmeister:in** bei uns durch!
Alle Infos findest du unter www.railheroes.de oder einfach den QR-Code oben scannen.

Hero-Kickoff:

Schnupper rein! Unsere **kostenlose, unverbindliche Infoveranstaltung** – wöchentlich an all unseren Standorten.

Kontakt:

dispo-Tf Rail GmbH
Wolfener Straße 32-34, Haus E, 2. OG
12681 Berlin

Telefon: +49 (0) 30 930 222 660
E-Mail: bildung-rail@dispotf.de
Internet: www.railheroes.de

duisport rail GmbH

Eisenbahner im Betriebsdienst (m/w/d)

Lokführer und Transport

Der Eisenbahner im Betriebsdienst – Fachrichtung Lokführer und Transport (kurz „EiB L/T") ist der im allgemeinen Sprachgebrauch bekannte Lokführer.

Das sind deine Aufgaben

Der Lokführer sorgt für einen sicheren Betrieb auf den Schienen. Hierbei steuert er bei der duisport rail sowohl Dieselloks (Triebfahrzeuge) als auch moderne Dual Mode-Loks (Elektrisch und Diesel möglich) und transportiert per Bahn verschiedenste Güter im Nah- und Fernverkehr insbesondere auf den rund 200 Kilometern Infrastruktur des Duisburger Hafens (duisport), den Gleisen der DB InfraGo sowie weiteren Gleisinfrastrukturen im gesamten Rhein-Ruhr-Gebiet.

Du trägst Verantwortung

In diesem Zusammenhang übernimmt er für zahlreiche regionale Bahnshuttles die Transportleistungen und erbringt Serviceleistungen wie die Ladestellenbedienung, Einzelwagenverkehre und die Verwiegung von Wagen. Das Prüfen der Wagen, die Durchführung von Bremsproben, das Rangieren von Wagen und damit das sogenannte Bilden von Zügen gehören genauso zu seinem schönen Arbeitsalltag wie auch die Kommunikation mit den eigenen Kollegen in der duisport rail Betriebsleitstelle sowie den zahlreichen Kunden und Partnern.

Was erwartet dich?

Die Ausbildung zum Eisenbahner im Betriebsdienst (m/w/d) in der Fachrichtung Lokführer und Transport dauert in der Regel zwischen zweieinhalb und drei Jahren. Die Arbeitszeit beträgt während der Praxisphasen im Betrieb 40 Stunden pro Woche.

FOTOS: DUISPORTRAIL GMBH

#teameisenbahn

duisport rail

- Attraktive Vergütung
  1. Ausbildungsjahr: 1.198,31 Euro
  2. Ausbildungsjahr: 1.257,45 Euro
  3. Ausbildungsjahr: 1.312,24 Euro
- Urlaubsanspruch: 30 Tage
- Übernahmegarantie nach erfolgreich absolvierter Ausbildung

Du bist davon überzeugt, dass dieser Beruf genau deinen Fähigkeiten entspricht?

Wir haben dich neugierig gemacht und du möchtest etwas bewegen?

Dann komm in unser Team.
Wir freuen uns auf deine Bewerbung!

Kontakt:

duisport rail GmbH

Aakerfährstraße 125
D-47058 Duisburg
Telefon: +49 (0) 203 803-4694
E-Mail: ausbildung@duisport.de
Website: www.duisport.de/karriere

dls – duisburger lokservice GmbH

Technik, die verbindet!

Die Lokwerkstatt dls steht Ihnen für die Wartung und Instandhaltung Ihrer Diesel-Lokomotiven zur Verfügung – dafür ist die dls bestens ausgerüstet, qualifiziert und zertifiziert.

Präventive und korrektive Arbeiten an Lokomotiven gehören an unserem Standort im Duisburger Hafen ebenso zu unserem Tagesgeschäft wie die Durchführung von Revisionen, Hauptuntersuchungen, Reparaturen und Ausbesserungen.

Trotz aller vorausschauender Planungen im Rahmen langfristiger Wartungsprogramme muss es aber manchmal etwas schneller gehen, um die Verfügbarkeit der Lokomotiven im Falle von nicht planbaren Störungen schnellstmöglich wiederherzustellen. Für diese besonderen Fälle steht Ihnen in einem Umkreis von 150 Kilometern rund um Duisburg zusätzlich ein gut ausgestattetes, mobiles Einsatzteam zur Verfügung und rundet unser Angebotsportfolio ab. Unsere Lokwerkstatt verfügt innerhalb der rund 2.370 Quadratmeter Grundfläche über acht Arbeitsgleise mit einer Gesamtnutzlänge von 256 Metern. Innerhalb des benachbarten Bahnhofs Duisburg Hafen stehen der Lokwerkstatt zudem noch weitere Gleise mit einer Gesamtnutzlänge von 1.000 Metern dauerhaft zur Verfügung.

Insgesamt drei Hebebockanlagen mit je vier Hubböcken und einer Gesamttraglast von bis zu 100 Tonnen stellen ein paralleles Arbeiten an verschiedenen Lokomotiven sicher. Die hierfür notwendige Flexibilität wird zusätzlich durch insgesamt vier Hallenkräne mit einer Traglast von zehn Tonnen je Anlage und insgesamt drei Gleisgruben sichergestellt. Unser umfassend ausgestattetes Ersatzteillager sorgt auch in schwierigen Beschaffungssituationen für eine hohe Verfügbarkeit und kurze Reaktionszeiten.

Du suchst einen zukunftssicheren Beruf?

Lass dich in der Lokwerkstatt dls zum/zur **Elektroniker:in / Mechatroniker:in / Schlosser:in** ausbilden!

Was erwartet dich?

In dieser spannenden Ausbildung erwarten dich folgende Schwerpunkte:

- **Instandhaltung, Revision und Bedienung von Schienenfahrzeugen:** Bei uns lernst du die komplette Komplexität der mechanischen, elektrischen, pneumatischen und hydraulischen Arbeiten kennen.
- **Störungssuche und Fehlerbehebung:** Du wirst geschult, Störungen zu identifizieren,

FOTO: DUISPORTRAIL GMBH

Fehler zu erkennen, und lernst, diese präzise zu lokalisieren und zu beheben.

- **Nachhaltigkeit und Betriebssicherheit:** Gemeinsam mit uns wirst du dazu beitragen, dass die Lokomotiven unserer Kunden betriebssicher sind und für den Einsatz im klimafreundlichen Schienengüterverkehr zur Verfügung stehen, und leistest somit einen wichtigen Beitrag zur Nachhaltigkeit des Verkehrssektors.

Was bieten wir dir?

- **Persönliche Unterstützung:** Ein kleines, aber feines Team wird dir während deiner gesamten Ausbildungszeit als Ansprechpartner zur Verfügung stehen - du wirst von uns nicht allein gelassen.
- **Fort- & Weiterbildungsmöglichkeiten:** Wir bieten dir die Möglichkeit, dich bei deiner individuellen Entwicklung zu unterstützen und so deine fachlichen und persönlichen Stärken auszubauen.
- **Vereinbarkeit von Beruf und Privatleben:** 30 Urlaubstage, zuzüglich Weihnachten und Silvester sowie familienfreundliche Arbeitszeiten bieten dir ausreichend Platz, um Privat- und Berufsleben miteinander zu vereinbaren.
- **Mobilitätszuschuss:** zum Beispiel kannst du ein Job-Rad buchen und nutzen.
- **Gesundheit:** Gesundheit ist das höchste Gut unserer Mitarbeiter. Wir bieten daher abwechslungsreiche Gesundheitsförderungsprogramme an. Auch sonst stehen unsere Mitarbeiter nicht allein da, da eine Gruppenunfallversicherung greift.
- **Corporate Benefits:** Wir bieten dir zahlreiche Vergünstigungen bei unseren Kooperationspartnern an.
- **Zukunftsperspektive:** Nach erfolgreich abgeschlossener Ausbildung garantieren wir dir eine Festanstellung.

Was bringst du mit?

- Du hast deinen Schulabschluss erfolgreich in der Tasche und möchtest jetzt in deine berufliche Zukunft starten.
- Du bist handwerklich geschickt und begeisterst dich für technische Themen.
- Du hast Lust, dich kontinuierlich weiterzuentwickeln, und stehst neuen Herausforderungen aufgeschlossen gegenüber.
- Dich zeichnen eine zuverlässige, verantwortungsbewusste Arbeitsweise und Spaß an der Arbeit im Team aus.
- Du hast keine Schwierigkeiten damit, dich sowohl mündlich als auch schriftlich verständigen zu können.

Kontakt:

dls – duisburger lokservice GmbH

Aakerfährstraße 125
D-47058 Duisburg
Telefon: +49 (0) 203 803-4694
E-Mail: ausbildung@duisport.de
Website: www.duisport.de/karriere

EVB | Eisenbahnen und Verkehrsbetriebe Elbe-Weser

Mehr Eisenbahn geht nicht: Komm zur EVB!

Die Eisenbahnen und Verkehrsbetriebe Elbe-Weser (EVB) haben Seltenheitswert: Als voll integriertes Verkehrsunternehmen fahren sie nicht nur im SPNV, sondern auch im Schienengüterverkehr – und sind mit 235 Kilometer eigenem Schienennetz und leistungsstarker Schienenfahrzeugtechnik bereit für die Zukunft.

Entsprechend vielfältig ist die Berufs- und Ausbildungswelt bei der EVB: Ob SPNV, Schienenfahrzeugtechnik, Logistik oder Infrastruktur – bei der EVB findest Du alles, was Bahn ist. Das bedeutet: vielfältige Berufsmöglichkeiten und abwechslungsreiche Karrierepfade mit großer Zukunftssicherheit. Eigentümer der EVB sind das Land Niedersachsen (zu rund 83 Prozent) sowie niedersächsische Landkreise und Kommunen.

Triebfahrzeugführer (m/w/d)

Als Triebfahrzeug- oder Lokführer hast Du bei der EVB die Wahl: Was willst Du fahren – und wie willst Du arbeiten? Vom Kraftpaket Stadler EuroDual bis zum Power-Rangierer Voith Gravita, vom hochmodernen Wasserstoffzug Coradia iLint bis zum historischen Moorexpress-Schienenbus aus den 60er-Jahren bietet der Fuhrpark der EVB alle Möglichkeiten. Und dies ebenso im standortgebundenen Rangierbetrieb in den Seehäfen Bremerhaven, Hamburg und Wilhelmshaven wie im fahrplanmäßigen Passagierverkehr auf der RB33 von Cuxhaven über Bremerhaven und Bremervörde nach Buxtehude oder mit Güterzügen auf unserem eigenen Netz und in ganz Deutschland.

Fahrgastbetreuer (m/w/d)

Du bist kommunikativ und gern unterwegs? Dann hilf uns, unsere Fahrgäste auf der RB33 zu betreuen! Als Ansprechpartner:in für alle

FOTO: SABRINA ADELINE NAGEL

Belange rund um die Fahrt kommst Du schnell ins Gespräch und auch beruflich voran. Eine offene Arbeitsatmosphäre mit kurzen Entscheidungswegen in einem gut gelaunten Team mit tariflicher Vergütung und 30 Tagen Urlaub, geregelte Arbeitszeiten und ausgezeichnete Fort- und Weiterbildungsmöglichkeiten sind für uns selbstverständlich.

Rangierbegleiter (m/w/d)

Du hast gern Deine Freiheit, wünschst Dir aber einen sicheren und sinnvollen Job in einer vielfältigen Arbeitswelt zwischen Eisenbahn und Schifffahrt? Dann komm als Rangierbegleiter:in zur EVB! In den Seehäfen Hamburg, Bremerhaven oder Wilhelmshaven bieten wir starke berufliche Chancen – für Berufserfahrene ebenso wie für Quereinsteiger:innen, die in einer viermonatigen Ausbildung mit Aufgaben wie der Durchführung von Zugvorbereitungen und Rangieraufträgen vertraut gemacht werden.

Disponenten (m/w/d)

Ob im Hafen oder am Bahnhof, im Güterverkehr, im Rangierbetrieb, im SPNV oder auch im ÖPNV mit Bussen: In der Disposition von Zugläufen, Rangiervorgängen, Containern und Verkehren, in der Organisation von Personal und Fuhrpark und in der Kommunikation mit Kolleg:innen, Spediteuren, Betriebsstellen und Terminals bietet die EVB Disponent:innen eine große Auswahl an Berufsprofilen. Für erfahrene Kolleg:innen ebenso wie für Berufseinsteiger:innen.

Komm auf unsere Website, schau Dir die vielfältigen Stellenangebote an – und bewirb Dich am besten gleich dort, papierlos und schnell. Wir freuen uns auf Dich!

Mehr Infos:

so nah ist
ganz weit vorn

Kontakt:

Eisenbahnen und Verkehrsbetriebe Elbe-Weser GmbH

Bahnhofstr. 67
27404 Zeven
Telefon: +49 (0) 04281 944-0
Ansprechpartnerin: Katharina Mämecke
www.evb-elbe-weser.de/karriere

HPA
Hamburg Port Authority

Hamburg Port Authority AöR

Ab in deine Zukunft mit der Hafenbahn Hamburg

Wir sind die Hafenbahn der Hamburg Port Authority AöR, das Eisenbahninfrastrukturunternehmen des Hamburger Hafens und Europas Eisenbahnhafen Nr. 1. Mit rund 300 km Gleisen, 800 Weichen, 8 Stellwerken und 150 km Oberleitungen schaffen wir die Voraussetzungen dafür, mehr Effizienz und Nachhaltigkeit auf die Schiene zu bringen. Leidenschaft und Innovationsgeist treiben uns bei Steuerung, Instandhaltung und Optimierung des Bahnbetriebs an. Unser Ziel: Den Hamburger Hafen bis 2040 gemeinsam mit über 160 Partnern aus dem Eisenbahnsektor klimaneutral gestalten.

Wir machen Hafenbahn – mach mit!

Als Hafen sind wir die Schnittstelle zwischen den Logistikketten zur See und an Land. Unsere Schlüsselrolle als Betreiber der Eisenbahninfrastruktur stärken wir, um der wachsenden Transportnachfrage ein klimafreundliches Angebot zu machen. Die angestrebte Klimaneutralität bis 2040 motiviert uns, denn das bedeutet: Mehr Verkehr auf unseren Schienen.

Wir stellen dazu eine hohe Leistungsfähigkeit und Verlässlichkeit unserer Infrastruktur sicher, nicht zuletzt durch unser zentrales IT-System transPORT rail. So können wir die wachsenden Verkehre ressourcenschonend und effizient meistern sowie den Transport auf der Schiene für unsere Kundinnen und Kunden attraktiver gestalten.

Gestalte mit uns die Zukunft des Schienenverkehrs

Ob im Anlagenmanagement oder in der Bahntechnik: Als Ingenieur*in bei der Hafenbahn hast du Betrieb, Erhalt und Ausbau der Anlagen im Blick. Mit deiner Expertise machen wir den Hafen zukunftsfähig, entwickeln innovative Lösungen und steigern die Effizienz unserer Infrastruktur.

Wir geben dir den Gestaltungsspielraum – du bringst deine Kreativität mit.
Unsere Aufgabenbereiche sind vielfältig und bieten dir individuelle Entwicklungschancen.

Oberbau
Die Anlagen im Hamburger Hafen sind geprägt durch umfangreichen Zug- und Rangierverkehr sowie viele Gleisanschlüsse und Ladestellen. Unsere Besonderheit ist der begrenzte Raum: Gleisgeometrische Herausforderungen, enge Radien, Sonderbauformen bei Weichen und der besondere Baugrund machen deinen Alltag im Hafen zu einem einzigartigen Arbeitsplatz.

Oberleitung, Elektro- und Maschinentechnik
Ein Großteil unserer Infrastruktur ist elektrifiziert und dieser Anteil wird weiterwachsen. Auch im Bereich der mit klassischen 50 Hz betriebenen Anlagen erwartet dich eine Vielfalt an Aufgaben, die dein Herz höherschlagen lässt.

Leit- und Sicherungstechnik
Unsere Stellwerke und Bahnübergänge müssen nicht nur mit den Entwicklungen im Hamburger Hafen Schritt halten. Wir setzen auf den technischen Fortschritt und behalten dabei auch die Ausrüstung der Fahrzeuge unserer Kunden im Blick. Möchtest du diese Weiterentwicklung mitgestalten?

Kontakt:

Hamburg Port Authority AöR

Harald Kreft
Neuer Wandrahm 4, 20457 Hamburg

Telefon: +49 (0) 40 42847 1801
E-Mail: karriere.hafenbahn@hpa.hamburg.de

Internet: www.hamburg-port-authority.de

HPA Hamburg Port Authority

Brückenbau
Über 40 Bahnbrücken und Sonderbauwerke gehören zu unserer Infrastruktur, darunter bewegliche Brücken, die eine lange Lebensdauer aufweisen und eine besondere Betreuung benötigen. Unsere Aufgabe ist die strategische Instandhaltung, Sanierung und Erneuerung unserer Brücken – hier kommst du ins Spiel!

Bei uns findest du ...
- zukunftsweisende Projekte,
- abwechslungsreiche Aufgaben,
- eine offene Kommunikation und starken Teamgeist,
- attraktive Chancen zur persönlichen und fachlichen Weiterentwicklung,
- eine familienfreundliche Arbeitskultur mit flexiblen Arbeitszeitmodellen,
- eine optimale Vereinbarkeit von Beruf und Privatleben,
- transparente Gehaltsstrukturen.

Deine Einstiegsmöglichkeiten
- Direkteinstieg
- Duales Studium
- Werkstudierendentätigkeit
- Abschlussarbeit
- Stipendium
- Praktikum

Idealerweise bringst du eine bahnspezifische Vertiefung im Studium oder Berufserfahrung in der Eisenbahnbranche mit.

Wir freuen uns, dich kennenzulernen.
Lerne uns weiter kennen auf wirmachenhafen.de. Wir sind darauf gespannt, gemeinsam mit dir die Verkehrswende im Hamburger Hafen voranzutreiben.

FOTOS: HVLE AG

HVLE AG

Lokführer (m/w/d)

für unsere Standorte Wustermark OT Elstal, Blankenburg (Harz), Celle, Magdeburg

Der Schlüssel zum Erfolg sind unsere Mitarbeiter

Seit über 130 Jahren sind wir mit aktuell mehr als 350 Mitarbeitenden im gesamten Unternehmensverbund HVLE AG zu einem erfolgreichen, beständigen Eisenbahnverkehrs- und Eisenbahninfrastrukturunternehmen herangewachsen. Zur Verstärkung unseres Teams suchen wir ab sofort Dich als Lokführer (m/w/d)! Wenn Du unsere Erfolgsgeschichte künftig mit begleiten möchtest, erwartet Dich ein starkes, offenherziges Team – im Büro, digital und draußen auf den Loks.

Deine künftigen Aufgaben:

- Du bist für die pünktliche Abwicklung von Zugfahrten im Nah- und Fernverkehr verantwortlich.
- Das Durchführen von örtlichen Nahbedienungen und Rangierdiensten gehören zu Deinen Aufgaben.
- Du führst Vorbereitungs- und Abschlussdienste durch.
- Du übernimmst die Bremsprobe und die Prüfung unserer Wagen.

hvle havelländische eisenbahn Aktiengesellschaft

Das bringst Du mit:

- Du verfügst über eine abgeschlossene Berufsausbildung zum Eisenbahner im Betriebsdienst (m/w/d) oder hast eine mehrmonatige Qualifizierung zum Lokführer (m/w/d) durchlaufen
- Du bist medizinisch und psychologisch geeignet
- Du bist im Besitz eines PKW-Führerscheins
- Teamfähigkeit und Belastbarkeit runden Dein Profil ab

Was wir bieten:

- 31 Tage Urlaub
- übertarifliche Vergütung und 13. Gehalt
- Regelarbeitszeit 39 Stunden pro Woche
- arbeitgeberfinanzierte Altersvorsorge
- tolles Team
- Gewinnbeteiligung
- modernste Lok- und Wagentechnik
- Anerkennung der Vorbeschäftigungszeiten

Wenn Du mit uns gemeinsam in Richtung Zukunft fahren willst, dann sende uns bitte eine E-Mail mit Deinen aussagekräftigen Bewerbungsunterlagen inklusive Lebenslauf sowie Angaben über Deinen frühestmöglichen Eintrittstermin und Deine Gehaltsvorstellungen an **bewerbung@hvle.de.**

Wir freuen uns auf Deine Bewerbung.

Nähere Infos zu unseren Stellenanzeigen unter: www.hvle.de/karriere

Kontakt:

Havelländische Eisenbahn AG
Personalabteilung
Bahnhofstraße 2
14641 Wustermark OT Elstal
Telefon: +49 (0) 33234 300 100-0
E-Mail: bewerbung@hvle.de
Internet: www.hvle.de

HVLE AG

Auszubildende zum Eisenbahner (m/w/d)

im Betriebsdienst mit Fachrichtung „Lokführer & Transport" für unsere Standorte Wustermark OT Elstal, Blankenburg/Harz und Celle.

Seit über 130 Jahren sind wir mit aktuell mehr als 350 Mitarbeitenden im gesamten Unternehmensverbund HVLE AG zu einem erfolgreichen, beständigen Eisenbahnverkehrs- und Eisenbahninfrastrukturunternehmen herangewachsen.

Das sollst du mitbringen:

- Du hast die erweiterte Berufsbildungsreife oder deinen Realschulabschluss (bald) abgeschlossen.
- Du besitzt handwerkliches Geschick und technisches Verständnis.
- Deine Kenntnisse in Mathematik sind gut.
- Du bringst logisches Denkvermögen mit und begeisterst dich für unsere schweren Fahrzeuge.

Das erwartet dich:

- Du wirst mit den Regeln des sicheren und reibungslosen Bahnbetriebs vertraut gemacht.
- Du erfährst, wie man Störungen an Triebfahrzeugen erkennt und beseitigt.
- Du darfst aktiv bei der Durchführung von Fahrten im Regelbetrieb und bei Störungen mitmachen.
- Du lernst die Regelwerke und Richtlinien bzw. Vorschriften für die planmäßige Durchführung der täglichen Zugfahrten kennen.
- Du lernst das Rangieren und das Prüfen von Güterwagen.

Vergütung:

- im 1. Ausbildungsjahr 1.250,18 €
- im 2. Ausbildungsjahr 1.316,71 €
- im 3. Ausbildungsjahr 1.378,59 €

PS: Allen Auszubildenden, die sowohl den IHK-Abschluss als auch die Prüfung zum Lokomotivführer bestehen, wird eine Übernahme angeboten.

Die Ausbildung beginnt am 1.9.2026. Wir bieten unseren Auszubildenden, die nicht aus der Region kommen, eine „Azubi-Wohnung" zu sehr günstigen Konditionen an. Das Oberstufenzentrum ist die Georg-Schlesinger-Schule OSZ

FOTO: HVLE AG

Arbeitsgebiet:
Eisenbahner/Eisenbahnerinnen im Betriebsdienst werden unter anderem im Zugabfertigungs- und Rangierdienst eingesetzt. Im örtlichen Betriebsstellendienst bedienen sie Signalanlagen, Weichen und Stellwerkseinrichtungen. Sie bedienen und führen Triebfahrzeuge.

Ausbildungsschwerpunkte:
- Berufsbildung, Arbeits- und Tarifrecht
- Aufbau und Organisation des Ausbildungsbetriebes
- Umweltschutz
- Sicherheit und Gesundheitsschutz bei der Arbeit
- Triebfahrzeuge und Wagen kuppeln, entkuppeln, bremsen
- Wagen- und Zugpapiere erstellen, Züge bilden und fertigstellen, Rangierfahrten durchführen
- Betriebssicherheit prüfen, Mängel feststellen, Maßnahmen zur Beseitigung ergreifen
- Eigenschaften und Transportbedingungen von Gütern feststellen, Wagen und Lademittel bereitstellen
- Begleitpapiere erstellen und prüfen
- Annehmen und Ausliefern von Gütern
- Bestimmungen für den Transport gefährlicher Güter kennen und anwenden
- Betriebsübliche Fremdsprachenbegriffe anwenden
- Einsetzen vorhandener Informations- und Kommunikationssysteme
- Daten erfassen und verarbeiten
- Sicherheitseinrichtungen bedienen

havelländische eisenbahn
Aktiengesellschaft

- Durchführen von Fahrten im Regelbetrieb und bei Störungen
- Bestehende Regelungen kennen und anwenden
- Triebfahrzeuge warten und pflegen, Störungen erkennen, Maßnahmen zur Beseitigung ergreifen

Bei der Fachrichtung „Lokführer und Transport" wird dir beigebracht, wie du Loks und Triebfahrzeuge im Nah- und Fernverkehr steuerst und damit Güter sicher an ihr Ziel bringst. Bevor die Fahrt losgeht, stellst du die Züge zusammen und prüfst ihre Sicherheit. Wenn alles in Ordnung ist, wird die Lok an die anderen Wagen angekoppelt. Dabei stehst du immer im engen Kontakt mit dem Stellwerk, da der Zug zentral von dort aus gesteuert wird.

Kontakt:
Havelländische Eisenbahn AG

Herr Thomas Franke
Bahnhofstraße 2
14641 Wustermark OT Elstal

Telefon: +49 (0) 33234 300 100-0
E-Mail: bewerbung@hvle.de
Internet: www.hvle.de

Maschinen- und Fertigungstechnik in Berlin. Wenn du Interesse an einer spannenden Berufsausbildung hast und auf modernen Triebfahrzeugen mit uns gemeinsam in Richtung Zukunft fahren willst, dann sende deine Bewerbungsunterlagen mit Lebenslauf und Schulzeugnissen, ggf. Praktikumsnachweisen an **bewerbung@hvle.de**.

Wir freuen uns auf Deine Bewerbung.

LOKOMOTION Gesellschaft für Schienentraktion mbH

Von der Berufsausbildung bis zum Leiter Ausbildung - denn nur gemeinsam funktioniert die Eisenbahn reibungslos!

In der Welt des Güterverkehrs gibt es zahlreiche Berufe, welche am Ende des Tages zum großen Ganzen beitragen, ein Unternehmen mit Erfolg zu führen. Ob man dabei innerhalb eines Berufsbildes bleibt oder im Laufe der Zeit neue Eisenbahn-Wege einschlägt, bleibt jedem selbst zu entscheiden. In einem kurzen Interview haben wir den Leiter unseres Schulungszentrums, Stefan Ostehr zu seinem beruflichen Werdegang bei der Eisenbahn befragt und interessante, spannende Einblicke erhalten.

Stefan, warum bist du Lokführer geworden?

Ich bin Lokführer geworden, weil die Eisenbahn in meiner Familie eine große Rolle spielt. Bereits meine Urgroßeltern, Großeltern und auch mein Vater haben bei der Eisenbahn gearbeitet. Mein Vater war Lokführer und dadurch hatte ich schon als Kind die Möglichkeit, mitzufahren und den Beruf früh kennenzulernen. Das hat mich sehr fasziniert und inspiriert, selbst diesen Weg einzuschlagen. Für mich war es eine einfache Entscheidung, weil ich die Begeisterung für die Bahn schon in der Familie erlebt habe und den Beruf mit all seinen spannenden Aspekten kennenlernen durfte.

Was ist das Spannende an diesem Beruf?

Das Spannende an diesem Beruf sind zum einen die Technik der Triebfahrzeuge und die beeindruckenden Tonnagen, die wir im Güterverkehr bewegen. Aber es ist auch wichtig, eine Leidenschaft für die Natur und die Landschaften zu haben. Ein wunderschöner Sonnenaufgang kann die härteste Nachtschicht mehr als ausgleichen und eine Fahrt bei Vollmond hat ihren ganz eigenen Reiz. Es ist eine Kombination aus Technik, Naturerlebnis und dem Gefühl, Teil eines wichtigen Verkehrsnetzes zu sein.

Welche Herausforderungen gibt es?

Tatsächlich sind die Arbeitszeiten eine große Herausforderung in diesem Beruf. Es ist sehr wichtig, dass man im privaten Umfeld Unterstützung von Freunden und dem Partner hat, da man nicht immer bei jedem Geburtstag oder Grillabend dabei sein kann. Manchmal muss man auch erst selbst lernen, mit den Schichtzeiten umzugehen und diese zu verkraften. Das erfordert Verständnis und Flexibilität im persönlichen Umfeld, um den Beruf gut mit dem Privatleben vereinbaren zu können. Dafür hat man auch gelegentlich unter der Woche oder tagsüber frei, was es einfacher macht, einen Termin beim Zahnarzt oder für andere Angelegenheiten zu vereinbaren.

Lokomotion
Gesellschaft für Schienentraktion mbH

Vom Triebfahrzeugführer zum Ausbildungsleiter – was liegt dir hier besonders am Herzen?

Ich bin über die EiB-Ausbildung zum Lokführer geworden und bin schon seit langer Zeit bei der Eisenbahn tätig. Für mich ist es besonders wichtig, nie zu vergessen, wo man herkommt. Ich kenne sowohl die Seite der Lokführer als auch die der Auszubildenden, die lernen müssen und manchmal Prüfungsangst haben. Mir liegt sehr am Herzen, ihnen die Angst vor den Prüfungen zu nehmen – das kennen wir Erwachsene ja auch nur zu gut.

Ein weiterer wichtiger Punkt ist für mich die Kommunikation auf Augenhöhe. In der heutigen Welt geht das leider etwas verloren. Als Lokführer und Eisenbahner ist es wichtig, ein Teamplayer zu sein, denn nur gemeinsam funktioniert die Eisenbahn reibungslos. Einzelkämpfer haben es schwer, und es ist unsere Aufgabe, das Gemeinschaftsgefühl wieder stärker in den Mittelpunkt zu rücken.

Was sind aus deiner Sicht die wichtigsten Botschaften für unsere EiB (Eisenbahner im Betriebsdienst)?

Aus meiner Sicht ist es sehr wichtig, dass man als EiB früh erkennt, in der Ausbildung nicht nur für ein einzelnes Thema zu lernen, sondern für das ganze Berufsleben. Es ist entscheidend, sich auch abends oder am Wochenende Zeit zum Lernen zu nehmen, denn nur so kann man die Ausbildung erfolgreich meistern. Lerngruppen können dabei ungemein helfen, den Stoff besser zu verstehen und sich gegenseitig zu unterstützen. Außerdem sollte man immer ehrlich sein und bei Problemen frühzeitig das Gespräch mit den Ausbildern suchen. Oft kommen Schwierigkeiten erst viel zu spät ans Licht, und dann ist es schon schwer, noch rechtzeitig Unterstützung zu bekommen. Frühes Ansprechen kann viel bewirken und den Lernprozess deutlich erleichtern.

Fazit:

Mit dem Beruf des EiB stehen einem wirklich viele Wege offen, auch später in andere Fachbereiche zu wechseln. Für mich war es die richtige Entscheidung, in die Schule zu wechseln und gemeinsam mit meinem Team aktiv an der Ausbildung der Azubis mitzuwirken. Es ist eine tolle Erfahrung, Jugendliche zu unterstützen und sie auf ihrem Weg zum Profi zu begleiten. Die Entwicklung zum Profi am Ende der Ausbildung erfüllt jeden Ausbilder mit großem Stolz, weil man entscheidend dazu beigetragen hat, dieses Ziel zu erreichen.

Kontakt:

LOKOMOTION
Gesellschaft für Schienentraktion mbH
Kastenbauerstr. 2
81677 München

Telefon: +49 (0) 89 20 00 32-300
Internet: **www.lokomotion-rail.de**

metronom, enno, erixx, erixx Holstein, OHE

Vier Berufe, eine Leidenschaft: die Eisenbahn

Zuverlässig, pünktlich, sicher – so soll Bahnverkehr funktionieren. Damit das gelingt, braucht es qualifizierte Fachkräfte in unterschiedlichsten Bereichen. Vier Berufsgruppen leisten hier bei *metronom*, enno, erixx, erixx Holstein und der OHE jeden Tag einen wichtigen Beitrag: Triebfahrzeugführer*innen, Fahrgastbetreuer*innen, Werkstattmitarbeiter*innen in der Fahrzeuginstandhaltung und Lehrlokführer*innen. Wer sind die Menschen hinter den Kulissen, und was genau tun sie? Wir stellen die Schlüsselrollen der Bahnbranche vor.

Triebfahrzeugführer*innen: Technik, Verantwortung und Präzision im Führerstand

Lokführer*innen, offiziell Triebfahrzeugführer*innen genannt, steuern Züge im Personennahverkehr. Sie sind für das sichere und pünktliche Fahren verantwortlich. Dabei arbeiten sie mit komplexer Technik und unterliegen strengen betrieblichen und gesetzlichen Vorgaben.

Ein Arbeitstag beginnt oft mit einer sorgfältigen Fahrzeugprüfung: Bremsen, Türen, Signal- und Sicherheitssysteme müssen vor Fahrtantritt gecheckt werden. Dann folgen Schichtfahrten, häufig im Früh-, Spät- oder Nachtdienst. Lokführer*innen stehen per Funk in Kontakt mit der Leitstelle, achten auf Signale, kontrollieren Geschwindigkeiten und reagieren bei technischen Störungen oder betrieblichen Abweichungen schnell und professionell.

Die Ausbildung dauert bei Quereinsteigenden in der Regel 10 bis 12 Monate. Notwendig sind technisches Verständnis, Konzentrationsfähigkeit, Stressresistenz und ein hohes Verantwortungsbewusstsein – schließlich hängt die Sicherheit Hunderter Menschen von ihnen ab.

Als Lokführer*in bei *metronom*, enno, erixx und erixx Holstein erhältst du in den ersten fünf Jahren ein Gehalt von 3.547,00 € brutto. Danach steigt die Vergütung mit zunehmender Berufserfahrung an. Unsere Quereinsteigenden zum oder zur Triebfahrzeugführer*in erhalten während der Ausbildung 2.809,00 €. Nach erfolgreichem Abschluss zahlen wir dir eine einmalige Prämie in Höhe von etwa einem Monatsentgelt.

Fahrgastbetreuer*innen: Kundenservice, Sicherheit und Organisation

Fahrgastbetreuer*innen, auch als Zugbegleiter*innen bekannt, sind die zentralen Ansprechpersonen für Fahrgäste während der Zugfahrt. Ihr Aufgabenfeld reicht von der Fahrkartenkontrolle über Auskünfte zur Verbindung bis hin zur Betreuung mobilitätseingeschränkter Personen. Sie sind für den geordneten Fahrgastwechsel verantwortlich und begleiten die Abfertigung an den Stationen. Darüber hinaus steht die Sicherheit für sie im Fokus: Bei Notfällen, technischen Störungen oder Verspätungen koordinieren sie die Kommunikation zwischen Fahrgästen, Lokführer*innen und der Leitstelle. Sie dokumentieren Unregelmäßigkeiten, leisten Erste Hilfe und greifen bei Bedarf deeskalierend ein.

Der Beruf verlangt ein hohes Maß an Kommunikationsfähigkeit, Serviceorientierung, Selbstständigkeit und Belastbarkeit. Die Dienstzeiten umfassen auch Wochenenden, Feiertage oder die Nacht, die Arbeit findet im vollkontinuierlichen Wechselschichtdienst statt. Besonders attraktiv: Quereinsteigende mit kundenorientierter Berufserfahrung finden hier häufig eine neue, sinnstiftende Tätigkeit, die sie innerhalb von drei Monaten erlernen. Fahrgastbetreuer*innen bei *metronom*, enno, erixx und erixx Holstein erhalten ab dem ersten Tag

bereits das volle Gehalt von 2.987,00 €.
Obendrauf zahlen wir Wechselschichtarbeitenden Zulagen, z. B. für Nachtschichten oder den Einsatz an Sonn- und Feiertagen.

Werkstattmitarbeiter*innen: Technisches Know-how für sichere Züge

In den Instandhaltungswerken der Bahn sorgen Mechatroniker*innen, Elektroniker*innen, Industriemechaniker*innen und andere technische Fachkräfte dafür, dass Züge sicher, zuverlässig und energieeffizient unterwegs sind. Sie prüfen Bauteile, tauschen Verschleißteile aus, analysieren Störungen und führen präventive Wartungen durch – von der Bremse bis zur Elektronik.
Die Arbeit erfolgt in Früh- und Spätschichten (auch abwechselnd an Samstagen), im Team und mit moderner Diagnosetechnik. Je nach Spezialisierung gehören mechanische Reparaturen, Software-Updates, Lackierarbeiten oder komplette Zugrevisionen zum Alltag. Auch die Unfallaufarbeitung ist Teil der Aufgaben.
Eine technische Berufsausbildung ist Voraussetzung für den Einsatz in der Werkstatt bei erixx oder der OHE, im Bestfall aus den Bereichen KFZ oder Nutzfahrzeuge. Wer handwerkliches Geschick, technisches Verständnis und Qualitätsbewusstsein mitbringt, findet in der Bahnwerkstatt ein zukunftssicheres Berufsfeld mit Entwicklungsperspektive.
Das Gehalt für Werkstattmitarbeiter*innen liegt bei 3.089 € brutto aufwärts, zudem hast du Anspruch auf bis zu 39 Urlaubstage pro Jahr.

Lehrlokführer*innen: Ausbilden, Prüfen, Vorbild sein

Lehrlokführer*innen sind erfahrene Triebfahrzeugführer*innen mit zusätzlicher pädagogischer Qualifikation. Sie sind für die Ausbildung neuer Lokführer*innen zuständig und begleiten Berufs- und Quereinsteigende durch Theorie und Praxis. Dabei vermitteln sie Regelwerke, Fahrzeugtechnik, Sicherheitssysteme und Fahrverhalten im Echtbetrieb.
Lehrlokführer*innen bei *metronom*, enno, erixx und erixx Holstein lehren alle relevanten theoretischen Inhalte und führen regelmäßig Fahrprüfungen, Wiederholungsbelehrungen und Schulungen durch. Das gilt auch für bereits im Betrieb tätige Kolleg*innen, z. B. beim regelmäßigen Fortbildungsunterricht oder in der Baureihenschulung. Sie beobachten das Verhalten unter realen Bedingungen, geben Feedback, dokumentieren Fortschritte und bereiten auf Prüfungen vor.
Neben umfangreicher Berufserfahrung als Lokführer*in sind didaktische Fähigkeiten, Geduld und ein ausgeprägtes Verantwortungsbewusstsein gefragt. Lehrlokführer*innen gestalten maßgeblich die Sicherheitskultur und die Weitergabe von Wissen im Bahnbetrieb – eine Aufgabe mit großer Wirkung.
Das Gehalt für Lehrlokführer*innen liegt bei 3.777€ Brutto aufwärts (je nach Berufserfahrung) plus einer monatlichen Zulage von 650 € brutto und etwaigen Schichtzulagen bei Fahren der erforderlichen Schichten im Streckennetz. Hinzu kommen bei einer 39-Stunden-Woche tarifliche Prämien.

Die Branche wächst – und mit ihr der Bedarf an qualifiziertem Personal.

Wir wollen auch in Zukunft die Verkehrswende aktiv gestalten! Deshalb sind wir stets auf der Suche nach qualifizierten Talenten, die unsere Leidenschaft für den Bahnverkehr teilen. Ob mit technischer Expertise, Serviceorientierung oder dem Mut, Verantwortung zu übernehmen: Bei uns findest du deinen krisensicheren Arbeitsplatz – mit langfristiger Perspektive und echtem Zusammenhalt. Wer also auf der Suche nach einer sinnstiftenden Aufgabe mit Perspektive ist, findet in den Berufen rund um den Bahnbetrieb spannende Herausforderungen und echte Zukunftschancen. Denn klar ist: *metronom*, enno, erixx, erixx Holstein und die OHE brauchen Menschen mit Zugkraft.

Du möchtest Teil eines unserer vier Teams werden? Hier findest du schon mal die wichtigsten Infos zu deinen Bewerbungsunterlagen:

Du möchtest als Fahrgastbetreuer*in quereinsteigen?

Sende uns bitte deinen Lebenslauf sowie dein Schulabschlusszeugnis und lass uns wissen, ob du den Führerschein Klasse B besitzt und wie deine Deutschkenntnisse sind. Wenn Deutsch deine Zweitsprache ist, freuen wir uns über einen Sprachnachweis.

Du interessierst dich für einen Quereinstieg als Lokführer*in?

Sende uns bitte deinen Lebenslauf, dein Schulabschlusszeugnis sowie den Nachweis über deine abgeschlossene Berufsausbildung oder dein abgeschlossenes Studium. Außerdem freuen wir uns über eine Info, ob du den Führerschein Klasse B besitzt und wie deine Deutschkenntnisse sind. Ist Deutsch deine Zweitsprache, lass uns bitte einen Sprachnachweis zukommen.

Falls du in Deutschland zugezogen bist, denke gerne bereits bei der Bewerbung an deine aktuelle Arbeitserlaubnis – das erleichtert den Bewerbungsprozess.

Du bist fertig ausgebildete*r Lokführer*in und möchtest zu uns wechseln?

Neben deinem Lebenslauf benötigen wir von dir auch Nachweise zu all deinen Zusatzbescheinigungen, Baureihenschulungen und Signalsystemen sowie zu deiner Tauglichkeit.

Du möchtest dich auf eine andere Stelle bei uns bewerben, z. B. als Lehrlokführer/in?

Dann benötigen wir deinen Lebenslauf, dein Schulabschlusszeugnis, einen Nachweis über deine abgeschlossene Berufsausbildung oder dein abgeschlossenes Studium sowie Arbeitszeugnisse und sonstige stellenbezogene Bescheinigungen/Zertifikate.

FOTO: METRONOM EISENBAHNGESELLSCHAFT MBH

Alle offenen Stellen findest du auf unseren Karrierewebsites – auch die Verwaltungsjobs. Entdecke deine Einstiegsmöglichkeiten und werde noch heute Teil eines unserer Unternehmen.

Wir freuen uns auf deine Bewerbung und melden uns bei dir, falls uns noch Nachweise oder Informationen fehlen.

Kontakt:

***metronom* Eisenbahngesellschaft mbH**
St.-Viti-Straße 15
29525 Uelzen
Telefon: 05141 276 457
E-Mail: karriere@der-metronom.de
Internet: www.metronom.de
www.metronom-karriere.de +
www.der-enno.de

erixx GmbH
Biermannstraße 33
29221 Celle
Telefon: 05141 276 457
E-Mail: karriere.erixx@erixx.de
Internet: www.erixx.de
www.erixx-karriere.de

erixx Holstein GmbH
Kreuzweg 7
23558 Lübeck
Telefon: 05141 276 457
E-Mail: karriere.erixx@erixx.de
Internet: www.erixx-holstein.de
www.erixx-holstein-karriere.de

Osthannoversche Eisenbahnen AG
Biermannstraße 33
29221 Celle
Telefon: 05141 276 457
E-Mail: karriere@der-metronom.de
Internet: www.ohe-ag.de
www.karriere-ohe.de

Nordic Rail Service GmbH

Erfolgsschienen in Schleswig-Holstein

Die Nordic Rail Service GmbH (NRS) ist eine 100-prozentige Tochter im Verbund der Lübecker Hafen-Gesellschaft mbH. In unserem Unternehmen sind hoch motivierte und qualifizierte Mitarbeiter für die Bereiche Eisenbahnverkehrsdienstleistungen (EVU) und Instandhaltungswerkstatt für Güterwagen tätig.

Die Grundauslastung der NRS stellen das Rangiergeschäft (letzte Meile) sowie wagentechnische Untersuchungen im Umfeld des Lübecker Hafens dar. Hierfür nutzen wir eigene Dieselloks der Leistungsklassen von 600 bis 1.000 kW.
Außerdem führen wir Relationen im Spotverkehr und Schütt- und Massengut im norddeutschen Raum auf Kurz- und Mittelstrecke durch. Die Züge sind zwischen 1.200 Tonnen und 4.000 Tonnen schwer und werden mittels Loks im Leistungsbereich von 2.000 kW beziehungsweise 4.000 kW gezogen.
Uns stehen Mitarbeiter als Triebfahrzeugführer und Wagenmeister beziehungsweise in Doppelqualifikation zur Verfügung, mit denen wir alle Aufgabenstellungen nach Kundenbedarf flexibel lösen können.
Im Verbund mit der Lübecker Hafen-Gesellschaft (LHG) oder der European Cargo Logistic (ECL) können wir ganzheitliche Lösungen für den kombinierten Transport oder die Lagerung anbieten. Die NRS betreibt zudem auch eine Waggonwerkstatt in Lübeck und ist nach ECM-VO und VPI-Regelwerk zertifiziert. Unsere Kunden sind EVUs und Wagenhalter. Die Werkstatt der NRS ist Schweißbetrieb nach DIN 27201-6 und EN 15085-C1 für die Instandsetzung von Schienenfahrzeugen und hat eine Zulassung für die ZfP-Verfahren VT und MT. Wir sind Mitglied des AVV, VPI und der CRSC.

#daskönntedeinarbeitsplatzsein

Im Zuge unseres weiteren Wachstums suchen wir Triebfahrzeugführer und Wagenmeister (m/w/d) für unsere Eisenbahnverkehre mit einer Begeisterung für Schienengütertransporte.

Als Triebfahrzeugführer (m/w/d) haben Sie die Wahl zwischen einem regionalen Einsatz im norddeutschen Raum und deutschlandweiten Einsätzen in unseren Kundenverkehren.

Um die Züge zum Laufen zu bringen, benötigen wir neben den Triebfahrzeugführern auch Wagenmeister (m/w/d), die den Tf einerseits bei den Rangiertätigkeiten unterstützen und durch ihre Untersuchung der Züge die Sicherheit für unsere Kunden und unsere eigenen Züge garantieren.
Schulabgängern bieten wir in dem Berufszweig die Möglichkeit, den Beruf des Eisenbahners im Betriebsdienst, Fachrichtung Lokführer (m/w/d)

FOTO: NORDIC RAIL SERVICE GMBH

zu erlernen. Die Ausbildung erfolgt in einer Kooperation mit anderen Eisenbahnen, damit das Berufsfeld umfangreich im Reisezug- und Güterverkehr dargestellt werden kann. Ausbildungsstart ist jeweils der 1. September jeden Jahres.

Was fehlt, sind die Kollegen, die sich für den sicheren Zustand der Fahrzeuge jedes einzelnen Zuges verantwortlich fühlen.

Gesucht werden Handwerker (m/w/d) für unsere Werkstatt nahe der Lübecker Innenstadt: Wir arbeiten in einem 2-Schicht-Betrieb und führen alle Arbeiten an einem Güterwagen aus. Jedes Handwerk wird gebraucht.

Daneben würden wir gerne auch eine Gruppe für eine mobile Instandsetzung im norddeutschen Raum bilden, wofür wir dann auch Dienstfahrzeuge zur Verfügung stellen würden.

Auch ein Einstieg mit einer 2-jährigen Ausbildung ist möglich.

Für alle gilt, unser Angebot an Sie umfasst ein dem Einsatz entsprechendes Grundeinkommen, zahlreiche über den Tarifvertrag hinausgehende Zulagen, 100 Prozent Vergütung von Reisezeiten zu den Einsatzorten, und für den deutschlandweiten Einsatz stellen wir einen auch für die private Nutzung zugelassenen Dienstwagen zur Verfügung, sofern Sie überregional tätig sind.

Wir bieten die ganz persönliche Mobilitätswende mit dem Rad, für alle unsere Mitarbeiter, die mit dem Rad zur Arbeit fahren wollen, unterstützen wir ein Dienstradleasing. Wir bieten betriebliche Altersvorsorge, die zu 2/3 durch den AG getragen wird, und ein Rabattprogramm für Mitarbeiter.

Und wenn es mal problematisch wird, verfügen wir über einen psychologischen Beratungsdienst, der Tag und Nacht kontaktiert werden kann.

Kontakt:

Nordic Rail Service GmbH
Zum Hafenplatz 1
23570 Lübeck-Travemünde

Unsere Personalabteilung bei der LHG:
Telefon: +49 (0) 4502 807 5216
E-Mail: bewerbung@lhg.com
Internet: www.nordic-rail-service.de/stellenangebote

BREEISING GmbH – Die Bremer Eisenbahn-Ingenieure

Bauüberwacher Bahn – Was ist das eigentlich?

Im Interview mit Stefan Pinkus, Bauüberwacher Bahn und Geschäftsführer.

Herr Pinkus, können Sie uns kurz und knapp erzählen, was man als Bauüberwachung Bahn alles macht?

Unsere Aufgabe ist es, dafür zu sorgen, dass Bauarbeiten an und neben den Gleisen sicher ablaufen – auch wenn der Bahnverkehr weiterläuft. Ich selbst habe mehrere fachliche Aus- und Weiterbildungen absolviert, die es mir ermöglichen, Bauprojekte im Ingenieurbau, im Gleis- und Weichenumbau sowie im Hoch- und Tiefbau zu überwachen und zu begleiten.

Wie sind Sie zu diesem Beruf gekommen?

Während ich mein Studium im Bauingenieurwesen absolvierte, kam ich auf einen Berufsweg bei der Deutschen Bahn und habe dort die Nische Bauüberwacher Bahn kennengelernt. Nach meinem Studium habe ich erkannt, dass hier ein sehr großer Bedarf besteht, da es in Deutschland nur wenige Bauüberwacher Bahn für einen hohen Projektbedarf gibt. So entschied ich mich, die Ausbildung bei der Deutschen Bahn zu beginnen.

Und welche Aufgaben hatten Sie dann bei der Deutschen Bahn?

Während ich zum Bezirksleiter Fahrbahn bei der Deutschen Bahn ausgebildet wurde, habe ich gleichzeitig auch die Qualifikation zum Bauüberwacher Bahn (OB/KIB) absolviert.

Wie wird man Bauüberwacher Bahn?

Man braucht in der Regel ein Bauingenieurstudium oder eine vergleichbare Ausbildung. Danach kommt noch die fachlich theoretische Ausbildung, die unter anderem Schulungen beinhaltet, wie zum Beispiel, wie man Gleise freigibt, was man beim Arbeiten in der Nähe von Oberleitungen beachten muss oder wie man Weichen prüft. Im Anschluss daran ist es notwendig, Praxiserfahrungen zu sammeln und zu dokumentieren. Zum Schluss findet basierend darauf eine mündliche Prüfung und ein Feststellungsgespräch statt.

Wichtig ist: Man lernt nie aus – regelmäßige jährliche Fortbildungen sind Pflicht, denn man

FOTO: BREEISING GMBH – DIE BREMER EISENBAHN-INGENIEURE

schwelle, schotter & schiene.
WWW.BREEISING.DE

www.breeising.de - werde Teil der nächsten Generation Bahn.

Mehr Infos:

BREMER EISENBAHN-INGENIEURE
BREEISING GMBH

trägt sehr viel Verantwortung. Neben dem ganzen Fachwissen zählen auch die persönlichen Eigenschaften: Man sollte fit sein, sich durchsetzen können, gut kommunizieren und im Zweifel schnell und sicher entscheiden. Gerade nachts, wenn man allein vor Ort ist und plötzlich Entscheidungen treffen muss, bei denen es um Sicherheit und auch Kosten geht, sollte man einen kühlen Kopf behalten.

Das klingt nach sehr viel Verantwortung. Wer sind Ihre Auftraggeber?

Da wir das Schienennetz ausbauen, das zu 85 % der Deutschen Bahn gehört, arbeiten wir viel mit der Deutschen Bahn – DB InfraGO zusammen. Allerdings überwachen wir auch Arbeiten, wenn beispielsweise Bauwerke geprüft werden müssen. Hier sind unsere Auftraggeber dann Gemeinden, Kommunen oder andere Ingenieurbüros.

Wie lange dauert gewöhnlich ein Einsatz als Bauüberwacher Bahn?

Das ist sehr unterschiedlich. Manchmal übernimmt man einzelne Schichten für die Instandhaltung oder begleitet Projekte über ei-nen längeren Zeitraum. Auch ist es möglich, sich mehr auf die Betra-Antragsstellung zu konzentrieren. Der Beruf ist sehr abwechslungsreich.

Würden Sie den Beruf als Bauüberwacher Bahn empfehlen?

Absolut! Für mich ist es schön, einen Teil davon zu leisten, unsere Infrastruktur auszubauen, und ich mag das Miteinander auf der Baustelle sowie mit unserem starken Team, Projekte der Infrastruktur voranzubringen.

Kontakt:

BREEISING GmbH

Hamburger Straße 126
28205 Bremen

Telefon: +49 421 491 864 30
E-Mail: info@breeising.de
Website: www.breeising.de

Emch+Berger GmbH Ingenieure und Planer Nürnberg

Investition in die Zukunft

Emch+Berger Nürnberg zeigt beispielhaft, wie Ausbildung, Studium und berufliche Weiterentwicklung unter einem Dach gelingen können. Die Erfahrungen von Mitarbeitern machen deutlich: Hier beginnt nicht nur ein Beruf, sondern eine Entwicklung.

In einer Branche, die sich ständig weiterentwickelt und mit hochkomplexen Infrastrukturprojekten die Mobilität von morgen gestaltet, sind gut ausgebildete Fachkräfte unerlässlich. Als eines der führenden Ingenieur- und Planungsbüros im Bereich Verkehrswege- und Infrastrukturplanung übernimmt Emch+Berger Nürnberg seit vielen Jahren Verantwortung – nicht nur für zukunftsweisende Projekte, sondern vor allem für die Menschen, die sie umsetzen. Der Standort Nürnberg ist dabei nicht nur ein Kompetenzzentrum für Bauüberwachung, Planung und Projektsteuerung, sondern auch ein Ort der gezielten Nachwuchsförderung.

„Unsere Branche lebt von Erfahrung, aber sie braucht junge Menschen mit Begeisterung für Technik und Mobilität", erklärt Geschäftsführer Thorsten Hugel. Aktuell betreut Emch+Berger Nürnberg 22 Auszubildende und Studierende. Ausgebildet wird in den Berufen Bauzeichner, Technischer Systemplaner sowie im Bauingenieurwesen – sowohl im klassischen als auch im dualen oder Verbundstudium. Letzteres verbindet eine einjährige Ausbildung als Bauzeichner mit einem anschließenden Bauingenieurstudium – ein Einstieg mit Praxisbezug und optimaler Vorbereitung.

Lena Theiler, Verbundstudentin seit 2024, ist überzeugt: „Man sammelt früh Berufserfahrung, lernt CAD-Anwendungen kennen und startet nicht bei null ins Studium." Das familiäre Arbeitsklima sei für sie ein entscheidender Faktor gewesen: „Man kann jederzeit Fragen stellen – und wird ernst genommen."

Weiterbildung als Erfolgsfaktor

Das Unternehmen setzt nicht nur auf junge Talente, sondern bietet auch erfahrenen Mitarbeitenden vielfältige Entwicklungsmöglichkeiten. Markus Fuchs, heute Fachgruppenleiter, startete 1995 mit einer Umschulung zum Bauzeichner bei Emch+Berger. Der entscheidende Karriereschritt war für ihn ein berufsbegleitendes Fernstudium zum Bautechniker. „Ohne diese Weiterbildung wäre ich sicher nicht in eine Führungsposition gekommen." Inzwischen engagiert er sich im IHK-Prüfungsausschuss und gibt sein Wissen an den Nachwuchs weiter.

FOTO: EMCH+BERGER GMBH

Ein weiteres Beispiel ist Benjamin Kruse, seit 2009 bei Emch+Berger. Seine Spezialisierung in der Bauüberwachung wuchs mit den Projekten: vom barrierefreien Umbau des Bahnhofs Schweinfurt bis hin zum Großprojekt VDE 8.1 – dem viergleisigen Ausbau der Strecke Nürnberg–Bamberg. Auch er wurde durch regelmäßige Schulungen und Weiterbildungen auf seinem Weg zur Gruppenleitung unterstützt: „Emch+Berger bietet ein Umfeld, in dem man sich entwickeln darf – und soll."

Kultur des Miteinanders

Ein Erfolgsfaktor bei Emch+Berger ist das gelebte Miteinander. Flache Hierarchien, offene Kommunikation und gezielte Förderung schaffen ein Arbeitsumfeld, das junge wie erfahrene Kollegen schätzen. Dazu zählen betriebliche Krankenversicherungen, regelmäßige Events, soziales Engagement und vor allem: eine echte Perspektive. Thorsten Hugel sieht in der Nachwuchsförderung einen Schlüssel für die Zukunftsfähigkeit der Branche: „Wir stehen vor einer demografischen Herausforderung. Ausbildung und Weiterbildung sind keine Option – sie sind unsere Pflicht." Die Mitarbeiter würden erkennen, dass man in sie investiert, neue Kompetenzen schafft und Verantwortung entsprechend übertragen wird.

Mehr Infos:

Emch+ Berger

Kontakt:

Emch+Berger GmbH
Ingenieure und Planer Nürnberg

Am Plärrer 33
90443 Nürnberg
Telefon: +49-911-92634-0
E-Mail:
ebnuernberg@emchundberger.de
Website:
www.emchundberger.de/jobangebote

Dadurch ergebe sich eine hohe Bindung und Motivation. „Ich hoffe, dass wieder mehr Unternehmen die Bedeutung von Ausbildung erkennen und entsprechend in die Fachkräfte von morgen investieren", erklärt Thorsten Hugel. „Bei uns freuen wir uns besonders über junge Leute, die Lust auf ihren Beruf haben – die mit Neugier und Begeisterung starten und wirklich etwas bewegen wollen."

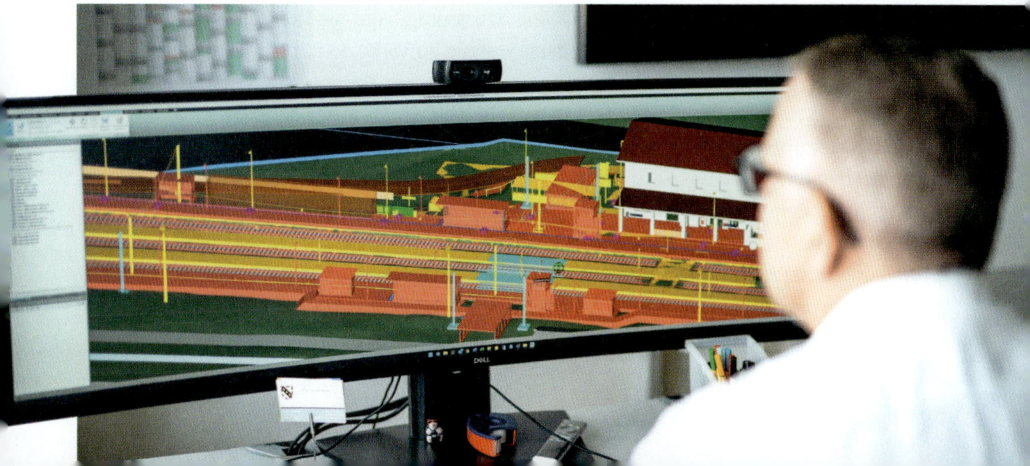

Trapeze Group Deutschland GmbH

Du möchtest die Mobilität von morgen mitgestalten? Dann bist Du bei Trapeze genau richtig!

Berufsbilder bei Trapeze im Bereich Planung und Disposition

Trapeze ist ein führender Anbieter von Software- und Systemlösungen für die Planung, Disposition und Optimierung im öffentlichen Verkehr. Unsere Lösungen unterstützen Verkehrsunternehmen dabei, ihre Prozesse effizient, kundenorientiert und nachhaltig zu gestalten. Im Bereich Planung und Disposition arbeiten bei uns engagierte Fachkräfte aus verschiedenen Disziplinen – gemeinsam gestalten wir die Mobilität der Zukunft.

Unsere Berufsbilder im Überblick:

Produktentwickler (m/w/d)

Produktentwickler bei Trapeze sind die Brücke zwischen Markt, Kunde und Technik. Sie analysieren Trends und Kundenbedürfnisse, entwickeln daraus innovative Produktideen und begleiten deren Umsetzung bis zur Marktreife. Im Bereich Planung und Disposition arbeitest Du eng mit Entwicklern, Kunden und Vertrieb zusammen, um Lösungen zu schaffen, die den Anforderungen des modernen Verkehrsmanagements gerecht werden.

Typische Aufgaben:

- Markt- und Wettbewerbsanalyse
- Entwicklung von Produktstrategien und -konzepten
- Begleitung von Pilotprojekten und Produkteinführungen
- Kontinuierliche Weiterentwicklung bestehender Produkte

Kundenberater (m/w/d)

Als Kundenberater bist Du das Gesicht von Trapeze beim Kunden. Du unterstützt Verkehrsunternehmen bei der Einführung und optimalen Nutzung unserer Softwarelösungen. Dabei analysierst Du die Prozesse vor Ort, berätst zu Best Practices und schulst Anwender. Dein Ziel ist es, die Digitalisierung und Effizienz im Verkehrsunternehmen voranzutreiben.

Typische Aufgaben:

- Beratung und Betreuung von Bestands- und Neukunden
- Durchführung von Workshops und Schulungen
- Analyse und Optimierung von Kundenprozessen
- Unterstützung bei der Systemeinführung

Kunden-Support (m/w/d)

Im Kunden-Support bist Du erste Anlaufstelle für Anwenderfragen und technische Herausforderungen. Du analysierst Supportanfragen, findest Lösungen und arbeitest eng mit der Entwicklung zusammen, um die Qualität unserer Produkte stetig zu verbessern. Dein Beitrag sorgt dafür, dass unsere Kunden ihre Systeme zuverlässig und effizient nutzen können.

Typische Aufgaben:

- Bearbeitung von Supportanfragen (telefonisch, per E-Mail, Ticketsystem)
- Fehleranalyse und -behebung
- Dokumentation von Lösungen und Prozessen
- Zusammenarbeit mit Entwicklung und Produktmanagement

Vertriebsmitarbeiter (m/w/d)

Als Vertriebsmitarbeiter bei Trapeze bist Du für die Gewinnung neuer Kunden und die Betreuung bestehender Geschäftspartner verantwortlich. Du präsentierst unsere Lösungen auf Messen, bei Kundenterminen und in Ausschreibungen. Mit Deinem technischen Verständnis und Deiner Kommunikationsstärke überzeugst Du Verkehrsunternehmen von den Vorteilen unserer Produkte.

Typische Aufgaben:

- Akquise von Neukunden und Betreuung von Bestandskunden
- Präsentation von Softwarelösungen und Beratung zu Einsatzmöglichkeiten
- Angebotserstellung und Vertragsverhandlungen
- Marktbeobachtung und Teilnahme an Branchenevents

Was macht Trapeze besonders?

- Dienstleister für Bahnunternehmen: Wir unterstützen Bahnunternehmen dabei, ihre täglichen Herausforderungen zu meistern – von der Einsatzplanung bis zur Optimierung des gesamten Betriebs.
- Softwareentwicklung mit Sinn: Unsere Softwarelösungen helfen, den öffentlichen Verkehr effizienter, nachhaltiger und attraktiver zu gestalten.
- Vielfalt im Team: Bei uns arbeiten Menschen aus ganz unterschiedlichen Berufsgruppen zusammen: Software-Entwickler, Produktentwickler, Berater, Vertriebsspezialisten, Marketingpersonen und viele mehr. Jeder bringt seine Stärken ein und unterstützt auf seine Weise unsere Kunden aus der Bahnbranche.
- Karrierechancen für Einsteiger und Quereinsteiger: Egal, ob Du gerade deine Ausbildung oder dein Studium abgeschlossen hast, Dich beruflich neu orientieren möchtest oder nach einer Weiterbildung einen neuen Aufgabenbereich suchst – bei Trapeze findest Du spannende Aufgaben und echte Entwicklungsmöglichkeiten.
- Teamgeist und Innovation: Wir legen Wert auf ein offenes, unterstützendes Arbeitsumfeld, in dem neue Ideen willkommen sind und Du Dich persönlich einbringen kannst.

Trapeze – Intelligente Lösungen für die Mobilität von morgen

Trapeze™
Here for the journey

Kontakt:

Trapeze Group Deutschland GmbH

Schmalbachstraße 16
38112 Braunschweig
Telefon: 040 530031-18
E-Mail: info@trapezegroup.eu
Website: www.trapezegroup.de

Akiem

JOIN US!

Haben Sie schon gehört, dass man Lokomotiven leasen kann?

Akiem ist ein führender europäischer Anbieter von Leasing- und Wartungsdienstleistungen für Schienenfahrzeuge. Als Unternehmen bieten wir eine Flotte von über 760 Lokomotiven und 42 Personenwagen sowie Lösungen für die komplette Wertschöpfungskette des Schienenverkehrs an. Die nachhaltige Entwicklung und das Wohlergehen am Arbeitsplatz stehen im Mittelpunkt unserer Aufmerksamkeit! Der größte Teil unserer 450 Mitarbeiter ist in Deutschland, Frankreich, Schweden, Italien, Ungarn, Polen und England tätig.

Unsere Stärken?

- Ihre Einarbeitung steht erstmal im Mittelpunkt und wir unterstützen Sie dabei mit dem gesamten Team.
- Dank unseres stetigen Wachstums können wir Ihnen viele Möglichkeiten zur Weiterentwicklung bieten.
- Das internationale und spannende Arbeitsumfeld, sowie unsere modernen Büros sorgen für Wohlfühlatmosphäre.
- Mit unseren Arbeitszeiten sind Sie flexibel und können Arbeit und Familie besser balancieren.
- Gemeinschaft und Teamgeist sind von zentraler Bedeutung in unserer Organisation.

GOLD | Top 5%
ecovadis
Sustainability Rating
AUG 2025

Was suchen wir?

Bei Akiem finden Sie vielfältige Angebote mit Expertise in den Bereichen Engineering, Wartung, Finanzen, Einkauf usw.

FOTOS: AKIEM

akiem

Blick auf den Beruf des Wartungstechnikers:
Wir sind stets auf der Suche nach der Verstärkung unseres Teams an Wartungstechnikern, um:

- vorbeugende und korrigierende Wartungsarbeiten, Generalüberholungen und Inspektionen durchzuführen,
- Fehlerbehebung mechanischer, elektrischer und pneumatischer Zugsteuerungskomponenten an allen unseren Lokomotiven zu überprüfen und durchzuführen,
- verschiedene Schutzsysteme zu überprüfen

... und viele andere Aufgaben im Rahmen unserer „Maintenance & Services" Aktivität.

Also, wenn Sie:

- selbstständig, belastbar und verantwortungsbewusst sind,
- ein Teamplayer, flexibel und bereit, sich neuen Herausforderungen und Aufgaben zu stellen,
- technische und elektrotechnische Ausbildung haben,
- Lust auf Weiterbildung haben,

... dann bieten wir Ihnen echte Vorteile, spezifische und professionelle Ausrüstung an, um Ihnen den Alltag zu erleichtern!

Sie sind mutig, engagiert und mit Leidenschaft bei der Sache? Bei uns können Sie Ihre Energie entfalten!
Um mehr über unser dynamisches und wertegeprägtes Unternehmen zu erfahren:
www.akiem.com

Kontakt:

Akiem

Bahnstraße 48
47799 Krefeld
E-Mail: akt_hr@akiem.com
Internet: https://careers.akiem.com/de

FOTOS: ALPHA TRAINS EUROPA GMBH

Alpha Trains Europa GmbH

Zukunft auf Schienen – Karriere bei Alpha Trains

Bei Alpha Trains arbeiten Menschen, die nicht nur Schienenfahrzeuge bewegen, sondern auch die Bahnbranche voranbringen wollen – mit Leidenschaft, Teamgeist und einer gesunden Portion Humor. Ob im Asset Management, Engineering, Finance, IT oder ESG-Bereich: Unsere Aufgaben sind genauso vielfältig wie die Karrieren, die daraus entstehen.

Woran wir glauben:

Eine nachhaltige Mobilität braucht starke Teams. Deshalb fördern wir nicht nur Fachkompetenz, sondern auch individuelle Entwicklung und eigenverantwortliches Handeln. Bei uns wird vernetzt gedacht, quer kommuniziert und interdisziplinär gearbeitet – und das in einem Umfeld, das Spaß macht.

Berufseinstieg mit Weitblick:

Studierende, Hochschulabsolvent*innen und Berufseinsteiger*innen finden bei uns ideale Bedingungen:

- **Praktika und Werkstudierenden-Stellen mit praxisnahen Tätigkeiten – direkt am Zug und mit echtem Mehrwert**
- **Direkteinstiege z. B. im Bereich Engineering, Finance oder Legal**
- **Betreuung durch erfahrene Kolleg*innen und persönliche Weiterentwicklung**

Erfahrene Talente willkommen:

Sie haben bereits Berufserfahrung in der Bahnbranche, im Finanzwesen, Projektmanagement oder Engineering? Dann bringen Sie Ihre Expertise in ein wachsendes Unternehmen ein, das einen echten Beitrag zur Mobilitätswende leistet, ein. Unsere Fachbereiche bieten viel Gestaltungsspielraum – ideal für Menschen mit Ideen.

Mehr Infos:

ALPHA TRAINS

Was uns als Arbeitgeber besonders macht:
Neben attraktiven Gehältern und Sozialleistungen bieten wir:

- 30 Urlaubstage + zusätzliche freie Tage
- Deutschlandticket, Bike-Leasing, Fitnesszuschüsse
- Moderne Büros mit Top-Lage und -Ausstattung
- Absicherung für Mitarbeiter und Familien
- Weiterbildungen, Team-Offsites, Lunches & Kuchen – ja, auch das gehört zur Jobkultur!

Steigen Sie bei uns ein – wir freuen uns auf Mitdenker*innen, Möglichmacher*innen und Menschen mit Lust auf Zug-Zukunft. Ihr Ansprechpartner bei uns ist unser HR Manager Luis Wollitzer.

Kontakt:

Alpha Trains Europa GmbH

Rudolfplatz 3
D-50674 Köln

Luis Wollitzer
Telefon: +49 221 9140 9637
E-Mail: hr@alphatrains.eu

Internet: **www.alphatrains.eu/de**

Warum Alpha Trains?
Weil mein Team mich jeden Tag motiviert, unterstützt, herausfordert und inspiriert.

Helene Heckmanns
Operations Manager

RAILPOOL

Krisensicher, zukunftsorientiert und nachhaltig

RAILPOOL ist einer der führenden Schienenfahrzeug-Vermieter Europas mit echter Kompetenz für Full-Service aus einer Hand. Zu RAILPOOL zählen auch unsere Werkstätten, welche die Durchführung von Instandhaltungsmaßnahmen der Railpool-Lokomotiven sowie Fahrzeuge Dritter übernehmen. Wir wachsen als krisensicheres, zukunftsorientiertes und nachhaltiges Unternehmen weiter! Durch die vielseitigen Aufgaben, die sich durch unser Geschäftsmodell der Schienenfahrzeugvermietung und Instandhaltung ergeben, sind wir stets auf der Suche nach neuen Talenten, die Lust haben, gemeinsam mit RAILPOOL die Mobilität der Zukunft mitzugestalten.

You go loco for heavy metal and AC/DC is not just a band for you?

Dann lass uns dich aufgleisen und dir einen Überblick über unsere vielseitigen Berufsbilder bei RAILPOOL geben:

Instandhaltungsingenieur:innen

Als Ingenieur:in die Mobilität der Zukunft mitgestalten

Als Instandhaltungsingenieur:in bei RAILPOOL arbeitest du in unserer Abteilung Maintenance Development und bist Expertin beziehungsweise Experte für unsere Elektrolokomotiven. Unsere Abteilung Maintenance Development ist für alle Fragen rund um die Instandhaltung unserer Loks zuständig: Warum ist eine Lok ausgefallen? Wie verhindern wir das in Zukunft? Gibt es Auffälligkeiten an der ganzen Flotte? Du analysierst und entscheidest, am Schreibtisch und auf der Lok. Dabei hast du Unterstützung durch kompetente Kolleg:innen, unsere Außendiensttechniker:innen, unser Engineering und durch unsere Werkstätten.

Disponent:in / Flottenmanager:in

Das Lokmanagement: der Dreh- und Angelpunkt bei RAILPOOL

Als Disponent:in in unserer Abteilung Fleet Management bei RAILPOOL sorgst du dafür, dass unsere Fahrzeuge ihre vorgeschriebenen Wartungsintervalle einhalten. Mit unseren Partner-Werkstätten stehst du in engem Kontakt, um die

FOTO: RAILPOOL

RAILPOOL

Zuführung durch unsere Kunden abzusprechen und die nötigen Arbeiten zu bestellen. Du bist erste/r Ansprechpartner:in für unsere Kunden, wenn es um die Behebung von Störungen und korrektiven Mängeln unserer Fahrzeuge geht, und übernimmst die Koordination zwischen Kunden, unseren Technikexperten bzw. -expertinnen und Dienstleistern.

Mitarbeiter:in Materialwirtschaft

Unser Herz schlägt für Ersatzteile: für Teile und Komponenten, die für die Instandhaltung unserer Elektrolokomotiven benötigt werden

Hierfür bewirtschaften wir Artikel und bedienen Materialanforderungen von Kiruna bis nach Bari, von Belgrad bis nach Antwerpen. Für unsere Expertinnen und Experten ist Material kein Lagerposten, sondern sie kennen die Besonderheiten, den Verwendungszweck, den Einbauort, ja bis hin zur Funktion der Komponenten. Zu dem vielseitigen Aufgabenspektrum in der Materialwirtschaft gehört alles rund um die Materialbereitstellung, Reparaturabwicklung, Lagerung sowie Inventurdurchführung und Versand von Ersatzteilen.

Mechatroniker:in

Als Mechatroniker:in für Bewegung sorgen

Damit unsere modernen Elektrolokomotiven nach geltendem Standard über die Gleise fahren können, sorgst du als Mechatroniker:in stets für eine ordnungsgemäße Inspektion, Wartung, Instandhaltung und Dokumentation der durchgeführten Arbeiten. Du gehst auf Fehlersuche und behebst Störungen gemeinsam mit deinem Team, damit unsere Lokomotiven wieder ins Rollen kommen.

Servicetechniker:in im Außendienst

Als Servicetechniker:in die Räder am Rollen halten

Als Außendiensttechniker:in bist du für die präventive und korrektive Instandhaltung von unseren Lokomotiven und deren Komponenten zuständig. Hierbei bist du ebenso für die Zustandskontrolle der Fahrzeuge verantwortlich wie für die Abnahme von Lokomotiven beim Hersteller. Du unterstützt unsere eigenen Werkstätten sowie Partnerwerkstätten bei technischen Fragestellungen zu unseren Lokomotiven und kümmerst dich darum, unsere Lokomotiven schnellstmöglich wieder auf die Schiene zu bringen.

Zum Unternehmensfilm auf YouTube

Kontakt:

RAILPOOL GmbH
Meike Bretterbauer und Stefanie Schneider
Telefon: +49 (0) 89 510 85 77-204
E-Mail: recruiting@railpool.eu

RAILPOOL Lokservice GmbH
Shari Catharina Schäfer
Telefon: +49 (0) 40 3807 0213-17
E-Mail: recruiting@railpool.eu

Kontaktarena

Unternehmen

„Wer durchstarten will, ist mit der Bahnbranche auf dem richtigen Gleis. Die Schiene ist ganz klar ein Wachstumsmarkt: Die Transportmengen steigen stetig. Klimagerecht werden sie sich nur auf der Schiene bewegen lassen. Für junge und anpackende Menschen bietet der Schienengüterverkehr deshalb beste Perspektiven und die spannende Herausforderung, intelligente und zukunftsfähige Logistikkonzepte mitzugestalten."

Malte Lawrenz, Vorsitzender des VPI

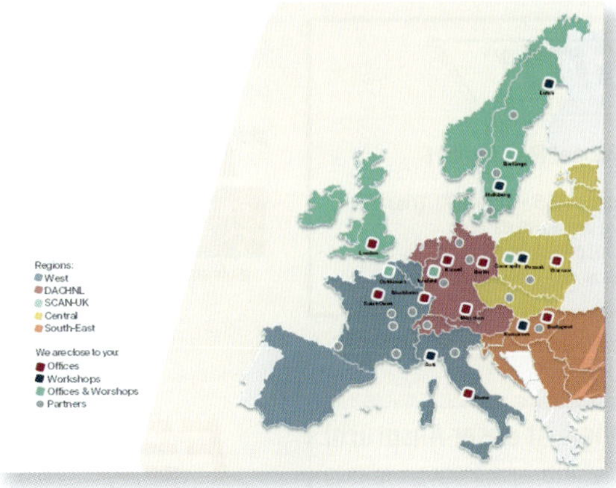

Akiem

Akiem in aller Kürze

Akiem wurde 2008 gegründet und konnte sich dank seines Fachwissens, seiner Investitionen und seines Engagements für Innovation und verantwortungsvoller Entwicklung als ein führender Akteur in der europäischen Eisenbahnindustrie durchsetzen.

Da der Schienenverkehr in Anbetracht der Klimakrise sein Wachstum beschleunigen muss, erleichtert Akiem den Bahnbetreibern die Entwicklung neuer Angebote und investiert in Frankreich und Europa mehrere hundert Millionen Euro in seine Elektrolokomotiven-Flotte und sein Instandhaltungsnetz.

Als **Europas führender Vermieter von Lokomotiven** mit **einem Bestand von über 760 Lokomotiven** bietet Akiem schlüsselfertige Lösungen für Bahnbetreiber, Hersteller und Gebietskörperschaften:

- **Locomotive Leasing:** Bahnbetreibern eine unerlässliche Flexibilität bieten, indem Lösungen bereitgestellt werden, die auf die spezifischen Traktions- und Interoperabilitätsanforderungen zugeschnitten sind,
- **Maintenance & Services:** Den reibungslosen Betrieb und die Verlässlichkeit der Lokomotivenflotten gewährleisten, so dass Sicherheit, Leistungsfähigkeit und Zuverlässigkeit im Bahnbetrieb zur Selbstverständlichkeit werden,
- **Passenger Trains Leasing:** regionale Personenverkehrsbehörden und Bahnbetreiber bei der Entwicklung neuer Angebote für den Personenverkehr unterstützen, indem Akiem als Bindeglied zwischen den Regionen mit der Übernahme der Finanzierung von Schienenfahrzeugen agiert.

Akiem ist in **22 europäischen Ländern** vertreten, darunter Frankreich, Deutschland, Italien, Ungarn, Polen, Schweden, Belgien, die Niederlande und Großbritannien. Als europäisches Unternehmen hat Akiem seinen Hauptgeschäftssitz in Frankreich. Hauptaktionär ist La Caisse (ehemals La Caisse de Dépôt et Placement du Québec - CDPQ), ein erstrangiger institutioneller Investor, der für sein Engagement und seine Investitionen

GRAFIK: AKIEM

in Unternehmen bekannt ist, die zur Entwicklung einer nachhaltigen Wirtschaft und Leistung beitragen.

- Zudem hat Akiem Geschichte geschrieben, denn es war **der erste Vermieter von Lokomotiven, der in Europa die Zertifizierung** gemäß der europäischen Verordnung EU/445/2011 **als Entity in Charge of Maintenance (ECM) erhielt**. Dies belegt das Bekenntnis des Unternehmens zu höchsten Qualitätsstandards und sein Bestreben, die Sicherheit und Zuverlässigkeit seiner Bahndienstleistungen zu gewährleisten.
- Dank seiner **Innovations- und Investitionspolitik**, die insbesondere in der Partnerschaft mit großen Herstellern des Marktes – darunter Alstom, Siemens und Newag – zum **Erwerb von Lokomotiven der neuen Generation** Ausdruck findet, ermöglicht es Akiem den Betreibern, mit der gleichen Lokomotive **neue internationale Strecken** zu erschließen wie etwa die Achsen Dünkirchen – Warschau in Polen und Rotterdam – Mailand.
- Außerdem führt Akiem Innovationen ein, sowohl mit Angeboten wie **TerriTrains** (eine innovative Lösung für Finanzierung, Leasing und Management von rollendem Material für den Schienenpersonenverkehr) als auch mit der **Entwicklung eines echten Ökosystems für die Bahninstandhaltung** durch die Eröffnung neuer industrieller Wartungszentren für Schienenfahrzeuge, wie beispielsweise im nordfranzösischen Ostricourt oder im schwedischen Borlänge.
- Akiem ist nach 5 großen Regionen gegliedert und mit seinen Instandhaltungswerkstätten und Büros überall in Europa vertreten. Über seine Büros in Paris, London, Krefeld, München, Berlin, Warschau, Budapest, Halsberg und Rom setzt Akiem **fast 450 fachkundige Mitarbeiter** ein, die auf Instandhaltungszentren an fünf Standorten in Europa zurückgreifen können: Deutschland, Schweden, Frankreich, Italien und Ungarn.

Akiem bietet ein breites Spektrum an Berufen sowie vielfältige Karrieremöglichkeiten in allen Geschäftsbereichen des Konzerns in zahlreichen europäischen Ländern. Angefangen von den Supportfunktionen bis hin zu den technischen Tätigkeiten vor Ort - Akiem steckt voller Talente: Entwicklungsingenieur, Beschaffungstechniker, auf einzelne Bauserien über deren gesamte Lebensdauer hinweg spezialisierte Ingenieure, Großkundenbetreuer, Pannenhelfer oder Instandhaltungstechniker, Flottenmanager usw.

Albert Fischer GmbH

35 Jahre Gleis- und Bahnsteigbau

Seit Beginn der Firmengründung im Jahr 1990 beweisen wir unsere Leistungsfähigkeit im Gleis- und Bahnsteigbau für die Deutsche Bahn AG und andere öffentliche Auftraggeber im gesamten Bundesgebiet. Die Gleis- und Bahnsteigbau-Baustellen stellen hohe Anforderungen an uns. Motivierte Mitarbeiter und hochmoderne Maschinen und Geräte sorgen für einen reibungslosen Ablauf der Baumaßnahmen. Die Baustellen werden mit eingespielten Teams abgewickelt, um die Projekte termingerecht – oftmals in kurzen Sperrpausen – abzuschließen. Außerdem haben wir uns auf die Fertigung von Verkehrsanlagen im öffentlichen Personennahverkehr spezialisiert.

Seit vielen Jahren arbeiten wir erfolgreich für die Stadtbahn in Hannover. Hier müssen wir die ganze Bandbreite unseres Könnens unter Beweis stellen: Auf kleinstem Raum realisieren wir gleichzeitig Gleisanlagen, Hochbahnsteige, Straßenbau, Pflasterarbeiten, Entwässerung, Kabeltiefbau und Betonbau.

Die Herausforderung der termin- und fachgerechten Fertigstellung größter Bauvorhaben unter dem Druck der Öffentlichkeit haben wir angenommen und zur vollsten Zufriedenheit der Auftraggeber gemeistert. Unser breitgefächertes Leistungsspektrum umfasst ebenso den Brückenbau, Bauwerke mit und aus Natursteinmauerwerk und eine Vielzahl von sonstigen Betonbauwerken. Darüber hinaus sind wir Spezialisten für Tunnelanlagen, Fuß- und Radwegunterführungen und

FOTOS: ALBERT FISCHER GMBH

Bachunterquerungen, sogenannte Durchlässe. Neben der Neuherstellung dieser Bauwerke gehören auch die Sanierung und Bauwerkserhaltung zu unseren Aufgaben.

Im Bahnbau müssen enge Terminpläne eingehalten werden. Wir realisieren Modernisierungs- und Erweiterungsbauten, ohne den Verkehrsfluss von Eisenbahnen, Stadtbahnen oder Autos länger als unbedingt notwendig zu behindern. Die Projekte im Bahnbau, Straßen- und Brückenbau führen wir mit hoher Qualität und Termintreue mit unserem hochqualifizierten Team aus Ingenieuren und Gleis- und Betonbauern aus. Unser Einsatz erstreckt sich über das gesamte Bundesgebiet. Zu unseren Auftraggebern gehören die Deutsche Bahn AG, Privatbahnen, Stadt- und Gemeindeverwaltungen, Straßenbauämter, Industriekunden sowie regionale Verkehrsbetriebe.

Kontakt:

Albert Fischer GmbH
Heilswannenweg 53
D-31008 Elze
Telefon: +49 (0) 5068 9290 23
E-Mail: info@albert-fischer.de
Internet: www.albert-fischer.de

Alpha Trains Europa GmbH

Gemeinsam Mobilität gestalten – Deine Karriere bei Alpha Trains

Du suchst nicht nur einen Job, sondern möchtest Mobilität aktiv mitgestalten? Willkommen bei Alpha Trains – Europas führendem Leasingunternehmen für Schienenfahrzeuge mit Hauptsitz in Luxemburg und Standorten in Köln, Antwerpen, Madrid, Warschau und Paris. Seit über 20 Jahren sind wir ein verlässlicher Partner für Bahnbetreiber in 22 europäischen Ländern – und ein ebenso verlässlicher Arbeitgeber für Menschen mit Tatendrang, Teamgeist und Sinn für Nachhaltigkeit.

Bei uns trifft Stabilität auf Wachstum:
Mit über 1.000 Lokomotiven und Triebzügen im Portfolio sind wir solide aufgestellt – und gleichzeitig voller Ideen für die Zukunft. Deshalb suchen wir Menschen, die Lust auf Verantwortung und Gestaltungsspielraum haben. Bei uns sind über 150 Mitarbeitende aus mehr als 20 Nationen beschäftigt – gemeinsam schaffen wir moderne, umweltfreundliche Mobilitätslösungen.

Mehr Infos:

ALPHA TRAINS

Was Dich bei uns erwartet:

- Ein starkes Team, das zusammen lacht, denkt, feiert – und Züge und Lokomotiven ins Rollen bringt
- Ein internationales Umfeld mit kurzen Wegen und Raum, sich einzubringen
- Individuelle Entwicklungsmöglichkeiten und umfangreiche Weiterbildung
- Flexible Arbeitsmodelle und moderne Büros in zentraler Lage

Unser Bewerbungsprozess? Persönlich und gründlich.

Von der ersten Sichtung Deiner Unterlagen bis zum Kennenlernen im Team: Wir nehmen uns Zeit für einen offenen Dialog auf Augenhöhe – damit es für beide Seiten passt. Bei uns gibt's kein „Schema F", sondern individuelle Auswahlverfahren mit echtem Interesse an Dir als Mensch und Deinen Erwartungen.

Du willst Dich weiterentwickeln, statt nur mitzufahren?

Dann bist Du bei Alpha Trains richtig. Ob Berufseinsteiger*in, Hochschulabsolvent*in oder erfahrene Fachkraft – wir freuen uns über neue Kolleg*innen, die uns mit frischen Ideen und Motivation bereichern.

Melde Dich bei unserem HR Manager Luis Wollitzer und gestalte mit uns die Zukunft der Schiene – nachhaltig, international, mit Spaß an der Sache.

Kontakt:

Alpha Trains Europa GmbH

Rudolfplatz 3
D-50674 Köln

Luis Wollitzer
Telefon: +49 221 9140 9637
E-Mail: hr@alphatrains.eu

Internet: www.alphatrains.eu/de

FOTOS: ALPHA TRAINS EUROPA GMBH

BahnEinsteiger GmbH

Einstieg in die Welt der Bahn

BahnEinsteiger ist ein Bildungsträger, der im Oktober 2020 an den Markt gegangen ist, um motivierten, arbeitssuchenden oder umschulungswilligen Menschen die Chance auf eine Karriere bei der Eisenbahn zu bieten.

Als moderne, weltoffene und innovative Weiterbildungseinrichtung hat BahnEinsteiger es sich zum Ziel gemacht, die Eisenbahnbranche wieder populärer zu machen. Angefangen mit hochwertigen Lerndienstleistungen! Bei dem jungen Unternehmen kann man spannende und zukunftssichere Eisenbahnberufe lernen. In einem attraktiven Umfeld für Lernende, Lehrende und alle Mitarbeiter.

Berufserfahrene Ausbilder

Das spiegelt sich sowohl in der Qualität der Lehrgänge als auch in der Ausstattung des Schulungszentrums wider. Zusammen mit einem Team aus qualifizierten, berufserfahrenen Dozenten und Ausbildern möchten die BahnEinsteiger mehr Menschen für eine Tätigkeit im Eisenbahnverkehr begeistern. Bei ihnen fangen wahre (Eisenbahn-)Karrieren an!

Umschulungen im Eisenbahnverkehr

Bei den BahnEinsteigern können zukunfts- und vor allem krisensichere Eisenbahnberufe erlernt werden.
Die Kurse sind AZAV- und DIN EN ISO 9001-zertifiziert. Außerdem sind die BahnEinsteiger vom Eisenbahn-Bundesamt (EBA) als Ausbildungs- und Prüfungsstelle gemäß Triebfahrzeugführerscheinverordnung (TfV) anerkannt.

Umschulungsangebot

Bei den BahnEinsteigern kann man wahre Traumberufe erlernen. Egal, ob als Triebfahrzeugführer oder Rangierbegleiter – in der Bil-

FOTO: BAHNEINSTEIGER GMBH

dungsakademie wird jeder zum BahnEinsteiger. Alle Umschulungsangebote werden durch Simulatorfahrten am hauseigenen Zugsimulator unterstützt.

Zielgruppe

Eisenbahnberufe sind vor allem für diejenigen geeignet, die Interesse und Spaß an einem technischen Beruf haben. Auch ein hohes Maß an Organisationstalent sowie die Bereitschaft zu Schicht-, Wochenend- und Feiertagsdiensten sind in der Branche ebenfalls enorm wichtig. Denn der Betrieb auf der Schiene steht auch am Wochenende oder an Feiertagen nicht still. Für jeden, der sich in den beschriebenen Eigenschaften wiederfindet, ist eine Umschulung bei den BahnEinsteigern genau das Richtige!

Schulungsstandorte

Unsere Schulungsstandorte sind modern eingerichtet und entsprechen den höchsten technischen Standards. Zentral gelegen, unweit der Hauptbahnhöfe entfernt, sind unsere Standorte auch mit öffentlichen Nahverkehrsmitteln super zu erreichen.

Noch immer unsicher? Kein Problem!

Die BahnEinsteiger laden gerne zum kostenlosen Infotag ein. Hier erfährt man alles rund um die Umschulung zum Triebfahrzeugführer sowie zum Rangierbegleiter. Der Infotag in Dortmund findet immer mittwochs in der Hohen Straße 1 und der Infotag in Bielefeld immer dienstags in der Herforder Straße 130 jeweils um 15:30 Uhr statt.

BAHNEINSTEIGER
Bildungsakademie für Bahnberufe

Das Angebot der BahnEinsteiger im Kurzformat:

- Unterrichtszeiten: 8:00 bis 15:15 Uhr in Vollzeit
- Unterrichtsformen: online oder Präsenz
- Simulatorfahrten am hauseigenen Zugsimulator (Zusi BR 193 und MST)
- Theorieunterricht und Simulatorfahrten: im Schulungszentrum in Dortmund
- Praxisunterricht: bundesweit

Fördermöglichkeiten

Quereinsteiger haben oft Anspruch auf einen Bildungsgutschein und können eine Förderung beantragen. Wird diese bewilligt, kann die Umschulung über die Agentur für Arbeit oder das Jobcenter finanziert werden. So entstehen keine privaten Kosten. In der Regel werden auch die Fahrt- und Unterbringungskosten übernommen. Es gibt aber auch andere Kostenträger, die solche Umschulungen fördern.

Agentur für Arbeit

- Jobcenter
- Rentenversicherung
- Berufsgenossenschaft
- Berufsförderungsdienst der Bundeswehr

Kontakt:

BahnEinsteiger GmbH
Unsere Schulungsstandorte
in Dortmund und Bielefeld
Hohe Str. 1, 4.OG | 44139 Dortmund
Herforder Str. 130, 2.OG | 33609 Bielefeld
Telefon: 0800 4008884 (kostenfreie Hotline)
E-Mail: info@bahneinsteiger.de

Bentheimer Eisenbahn AG

Ein Stück Grafschaft Bentheim

Die Bentheimer Eisenbahn AG blickt auf eine lange und traditionsreiche Geschichte zurück. Gegründet im Jahr 1895, hat sich das Unternehmen von einer regionalen Eisenbahngesellschaft zu einem modernen Logistikdienstleister entwickelt. Heute finden sich unter dem Dach der Bentheimer Eisenbahn AG fünf Tochtergesellschaften, die umfangreiche und eng verzahnte Lösungen anbieten. Die Tätigkeitsfelder der Unternehmensgruppe liegen im Bereich der Transport- und Logistikdienstleistungen, des öffentlichen Personennahverkehrs, des Reisemarktes, der Parkraumbewirtschaftung, der Eisenbahninfrastruktur sowie im Bereich der Werkstattleistungen für Schienenfahrzeuge und Nutzfahrzeuge.

Geschäftsfelder und Dienstleistungen

Güterverkehr: Die Bentheimer Eisenbahn AG ist ein starker Partner für den Gütertransport auf der Schiene im norddeutschen Raum. Mit einem umfangreichen Partnernetzwerk und ganzheitlichen Lösungsprozessen sorgt das Unternehmen für eine effiziente und umweltfreundliche Beförderung von Gütern.

Personenverkehr: Im Personenverkehr verantwortet die Bentheimer Eisenbahn AG den Personennahverkehr auf der Bahnstrecke der RB 56 zwischen Bad Bentheim und Neuenhaus. Im Juli 2019 ist die Strecke reaktiviert worden. Seitdem werden täglich rund 2.000 Fahrgäste in der Region befördert. Die Weiterführung der Streckenreaktivierung von Neuenhaus bis Coevorden in die Niederlande ist für 2026 geplant.

Logistik und Spedition: Neben dem Personen- und Güterverkehr auf der Schiene bietet die Bentheimer Eisenbahn, durch ihre Tochtergesellschaft Kraftverkehr Emsland GmbH, umfassende Logistikdienstleistungen an. Durch die

FOTOS: BENTHEIMER EISENBAHN AG

BENTHEIMER EISENBAHN AG

Kombination von Schiene, Straße und Lagerlogistik ermöglicht das Unternehmen maßgeschneiderte Lösungen für unterschiedlichste Transportanforderungen.

Werkstatt und Instandhaltung: Die unternehmenseigene Werkstatt bietet umfangreiche Instandhaltungs- und Reparaturdienste für Schienenfahrzeuge an. Ein versiertes und zuverlässiges Team kümmert sich, neben den eigenen Schienenfahrzeugen, um die Lokomotiven und Wagen von Drittunternehmen.

Mitarbeiter und Unternehmenskultur

Die Bentheimer Eisenbahn AG beschäftigt eine Vielzahl engagierter und qualifizierter Mitarbeiter, die das Rückgrat des Unternehmens bilden. Das Unternehmen legt großen Wert auf eine positive Arbeitsumgebung, kontinuierliche Weiterbildung und eine offene Kommunikation. Teamgeist und Zusammenarbeit stehen im Mittelpunkt der Unternehmenskultur.

Zukunftsaussichten

Die Bentheimer Eisenbahn AG plant, ihre Dienstleistungen weiter auszubauen und zu optimieren. Mit einem klaren Fokus auf Nachhaltigkeit, Innovation und Kundenorientierung will das Unternehmen auch zukünftig eine wichtige Rolle im regionalen und überregionalen Verkehrs- und Logistiksektor spielen.

Kontakt:

Bentheimer Eisenbahn AG

Otto-Hahn-Str. 1
48529 Nordhorn
Telefon: +49 (0) 5921 8033-0
E-Mail: info@bentheimer-eisenbahn.de
Internet: www.bentheimer-eisenbahn.de

BREEISING GmbH – Die Bremer Eisenbahn-Ingenieure

Wir sind Ihr Ingenieurbüro für Bauüberwachung im Schienennetz der DB InfraGO und darüber hinaus.

Seit unserer Gründung im Dezember 2020 bringen wir frischen Wind in die Welt des Bahn- und Gleisbaus. Als junges, werteorientiertes Ingenieurbüro mit Sitz in Bremen leben wir eine Kultur der Wertschätzung und Entwicklung. Mit Verlässlichkeit, Kompetenz und Offenheit realisieren wir die Bauüberwachung für Infrastrukturprojekte, die verbinden. Inspiriert von der Geschichte der Bremer Stadtmusikanten glauben wir an die Kraft des Miteinanders. Mit einem starken Netzwerk, erfahrenen Ingenieur:innen im Bereich Bauüberwachung Bahn und einem engagierten Backoffice stehen wir Ihnen als verlässlicher Partner zur Seite – von der Planung bis zur Bauüberwachung.

Unser Anspruch:
Durchdachte Ingenieurlösungen mit einem hohen Maß an Verbindlichkeit, Praxistauglichkeit und technischem Know-how.

Unser Antrieb:
Innovationsgeist und kontinuierliches Wachstum – deutschlandweit.

Unsere Leistungen:
Kompetenz entlang der Schiene.

Ob Beratung, Bauüberwachung oder BETRA-Antragsstellung: Wir begleiten Infrastrukturprojekte im Bahn- und Gleisbau mit technischer Präzision, Weitblick und Engagement. Von der ersten Idee bis zur erfolgreichen Umsetzung stehen wir als verlässlicher Partner an Ihrer Seite.

Sorgfältige Bauausführung im Gleisbereich beginnt mit einer präzisen Planung.
Die **BETRA** (Betriebs- und Bauanweisung) dokumentiert alle notwendigen Schritte und Maßnahmen im Vorfeld. Wir beantragen Betriebs- und Bauanweisungen gemäß Ril 406 der Deutschen Bahn – qualitätsgerecht, fristgerecht und abgestimmt auf die spezifischen Anforderungen Ihres Projekts.

FOTO: EMCH+BERGER GMBH

Unsere qualifizierten Bauüberwacher:innen (**BÜB und FBÜ Bahn**) sorgen vor Ort für die fachgerechte Umsetzung Ihrer Projekte im Oberbau (OB) und im Konstruktiven Ingenieurbau (KIB) – gemäß dem Regelwerk „Fahrbahn/Konstruktiver Ingenieurbau“ der Deutschen Bahn AG. Wir überwachen vor Ort Qualität, Termin- und Kostenrahmen, erkennen frühzeitig Abweichungen und steuern aktiv – für einen reibungslosen Bauablauf und nachhaltige Projekterfolge. Unser Team steht Ihnen als versierter Partner zur Seite – mit Erfahrung, technischem Know-how und einem klaren Fokus auf Sicherheit. Die Einhaltung aller geltenden Sicherheitsmaßnahmen hat für uns höchste Priorität.

Sicherheit auf der Baustelle – von Anfang an gut koordiniert.

Unsere erfahrenen Sicherheits- und Gesundheitsschutzkoordinator:innen (**SiGeKo**) unterstützen Bauherr:innen gemäß Baustellenverordnung bei der rechtssicheren Planung und Umsetzung ihrer Projekte. Sie stimmen Schutzmaßnahmen gewerkeübergreifend ab und dokumentieren alle sicherheitsrelevanten Vorgaben.

Wir erstellen und pflegen den SiGe-Plan, koordinieren Schutzmaßnahmen auf der Baustelle und behalten auch bei komplexen Abläufen den Überblick – für einen reibungslosen, sicheren Bauablauf und zum Schutz aller Beteiligten.

Beratungsstarke Bauüberwachung – präzise, praxisnah, partnerschaftlich.

Als versierter Partner begleiten wir Sie mit technischer Kompetenz und langjähriger Erfahrung in allen Phasen Ihrer Infrastrukturprojekte. Unsere qualifizierten Ingenieur:innen stehen Ihnen beratend zur Seite – damit aus Ihrer Vision Realität wird und aus Bauvorhaben zukunftsfähige Lösungen entstehen. Fachliche Begleitung bei Bauvorhaben, Bauwerksplanungen und Bauwerksprüfungen sowie Wartungs- und Instandhaltungsmaßnahmen bei Projekten mit Bahnkreuzungen der Deutschen Bahn AG. Effiziente Projekte leben vom Zusammenspiel im Team und klaren Strukturen. Unser starkes Backoffice schafft

klare Prozesse, organisiert Termine und unterstützt die Dokumentation – damit unsere Bauüberwachung vor Ort den Fokus auf das Wesentliche behält: die qualitätsgesicherte Umsetzung auf der Baustelle. Gemeinsam sorgen wir dafür, dass Projekte reibungslos, transparent und termintreu ablaufen.

Lassen Sie uns gemeinsam neue Wege schaffen.

Mit BREEISING ans Ziel

– Sicher. Flexibel. Auf den Punkt.

Mehr Infos:

BREMER EISENBAHN-INGENIEURE BREEISING GMBH

Kontakt:

BREEISING GmbH

Hamburger Straße 126
28205 Bremen

Telefon: +49 421 491 864 30
E-Mail: info@breeising.de
Website: www.breeising.de

Chemion Logistik GmbH

Die Chemion Logistik GmbH deckt als Komplett-Anbieter das gesamte Spektrum logistischer Services in der Chemie- und chemienahen Industrie ab. Langjährige Erfahrung in der Standortlogistik und im Umgang mit gefährlichen Gütern ist unsere Basis, das Angebot kundenindividueller Leistungspakete und die Steuerung komplexer Logistikprozesse sind unsere Spezialität.

Chemion gehört zur CURRENTA-Gruppe, einem Verbund aus hochspezialisierten Unternehmen unter dem Dach des CHEMPARK-Managers und -Betreibers CURRENTA GmbH & Co. OHG. Seit über 20 Jahren bietet Chemion seinen Kunden individuelle Logistiklösungen an. Als Spezialist für den Umgang mit Gefahrgut und Gefahrstoffen stellt Chemion Equipment und Infrastruktur bereit und bietet im CHEMPARK Lager-, Umschlag-, Transport- und Mehrwert-Services, die Betriebsführung produktionslogistischer Betriebsteile sowie Schulungsleistungen an. Damit ist Chemion besonders für Unternehmen der Chemie- und chemienahen Industrie ein interessanter Partner.

Doch auch Unternehmen aus anderen Branchen zählen zu den Kunden Chemions und profitieren von der langjährigen Erfahrung der über 800 Mitarbeiter*innen. Chemion hat Niederlassungen in Leverkusen, Dormagen, Krefeld-Uerdingen, Duisburg und Monheim.

Die Schienenlogistik ist ein tragendes Element der Chemion. Die spezielle Infrastruktur ermöglicht effektive Schienentransporte auch auf kurzen Distanzen und mit kleinen Wagengruppen. Kernelement unserer Schienenlogistik ist der CHEMPARK-Shuttle. Der Zug verbindet täglich nach Fahrplan die Standorte Leverkusen, Dormagen und Krefeld-Uerdingen.

Durch intelligente, strategische Kooperationen mit anderen Eisenbahnverkehrsunternehmen und -speditionen eröffnet Chemion schnelle und wirtschaftliche Anschlüsse an wichtige internationale Bahnlinien. Im Einzugsbereich unserer Standorte kreuzen sich zudem zahlreiche europäische Eisenbahnrelationen und das dichte Schienennetz der Rhein-Ruhr-Region bietet gute Verbindungen ins Umland.

FOTOS: CHEMION LOGISTIK GMBH

CHEMION®

LOGISTIK MIT KOMPETENZ

Berufe bei uns:

Wir suchen:

- Streckenlokführer (m/w/d)
- Lokrangierführer (m/w/d)
- Wagenmeister (m/w/d)

Wir bilden aus:

- Eisenbahner im Betriebsdienst (m/w/d)
- Kaufmann für Spedition und Logistikdienstleistung (m/w/d)
- Fachkraft für Lagerlogistik (m/w/d)

Mit eigenen Bahnverkehren und den Rangierbahnhöfen unserer Muttergesellschaft, CURRENTA GmbH & Co. OHG, eröffnet Chemion in Sachen Wirtschaftlichkeit und Flexibilität vielfältige Möglichkeiten auf der Schiene. Ob Einzelwaggon, Wagengruppe oder Ganzzug: Mit elf Diesellokomotiven und einem flexiblen Zweiwege-Fahrzeug ist Chemion für das optimale Rangieren und Fahren von Zügen im Regionalverkehr bestens gerüstet.

Zu unserem eingespielten Bahn-Team gehören rund 70 Lokführer*innen und Wagenmeister*innen, viele davon mit mehrfachen Qualifikationen, die zusätzlich nach SCC geschult sind.

Interessiert?
Dann werde
Teil unseres Teams.

Kontakt:

Chemion Logistik GmbH

CHEMPARK Leverkusen, Gebäude G 7
D-51368 Leverkusen

Telefon: +49 (0) 214 3139-3900
E-Mail: chemion@chemion.de
Internet: www.chemion.de

dispo-Tf Rail GmbH

Weil Güter Profis brauchen.

Du willst was bewegen? Dann steig bei uns ein! Wir von dispo-Tf Rail sorgen dafür, dass Güter sicher und zuverlässig ans Ziel kommen. Seit über 12 Jahren wachsen wir stetig und suchen motivierte *Rail Heroes* wie dich, die mit uns die Eisenbahnbranche gestalten. Ob im Führerstand, beim Rangieren oder in der Leitstelle – bei uns bist du mittendrin statt nur dabei.

„Für mich bedeutet dispo-Tf Rail sehr viel, weil die haben mir die Möglichkeit gegeben, das zu machen, was ich immer machen wollte. Sie haben mir meinen ***Lebenstraum*** *ermöglicht."*
– Louis, gelernter Lokführer bei dispo-Tf Rail

Sieh dir unsere Kampagne auf Instagram an:
#unterwegsmitlouis•

Wir bringen seit **2013** Bewegung in die Eisenbahnbranche. Angefangen als **Personaldienstleister**, sind wir mittlerweile ein zertifizierter **Bildungsträger** und ein zugelassenes **Eisenbahnverkehrsunternehmen** mit eigener Lokflotte. Gemeinsam mit unseren Partnern sorgen wir dafür, dass Güter sicher ans Ziel kommen – ob im **Inland** oder über die **Grenzen** hinaus.

Über **280 Kolleg:innen** ziehen bei uns an einem Strang: Lokführer:innen, Wagenmeister:innen, Disponent:innen und unsere Teams im Büro. **Und weil wir weiter wachsen, suchen wir dich!**

Ob **Profi oder Quereinsteiger:in**: Bei uns findest du deinen Weg. Mit unseren zertifizierten **Weiterbildungen** machen wir dich fit für eine Karriere mit Zukunft – als **Lokführer:in oder Wagenmeister:in**!

FOTOS: DISPO-TF RAIL / MAX GATZMANGA

DISPO-TF RAIL

„Letzten Endes ist es so, dass dispo-Tf Rail mir die Plattform bietet, einfach in meinen ***Traumberuf****, den ich als Kind hatte, einzusteigen."*
– Daniel, Quereinsteiger und Lokführer bei dispo-Tf Rail

Das erwartet dich bei uns:

- **Sicherer Einstieg**: Wir geben dir bereits zum Weiterbildungsstart eine Zusage.
- **Top Team**: Du wirst Teil einer echten Eisenbahner:innen-Familie.
- **Perspektive**: Nach deiner erfolgreich abgeschlossenen Weiterbildung wartet ein unbefristeter Vertrag auf dich – mit attraktivem Gehalt (für Lokführer:innen sogar nach Tarif).
- **Weiterkommen**: Bei uns bleibst du nicht stehen – wir fördern deine Entwicklung.

Neugierig auf mehr?

Schau dir die Videos von Louis und Daniel an, sammle alle Infos und bewirb dich direkt – alles auf **www.railheroes.de**!

Oder einfach den QR-Code scannen:

Mehr Infos:

Be a *Hero* – be an Eisenbahner:in!

Kontakt:

dispo-Tf Rail GmbH
Wolfener Straße 32-34, Haus E, 2. OG
12681 Berlin

Telefon: +49 (0) 30 930 222 660
E-Mail: bildung-rail@dispotf.de
Internet: www.railheroes.de

duisport rail GmbH

Eisenbahnknotenpunkt Nummer eins in Europa

Der Logistikstandort Duisburg gilt als Schnittstelle für intermodale Verkehre und als Eisenbahnknotenpunkt Nummer eins in Europa. Jede relevante Industrieregion ist von hier aus erreichbar – und unser Netz wird ständig ausgebaut. Ihr passender Partner im Schienengüterverkehr: die duisport rail GmbH.

Die duisport rail GmbH ist eine Tochtergesellschaft der Duisburger Hafen AG und wurde 2001 als öffentliches Eisenbahnverkehrsunternehmen (EVU) der duisport-Gruppe gegründet. Die duisport rail bedient Gleisanschlüsse und Terminals in den Hafenteilen Duisburg-Ruhrort, Duisburg-Hafen, Duisburg-Hochfeld Nord, Duisburg-Wanheim, Duisburg-Rheinhausen, Duisburg-Walsum sowie in Krefeld-Uerdingen/Hohenbudberg und kooperiert dabei mit nationalen und internationalen Bahngesellschaften.

Neben den damit verbundenen Rangierleistungen erbringt die duisport rail zusätzlich auch die notwendigen Wagenmeisterleistungen für mittlerweile mehr als 40 EVU und Operateure. Über Shuttlezüge werden unter anderem der Chemiestandort in Marl sowie weitere Contai-

FOTO: DUISPORT RAIL GMBH

nerterminals im Hinterland mit dem Duisburger Hafen verbunden. Die zuverlässige Erbringung von Werksrangierleistungen an den Standorten Bergkamen und Castrop-Rauxel rundet das bestehende Dienstleistungsangebot ab.

Ob Container, Massengüter wie Kohle und Stahl oder chemische Produkte, ob exklusive Angebote oder solche in Kooperation mit Partnern: Eine hohe Flexibilität und Leistungsfähigkeit, kurze Wege und professionelle Mitarbeiter garantieren marktgerechte Lösungen sowie termingerechte Schienenverkehre und Traktionsleistungen.

Bahnanschluss mit nur einem einzigen Ansprechpartner – duisport rail!

Interessieren Sie sich für eine Ausbildung in unserem Betrieb? Dann werfen Sie doch noch kurz einen Blick in die Rubrik „Berufe bei der Bahn" und bewerben sich bei uns!

Wir stellen ein:

- Rangierbegleiter
- Lokrangierführer (FS Kl. A)
- Streckenlokführer (FS Kl. B)
- Wagenmeister (Prüfer Stufe 4)
- Disponenten

Wir bilden aus:

- Eisenbahner im Betriebsdienst Fachrichtung Lokführer/Transport
- Triebfahrzeugführer im Rangier- (Kl. A) und Streckendienst (Kl. B)
- Wagenmeister (Prüfer Stufe 4)

Kontakt:

duisport rail GmbH

Aakerfährstraße 125
D-47058 Duisburg
Telefon: +49 (0) 203 803-4694
E-Mail: ausbildung@duisport.de
Website: www.duisport.de/karriere

Emch+Berger GmbH Ingenieure und Planer Nürnberg

»Mit Blick fürs Ganze«

Seit Jahrzehnten plant, steuert und berät Emch+Berger in Sachen Infrastruktur, konstruktiver Ingenieurbau, Umwelt, Telekommunikation, Verkehrsanlagen (ÖPNV, Straßen/Schienen), Werksanlagen und Hochbau. Das mittelständische Unternehmen legt dabei großen Wert auf seine rund 450 Mitarbeitenden und ist deshalb schon seit 2002 zu 100 % mitarbeitergeführt.

Für die Arbeit der Ingenieurgruppen spielen sowohl ingenieurtechnische als auch umweltfachliche, baulogistische und sicherheitstechnische Aspekte eine Rolle. Spannende Aufgaben wie diese schafft die Ingenieurgruppe Emch+Berger mit ihren rund 450 Mitarbeitenden. Allein 200 von ihnen sind in Nürnberg beschäftigt. Komplexe Verkehrswege- und Bauprojekte werden hier nicht nur geplant, sondern auch gesteuert und überwacht. Immer dabei im Fokus: die projektspezifischen Anforderungen jedes einzelnen Auftrags bestmöglich zu erfüllen.

FOTO: EMCH+BERGER GMBH

Warum Emch+Berger?

Emch+Berger bietet dir spannende Projekte und ein innovatives Arbeitsumfeld. Zahlreiche Vorteile gestalten deinen Arbeitsalltag angenehmer. Du kannst dich auf einen sicheren, zukunftsorientierten Arbeitsplatz mit attraktiver Vergütung verlassen – aber das ist noch nicht alles:

- Flexibles Arbeitszeitmodell: Beruf und Familie lassen sich leicht vereinbaren.
- Gesundheit im Fokus: Mit einer arbeitgeberfinanzierten Krankenzusatzversicherung und einem jährlichen Gesundheitsbudget bist du bestens abgesichert.
- Weiterbildung und Entwicklung: Durch fachliche und persönliche Fortbildungen und spannende Projekte bleibst du immer am Puls der Zeit.
- Modernste Ausstattung: Du arbeitest mit neuester Technik und hast Zugriff auf ein umfangreiches Softwareportfolio sowie eine leistungsstarke IT-Infrastruktur.
- Attraktive Extras: Von Bikeleasing über Mitarbeiterrabatte bis hin zu kostenlosen Getränken – das Unternehmen sorgt dafür, dass es dir auch abseits der Projekte gut geht. Regelmäßige Mitarbeiterevents stärken zudem den Teamgeist.
- Betriebliche Altersvorsorge und finanzielle Sicherheit: Neben einer betrieblichen Altersvorsorge bietet Emch+Berger dir auch vermögenswirksame Leistungen

Mehr Infos:

(VWL), damit du langfristig abgesichert bist.

- Anbindung und Erreichbarkeit: Mit der zentralen Lage im Herzen Nürnbergs bist du bestens an den ÖPNV angebunden und erhältst durch Emch+Berger sogar einen Zuschuss zum Jobticket.

Werde Teil des Teams in Nürnberg!

Wenn du die Zukunft der Bauplanung mitgestalten und modernste Technologien einsetzen möchtest, dann bewirb dich jetzt bei Emch+Berger. Egal, ob du bereits Berufserfahrung mitbringst oder als Quereinsteiger den Einstieg in die digitale Bauwelt suchst – hier findest du das passende Umfeld, um dich weiterzuentwickeln und spannende Projekte mitzugestalten.

Kontakt:

Emch+Berger GmbH
Ingenieure und Planer Nürnberg

Am Plärrer 33
90443 Nürnberg

Telefon: +49-911-92634-0

E-Mail:
ebnuernberg@emchundberger.de

Website:
www.emchundberger.de/jobangebote

ENON Gesellschaft mbH & Co. KG

ENON – Ihr Partner auf der Schiene

Die ENON-Gruppe steht seit 2009 für moderne Mobilität, zuverlässige Logistik und Leidenschaft für die Bahn. Von einem regionalen Eisenbahndienstleister hat sich die Gruppe zu einem vielseitigen Unternehmen mit mehreren Gesellschaften in Nord- und Ostdeutschland entwickelt.

Unser Auftrag:

Zukunft auf die Schiene bringen.

Wir verbinden Menschen, Regionen und Wirtschaftsräume – effizient, nachhaltig und sicher. Dabei setzen wir auf innovative Lösungen, moderne Fahrzeuge und fachkundige Teams.

Unsere Stärken im Überblick

- Güterverkehr:
  zuverlässig, flexibel, bundesweit
- Werkstatt & Instandhaltung:
  moderne Technik und qualifizierte Fachkräfte
- Infrastrukturprojekte:
  von Planung bis Betrieb
- Personennahverkehr & Logistiklösungen:
  kompetent und zukunftsorientiert

Warum ENON?

Bei uns zählt das Miteinander: kurze Entscheidungswege, offene Kommunikation und flache Hierarchien. Mitarbeitende übernehmen Verantwortung, bringen Ideen ein und wachsen mit dem Unternehmen. Ob Berufseinsteiger, Fachkraft oder Quereinsteiger – bei uns finden Sie Perspektiven, die über den klassischen Job hinausgehen.

Ihre Vorteile bei uns

- Sichere und zukunftsfähige Arbeitsplätze
- Weiterbildung, Schulungen und Aufstiegschancen
- Attraktive Standorte in Putlitz, Neustrelitz, Wittenberge, Berlin u. a.
- Faire Vergütung und Zusatzleistungen
- Moderne Arbeitsplätze und Teamkultur

FOTO: ENON GESELLSCHAFT MBH & CO. KG | MIRKO SCHMIDT

Mit innovativen Lösungen und einem klaren Fokus auf Nachhaltigkeit setzt die ENON Maßstäbe im Güterverkehr. Wir bringen Ihre Waren effizient und pünktlich ans Ziel – jeden Tag aufs Neue. Überzeugen Sie sich selbst von unserer Kompetenz und unserem Engagement!

Jetzt Kontakt aufnehmen!

Kontakt:

ENON Gesellschaft mbH & Co. KG

Pritzwalker Straße 8
16949 Putlitz
Telefon: 0160 – 92 54 00 87
E-Mail: bewerbung@desag-holding.de
Website: www.enon-karriere.de

EVB | Eisenbahnen und Verkehrsbetriebe Elbe-Weser

So nah ist ganz weit vorn

Mit der ersten Wasserstoffzug-Flotte der Welt im Linienverkehr, als klimafreundlicher Mobilitätsnahversorger auf Schiene und Straße und durch zukunftssichere Leistungen im Schienengüterverkehr verbindet die EVB Regionalität, Kompetenz und Innovation.

Im Auftrag und Besitz des Landes Niedersachsen und neun weiterer Landkreise und Kommunen bringt die EVB Jahr für Jahr rund 6 Millionen Fahrgäste nachhaltig und sicher an ihr Ziel. Dabei wird sie angetrieben und getragen von über 650 engagierten Beschäftigten in den verschiedensten Unternehmensbereichen. Neben regelmäßigem SPNV auf der RB33 zwischen Cuxhaven und Buxtehude und ihrem ÖPNV-Angebot über die Tochtergesellschaft Omnibusbetrieb von Ahrentschildt GmbH betreibt die EVB eigene Werkstätten für Bahn und Bus, einen leistungsstarken Schienengüterverkehr über die EVB Logistik und die Containerspedition Necoss sowie ein unternehmenseigenes Streckennetz.

Neue Impulse im Schienengüterverkehr

In Verbindung mit dem hohen Maß an vertikaler Integration der EVB ist dieses Streckennetz aus 235 Kilometern Schiene im Elbe-Weser-Dreieck eine ideale Grundlage für neue Impulse im Schienengüterverkehr. Es ist anschlussbereit für schnelle, zukunftsträchtige Erweiterungen, etwa neue Gleisanschlüsse für Unternehmen oder ganze Gewerbegebiete.

Um mehr Güter von der Straße auf die Schiene zu verlagern, treibt die EVB den Schienengüterverkehr im Rahmen einer 2024 ins Leben gerufenen Initiative voran. Ihr Projekt „Schienengüterverkehr in der Fläche" wurde für den deutschen Verkehrswendepreis nominiert. Ein Beitrag zur Stärkung der regionalen Wirtschaft und zur Reduktion des CO2-Ausstoßes. Mit intelligenter Verknüpfung von Know-how und Menschen in Logistik und Infra-

FOTO: SABRINA ADELINE NAGEL

Mehr Infos:

struktur hilft die evb Unternehmen beim Schritt von der Straße auf die Schiene und konnte seit Projektstart zahlreiche Neuverkehre realisieren.

Internationales Interesse

Die evb agiert dabei nicht nur als Transporteur und Infrastruktur-Anbieter, sondern als zentraler Ansprechpartner, der Akteure vernetzt, zwischen Anschließern, Verladern und Eisenbahnverkehrsunternehmen (EVU) vermittelt und Unternehmen bei der Erstellung von Förderanträgen sowie der Reaktivierung oder Neuerstellung von Gleisanschlüssen unterstützt.

Als Wirtschaftsmotor der Region stößt die EVB ebenso auf Interesse wie durch ihre Fahrzeugflotte: Im Auftrag der Landesnahverkehrsgesellschaft Niedersachsen (LNVG) betreibt die EVB 14 Wasserstoffzüge vom Typ Alstom Coradia iLint. Im August 2022 begann der weltweit erste regelmäßige Verkehr mit diesen Zügen. Seitdem ist der EVB-Standort Bremervörde regelmäßiges Ziel von internationalen Delegationen aus Medien- und Fachvertretern. Von Indien bis Neuseeland, von Taiwan bis Brasilien: Die Erfahrungen der Niedersachsen bei der nicht immer einfachen Pionierarbeit mit den HEMUs (Hydrogen Electric Multiple Units) sind gefragt.

Kontakt:

Eisenbahnen und Verkehrsbetriebe Elbe-Weser GmbH

Bahnhofstr. 67
27404 Zeven
Telefon: +49 (0) 04281 944-0
E-Mail: info@evb-elbe-weser.de
www.evb-elbe-weser.de/karriere

HVLE AG

„Erfahrung macht uns stark"

Die Havelländische Eisenbahn AG (HVLE) setzt auf ihre lange Erfahrung, denn sie ist seit fast 130 Jahren im Geschäft und für ihre Kunden unterwegs. Im Laufe der bewegten Geschichte des Unternehmens haben sich die vier Geschäftsfelder Güterverkehr, Anschlussbahnen, Werkstatt und Beratungsleistung herauskristallisiert. Auf diesen Feldern überzeugt die HVLE ihre Kunden durch Qualität und Zuverlässigkeit.

Seit der Gründung 1892 als Osthavelländische Eisenbahn im brandenburgischen Havelland konnte die HVLE immer wieder ihre Kompetenzen unter Beweis stellen und kann heute auf eine lange Eisenbahntradition zurückblicken. Von dieser jahrzehntelangen Erfahrung profitieren die Kunden. Als privates Eisenbahnverkehrsunternehmen (EVU) ist die HVLE im Güterverkehr sowie als Eisenbahninfrastrukturunternehmen (EIU) zugelassen. Über die Tochtergesellschaft, die Rail & Logistik Center Wustermark GmbH, betreibt sie mit dem Rangierbahnhof Wustermark den größten privat geführten öffentlichen Bahnhof in Deutschland.

Weiter ist die HVLE aktives Mitglied im Netzwerk Europäischer Eisenbahnen, im Verband Deutscher Verkehrsunternehmen, in der Allianz pro Schiene sowie in der Entsorgergemeinschaft Transport und Umwelt.

Sechs Standorte, 350 Mitarbeiter – jede Menge Know-how

Heute verfügt der Unternehmensverbund der HVLE über ein erstklassiges Fundament aus über 350 bestens ausgebildeten Mitarbeitern. Die fortlaufende Qualifizierung und Förderung dieser Mitarbeiter ist ein wichtiger Bestandteil der täglichen Arbeit und sichert ein hohes Maß

FOTO: HVLE AG

an Zuverlässigkeit und Qualität. So arbeitet ein eingespieltes Team aus Ingenieuren, Disponenten, Triebfahrzeugführern, Wagenmeistern, Rangierbegleitern, Verwaltungsmitarbeitern und Servicetechnikern verlässlich für die vielfältigen Kundenwünsche – und das seit 1892.

Nach nunmehr 130 Jahren im Geschäft hat die HVLE sich einen ansehnlichen Fuhrpark erarbeitet: 55 Triebfahrzeuge und 855 Güterwagen rollen über Europas Schienen. Zudem hat man neben dem ehemaligen Hauptsitz im Bahnhof Berlin-Johannesstift im Bezirk Spandau die neue Einsatzleitstelle in Wustermark, wo derzeit alle operativen Fäden zusammenlaufen. Außerdem hat die HVLE noch Standorte in Celle, Hennigsdorf, Blankenburg im Harz sowie eine Einsatzstelle in Magdeburg.

Transport, Wartung und Beratung

Das Hauptgeschäftsfeld der HVLE war, ist und bleibt der Güterverkehr. Es gibt kaum ein Gut, das das Unternehmen seit seiner Gründung noch nicht transportiert hat. Dabei spielt der Standortvorteil in einer Schnittstelle wichtiger Ost-West- und Nord-Süd-Verbindungen im nationalen und internationalen Verkehr eine wichtige Rolle. So kann die HVLE ihren Kunden maßgeschneiderte Transportlösungen von hoher Effizienz und Qualität bieten. Transporte im nationalen wie internationalen Fernverkehr mit besonderer Expertise im Schwerlastbereich und in Gefahrgütern zeichnen die HVLE aus. Aber auch Getreideverkehre, die Nahbedienung von Zügen und Wagengruppen im Großraum Berlin, Überführungsfahrten von S-, U-Bahnen und Spezialfahrzeugen und die Durchführung von Entsorgungs- und Spezialtransporten sowie Versuchsfahrten für die Industrie hat die HVLE im Portfolio. Dazu kommt noch langjährige Erfahrung in der Eisenbahnbaulogistik.

Neben dem Gütertransport organisiert die HVLE auf Wunsch auch eine Anschlussbahn – mit allem Drum und Dran. Mit den gut ausgestatteten Werkstätten in Berlin Spandau und Wustermark bietet HVLE außerdem ihre Dienste in Sachen Wartung und Instandhaltung an. Durch die langjährige Erfahrung bietet sie zudem eine fundierte Logistikberatung. Die HVLE erstellt etwa Machbarkeitsstudien zu Logistikkonzepten verschiedener Branchen, gegebenenfalls in Zusammenarbeit mit bewährten Partnern. Insbesondere die Partnerschaft zu einer Reihe von Hochschulen lässt über die Verbindung zwischen Theorie und Praxis immer die neuesten technischen Entwicklungen in unser Handeln für den Kunden einfließen.

Kontakt:

Havelländische Eisenbahn AG

Bahnhofstraße 2
14641 Wustermark OT Elstal

Telefon: +49 (0) 33234 300 100-0
E-Mail: info@hvle.de
Internet: www.hvle.de

LOKOMOTION Gesellschaft für Schienentraktion mbH

Seit 25 Jahren im Güterverkehr unterwegs

Die Lokomotion Gesellschaft für Schienentraktion mbH mit Hauptsitz in München ist einer der führenden Traktionäre im alpenquerenden Schienengüterverkehr. Auf der Brenner-, Tauern- und Donauachse befördert Lokomotion zusammen mit Partnern Ganzzüge im unbegleiteten kombinierten Verkehr und Wagenladungsverkehr. Im Jahr 2024 fuhr Lokomotion knapp 12.122 Züge und erwirtschaftete fast 93 Millionen Euro Umsatz. Die positive Entwicklung des Unternehmens ist nicht zu übersehen. Neben der Gründung der Lokomotion Austria wurde am Hauptstandort München ein betriebseigenes Ausbildungszentrum für angehende Lokführer (m/w/d) aufgebaut. Darauf folgte der Aufbau einer eigenständigen Lokwerkstatt für Service- und Reparaturarbeiten am Standort Kufstein. Im Jahr 2024 hat Lokomotion innerhalb Deutschlands einen neuen Standort in Essen eröffnet. Letztes Jahr war auch aus vertrieblicher Sicht sehr wichtig: Lokomotion ist Gesamtkoordinator Brenner/Tauernachse für Kombiverkehr geworden.

Ökologisch mit Erfolg auf der Schiene unterwegs

Das Unternehmen wurde im Jahr 2000 mit dem Ziel gegründet, die Brennerautobahn zugunsten der Umwelt zu entlasten und eine qualitativ hochwertige Verbindung auf der Schiene zwischen München und Verona zu etablieren. Als erstes privates Eisenbahnverkehrsunternehmen nahm Lokomotion den umweltfreundlichsten Verkehrsträger auf. Heute verkehren täglich 20 Züge im Rundlauf auf der Brennerachse. Über den Tauernpass werden mit drei Rundläufen pro Tag der Hafen Triest, Cervignano und Slowenien erreicht. Auf der Donauachse erbringt Lokomotion Leistungen in Richtung Ost-/Südosteuropa. Pro Jahr transportieren die unverwechselbaren „Zebra"-Lokomotiven durchschnittlich 5,3 Milliarden Tonnenkilometer auf dem Schienennetz und entlasten auf diese Weise nicht nur verstopfte Straßen, sondern auch die Umwelt – insbesondere die Alpenregion.

Unsere Mitarbeiter – unser wertvollstes Kapital

Heute ist Lokomotion mit 266 Mitarbeitern und ca. 74 E-Lokomotiven der Spezialist im alpenquerenden Güterverkehr. Im Kampf gegen den Fachkräftemangel setzt Lokomotion auf Bildung. So wurde im Jahr 2017 am Hauptstandort München ein eigenes Ausbildungszentrum eröffnet. Das Ausbildungsangebot umfasst Ausbildungen, Weiterbildungen sowie Umschulungen rund um den Eisenbahnbetrieb. Im Fokus steht die Ausbildung zum Triebfahrzeugführer – Eisenbahner im Betriebsdienst (m/w/d), die im Rahmen einer dreijährigen IHK-Ausbildung oder einer Funktionsausbildung (12-14 Monate) absolviert werden kann. Als eigenständige Unternehmenseinheit eines führenden Eisenbahnverkehrsunternehmens garantiert das Ausbildungszentrum einen hohen Praxisbezug in Verbindung mit branchenaktuellen Ausbildungsinhalten. Qualifizierte Ausbilder verfügen über langjährige Erfahrung in der Branche. Das Herzstück des Ausbildungszentrums ist der Fahrsimulator, denn hier können Auszubildende theoretisch erworbene Kenntnisse in der Praxis trainieren. Vor allem außergewöhnliche Betriebssituationen oder eine energiesparende Fahrweise lassen sich mit dem Fahrsimulator optimal fingieren.

Lokwerkstatt

Die Lokwerkstatt der Lokomotion GmbH, die sich auf dem weitläufigen Gelände des Kufsteiner Grenzbahnhofs befindet, wurde im März 2020 eröffnet. Das Leistungsspektrum umfasst die leichte und schwere Instandhaltung von Elektro- und Diesellokomotiven. Technische Untersuchungen, Modifikationen, Umbauten sowie gesetzliche Revisionen werden ebenfalls angeboten. Die Lokwerkstatt verfügt über fünf Wartungsstände inklusive Arbeitsgrube und ist zudem mit einer Ölabscheideranlage, einer Kranbahn und einer Hebebockanlage ausgestattet. Mit der modernen technischen Ausstattung in Verbindung mit Know-how und langjähriger Erfahrung der Werkstatt-Mitarbeiter*innen garantiert Lokomotion eine hohe Qualität der Instandhaltung.

Standort Essen

Von diesem Standort aus erfolgt die Disposition der nationalen Teile der Verkehre, die Erstellung der Frachtbriefe sowie die Lok-Planung für die jeweiligen Verkehre.

Kontakt:

LOKOMOTION
Gesellschaft für Schienentraktion mbH
Kastenbauerstr. 2
81677 München
Telefon: +49 (0) 89 20 00 32-300
E-Mail: info@lokomotion-rail.de
Internet: www.lokomotion-rail.de

FOTOS: LOKOMOTION GMBH

Fünf starke Eisenbahnverkehrsunternehmen

Unterwegs auf der Schiene im Norden

Ob *metronom*, enno, erixx, erixx Holstein oder die OHE: Unsere fünf privaten Eisenbahnverkehrsunternehmen sorgen täglich dafür, dass Fahrgäste im Norden Deutschlands sicher an ihr Ziel kommen. Mit modernen Zügen und hervorragend ausgebildetem Fahrpersonal legen wir großen Wert auf eine hohe Servicequalität und eine freundliche Betreuung unserer Kunden. Unser Erfolg in Norddeutschland steht dabei auf einer starken Basis: Alle fünf Unternehmen gehören zum NETINERA-Konzern, der mit mehr als 6.500 Mitarbeitenden und einem Umsatz von 1,2 Mrd. € eines der größten privaten Verkehrsunternehmen in Deutschland ist. Netinera wiederum ist Teil der italienischen Staatsbahn Trenitalia, dem drittgrößten Verkehrskonzern in Europa.

metronom

metronom ist schon seit 2003 im Regionalverkehr in Norddeutschland unterwegs. Die blau-gelben Züge rauschen mit bis zu 160 km/h durch Niedersachsen, Hamburg und Bremen. Auf einem Streckennetz von ca. 390 Kilometern treffen Fahrgäste hier auf typisch raue, norddeutsche Herzlichkeit und große Servicequalität. Ganz nach dem Motto: unterwegs mit Freunden.

enno

Der enno ist klein, aber fein. Im Streckennetz von ca. 150 Kilometern Länge verbinden die Züge in leuchtendem Purpur-Grau Hannover, Gifhorn, Wolfsburg, Braunschweig und Hildesheim. Ob Pendler, Studierende oder Freizeitgäste: Unsere Reisenden gehören zu den zufriedensten der ganzen Branche. enno ist eine Marke von metronom.

erixx

erixx ist in Niedersachsen im Harz, in der Südheide und im Wendland unterwegs. Das Streckennetz umfasst ca. 312 Kilometer und verbindet touristisch reizvolle Landschaften mit lebenswerten Städten wie Braunschweig, Hildesheim, Goslar, Bad Harzburg, Lüneburg oder Hannover.

FOTO: MEV GMBH

Mit kurzen Fahrzeiten und guten Verbindungen bietet erixx ein gemütliches Reiseerlebnis.

erixx Holstein

erixx Holstein ist im echten Norden zu Hause und sorgt für eine schnelle Verbindung zwischen Lüneburg, Lübeck und Kiel. Auf einer Länge von ca. 210 Kilometern führt das Streckennetz von der Lüneburger Heide durch die Holsteinische Schweiz bis in die Landeshauptstadt Kiel. Seit 2023 reisen Pendler, Touristen und Freizeitgäste bei erixx Holstein zudem in klimaschonenden, batteriebetriebenen Akkuzügen.

Osthannoversche Eisenbahn

Die OHE entstand 1944 aus dem Zusammenschluss sieben niedersächsischer Kleinbahnen. Noch heute leistet sie einen wichtigen Beitrag im Nahverkehr auf Schiene und Straße und bietet in den Werkstätten in Celle, Uelzen und Bleckede Leistungen im Bereich Wartung und Instandhaltung an. Zudem ist die OHE Muttergesellschaft von erixx und erixx Holstein und über die NiedersachsenBahn GmbH & Co. KG Mehrheitseignerin von *metronom*.

Kontakt:

metronom **Eisenbahngesellschaft mbH**
St.-Viti-Straße 15
29525 Uelzen
Telefon: 05141 276 457
E-Mail: karriere@der-metronom.de
Internet: www.metronom.de
www.metronom-karriere.de +
www.der-enno.de

erixx GmbH
Biermannstraße 33
29221 Celle
Telefon: 05141 276 457
E-Mail: karriere.erixx@erixx.de
Internet: www.erixx.de
www.erixx-karriere.de

erixx Holstein GmbH
Kreuzweg 7
23558 Lübeck
Telefon: 05141 276 457
E-Mail: karriere.erixx@erixx.de
Internet: www.erixx-holstein.de
www.erixx-holstein-karriere.de

Osthannoversche Eisenbahnen AG
Biermannstraße 33
29221 Celle
Telefon: 05141 276 457
E-Mail: karriere@der-metronom.de
Internet: www.ohe-ag.de
www.karriere-ohe.de

Motoren Feuer GmbH

Dein Antrieb ist unser Auftrag. Dein Auftrag ist unser Antrieb.

Motoreninstandsetzung mit Leidenschaft und Präzision.

Die Motoren Feuer GmbH mit Sitz in Overath ist ein spezialisiertes Unternehmen für die Instandsetzung von Antriebsanlagen (PowerPacks) und schweren Dieselmotoren – ob für Nutzfahrzeuge, Busse, Bahnen oder Industrieanlagen. Als Mitglied der Gütegemeinschaft der Motoreninstandsetzungsbetriebe (GMI) arbeiten wir nach höchsten Qualitätsstandards und mit zertifiziertem Qualitätsmanagement (DIN EN ISO 9001:2015). Unser Betrieb trägt das RAL-Gütezeichen (RAL-GZ 797) – ein Zeichen für geprüfte Qualität, Präzision und Verlässlichkeit.

Starte mit uns durch – Technik, die bewegt!

Züge am Laufen zu halten, ist echte Teamarbeit – und genau das ist unsere Stärke. Bei uns dreht sich alles um die Instandhaltung von Powerpacks, also den „Herzstücken" moderner Triebwagen. Damit die Bahnen zuverlässig rollen, sorgen wir mit technischem Know-how, Präzision und Leidenschaft dafür, dass alles rundläuft – sicher, effizient und termingerecht. Wenn du Lust hast, an etwas Großem mitzuwirken und Verantwortung zu übernehmen, bist du bei uns genau richtig.

Technik mit Köpfchen – und Herz

Unsere Kunden erwarten von uns Höchstleistung – und die bekommen sie auch. Wir reparieren, warten und optimieren Powerpacks genau so, wie es gebraucht wird: von kompletten Wartungspaketen mit Rundum-Service bis hin zu speziellen Einzelaufgaben. Dabei arbeiten wir immer kostenbewusst und lösungsorientiert – ohne Kompromisse bei der Sicherheit. Transparenz und Fairness gehören für uns genauso dazu wie Teamgeist und gegenseitiger Respekt.

FOTO: MOTOREN FEUER GMBH

Was wir tun – und was du lernen kannst

Bei uns lernst du, wie moderne Antriebsanlagen funktionieren und wie man sie in Topform hält. Dabei kommst du mit vielen technischen Bereichen in Kontakt – von Mechanik über Elektronik bis zur Fertigung. In der Ausbildung bist du nicht nur Zuschauer: Du arbeitest mit, übernimmst Verantwortung und siehst am Ende des Tages, was du mit deinen Händen und deinem Kopf geschafft hast.

Typische Aufgaben in unserem Team

- Wartung und Instandsetzung von Triebwagen und Powerpacks
- Analyse und Behebung technischer Störungen
- Umgang mit modernen Ersatzteilen und Spezialanfertigungen
- Planung von Serviceeinsätzen und Qualitätskontrollen
- Zusammenarbeit mit Herstellern, Werkstätten und Kunden

Warum du dich bei uns bewerben solltest

Wir sind ein Unternehmen, das auf Qualität und Zusammenhalt setzt. Bei uns bekommst du eine fundierte Ausbildung mit Zukunftsperspektive, fairer Vergütung und echtem Teamspirit. Unsere Mitarbeitenden sind stolz darauf, dass sie jeden Tag etwas bewegen – im wahrsten Sinne des Wortes.

Deine Vorteile:

- Praxisnahe Ausbildung mit modernen Maschinen und Tools
- Spannende Projekte im Bahnbereich
- Kurze Entscheidungswege und hilfsbereite Kolleg:innen
- Gute Übernahmechancen nach der Ausbildung
- Weiterbildungsmöglichkeiten und Aufstiegschancen

Mehr Infos:

MOTOREN FEUER

Unsere Mission: Bewegung sichern

Wir sorgen dafür, dass Züge rollen – und zwar sicher, zuverlässig und umweltfreundlich. Unsere Arbeit verbindet Hightech mit Nachhaltigkeit und Teamgeist mit Verantwortung. Wenn dich Technik begeistert, du gerne anpackst und ein echter Macher oder eine Macherin bist, dann starte deine Zukunft bei uns.

Werde Teil unseres Teams –
wir freuen uns, dich kennenzulernen.

Kontakt:

Motoren Feuer GmbH

Am Weidenbach 3-4
51491 Overath
Telefon: 02206 95 86-0
E-Mail: info@motorenfeuer.de
Website: www.motorenfeuer.de

Nordic Rail Service GmbH

#daskönntedeinarbeitsplatzsein

Die Nordic Rail Service GmbH (NRS) ist im Jahr 2003 als 100-prozentige Tochtergesellschaft im Unternehmen der Lübecker Hafengesellschaft mit Sitz in Lübeck gegründet worden.

Der Bereich Eisenbahnverkehr (EVU) stellt Personal zur Untersuchung von Wagen und Zügen, Rangier- und Triebfahrzeugpersonal.

Mit einer Flotte aus Diesel- und modernen Hybridloks der Leistungsklasse 600, 1.000, 2.000 und 4.000 kW führen wir Kurz- und Mittelstreckenverkehre aus.
Besonders faszinierend ist dabei unser Splittverkehr. 4000 Tonnen ziehen wir mit der **EuroDual**. Diese stellt besondere Anforderungen an die Triebfahrzeugführer, je nach Ausstattung der Strecke können wir dabei mal als E-Traktion, mal mit Diesel die Lasten bewegen.
Wir sind ein kleiner Laden, mit allen Vor- und Nachteilen. Unter dem Motto #servicefürlogistik setzen wir auf Flexibilität eines kleinen Marktteilnehmers. Wir haben den Ehrgeiz, die Anforderungen unserer Kunden zu erfüllen, ohne dabei die Sicherheit der Züge zu gefährden. Unsere Mitarbeiter genießen dabei alle Vorteile eines Unternehmens mit städtischem Hintergrund und dem persönlichen Kontakt mit der Planung und Eisenbahnbetriebsleitung.
Unsere Mitarbeiter im EVU haben dabei die Wahl zwischen Arbeit zu Hause in Lübeck oder überregional in unseren deutschlandweiten Verkehren. Wir haben dazu die Vergütung angepasst und honorieren Auswärtstätigkeiten extra.

#weilgutaufderschienebesserist

Um den Anforderungen an den Schienengüterverkehr auch in Zukunft gerecht zu werden, setzen wir auch auf die eigene Ausbildung. In einer Kooperation mit anderen EVU, wie ODEG,

GoAhead oder Cantus, bilden wir seit 2022 jeweils zwei junge Menschen zum Eisenbahner im Betriebsdienst aus.

Unsere Waggonwerkstatt ist nach ECM-VO und VPI-Regelwerk zertifiziert und ist Schweißbetrieb nach DIN 27201-6 und EN 15085-C1 für die Instandsetzung von Schienenfahrzeugen und hat eine Zulassung für die ZfP-Verfahren VT und MT. Wir sind Mitglied des AVV, VPI und der CRSC. Unsere Kunden sind EVUs und Wagenhalter, darunter alle großen wie Transwaggon, VTG oder Wascosa.

Wir bieten dabei alle Leistungen an, von der schnellen Bedarfsinstandsetzung bis zu Revisionen an konventionellen Güterwagen. Unsere Kolleg:innen dort arbeiten derzeit in regelmäßigen Schichten in der Werkstatt vis-à-vis der Lübecker Innenstadt.

Kontakt:

Nordic Rail Service GmbH

Zum Hafenplatz 1
23570 Lübeck-Travemünde
Telefon: +49 (0) 451 29084-26
E-Mail: info@nordic-rail-service.de
Internet: www.nordic-rail-service.de

RAILPOOL

Full-Service-Vermietung von Schienenfahrzeugen

RAILPOOL ist einer der führenden Schienenfahrzeug-Vermieter mit echter Kompetenz für Full-Service aus einer Hand. Gegründet wurde das Unternehmen 2008 in München; es ist zwischenzeitlich in 19 europäischen Ländern aktiv.

Mit mehr als 600 Elektro- und Hybridlokomotiven sowie 148 Personenfahrzeugen (mit einer Investitionssumme von 2,6 Milliarden Euro) zählt RAILPOOL zu den größten Anbietern in Europa. Die RAILPOOL-Flotte legt jedes Jahr 85.000.000 Kilometer zurück und liefert einen wichtigen Beitrag zur Verkehrsverlagerung auf die Schiene. RAILPOOL verfügt über ein eigenes Lager mit circa 4.000 verschiedenen Ersatzteilen und Komponenten.

RAILPOOL – Flexibility For Rent

Wir sorgen für Bewegung

Zu RAILPOOL zählen auch unsere Werkstätten der RAILPOOL Lokservice GmbH & Co. KG in Hamburg, der KTG GmbH in Duisburg sowie der NTT AS in Oslo (Norwegen) mit weiteren Werkstätten in Göteborg und Malmö (Schweden). Diese werden als Teil der RAILPOOL-Gruppe für die Durchführung von Instandhaltungsmaßnahmen der RAILPOOL-Lokomotiven eingebunden und stehen auch Dritten zur Verfügung. In unseren Werkstätten bieten wir somit einen umfassenden technischen Service an Schienenfahrzeugen. Im Schwerpunkt umfasst dieser die Durchführung von Wartungen, Inspektionen und Revisionen an modernen Elektrolokomotiven.

Warum eine Karriere bei RAILPOOL?

Als Vorreiter auf dem Gebiet Nachhaltigkeit auf der Schiene bieten wir nicht nur ein einzigartiges Service- und Produktportfolio, sondern wollen unseren Mitarbeiter:innen auch ein spannendes und sicheres Umfeld bieten.

Unsere Benefits

- Railpool Academy
- Flexible Arbeitszeiten & Flexdays
- Offene & interkulturelle Firmenkultur

FOTOS: RAILPOOL

- 30 Urlaubstage im Jahr
- Umfangreiches Einarbeitungs-Konzept
- Mobilitäts-Zuschuss / Jobrad
- Corporate Benefits & Essenszulage
- Unternehmens-Events
- Betriebliche Altersvorsorge
- Fokus auf Nachhaltigkeit & Diversität

Das sagen unsere Kolleg:innen über RAILPOOL

Michael Pasdzior, Disponent, Teamleiter Team Ost im Lokmanagement

Wie würdest du die Arbeitsatmosphäre bei RAILPOOL beschreiben?

Diese ist fantastisch, vor allem die flachen Strukturen tragen dazu bei. Alle gehen respektvoll miteinander um. Die Abteilungsleiter:innen stehen hinter den eigenen Mitarbeiter:innen und geben Hilfestellungen – falls nötig.

Was genau machst du bei RAILPOOL? Wie sieht dein Arbeitsalltag im Lokmanagement aus?

Ich disponiere Lokomotiven, das heißt, ich stehe im regen Austausch mit meinen Kunden und bin deren Ansprechpartner bei Störungen (korrektive Instandhaltung) und bei regelmäßigen, festgelegten Untersuchungen der Lokomotiven (präventive Instandhaltungen). Ich führe in der Abteilung Lokmanagement das Team Ost und nutze dabei tagtäglich meine Fremdsprachenkenntnisse (Polnisch, Tschechisch). Man ist Dreh- und Angelpunkt bei der Betreuung der Lokomotiven und koordiniert die Abläufe mit verschiedenen Abteilungen.

Was sollte man für den Job als Disponent:in bei RAILPOOL mitbringen?

Eine schnelle Auffassungsgabe, eine Portion Humor und eine Affinität für die Eisenbahn. In manchen Situationen hilft es, einen kühlen Kopf bewahren zu können.

Jaqueline Boehme,
Mitarbeiterin Werkstatt Altenwerder

Wie sieht ein typischer Arbeitsalltag bei RAILPOOL Lokservice für dich aus?

Kein Tag ist wie der andere, aber im Idealfall starten wir mit einer Teambesprechung. Hier wird der vorherige Tag kurz rekapituliert, offene

Themen geklärt und das Vorgehen für den anstehenden Tag besprochen – dann geht's an die Arbeit.

Wie würdest du die Arbeitsatmosphäre bei RAILPOOL Lokservice beschreiben?
Alle Kollegen kommen sehr gut miteinander aus, es herrscht fast ein familiäres Klima. Natürlich kann es, wie in einer echten Familie, hier und da auch mal Uneinigkeiten geben, diese lassen sich aber stets aus der Welt schaffen.

Was sollte man auf jeden Fall für einen Job in der Werkstatt mitbringen?
Besonders wichtig für einen Job bei uns in der Werkstatt sind Lernbereitschaft, Teamfähigkeit, Eigeninitiative, Flexibilität und im Idealfall natürlich auch schon ein bisschen Fachwissen aus der Bahnbranche. Aber auch Quereinsteiger:innen, die Lust haben, sich weiterzuentwickeln, sind bei uns herzlich willkommen.

Jürgen Schlieter,
Leiter **Maintenance Development**

Was genau begeistert dich an deiner Arbeit bei uns im Maintenance Development?
Sicherheit steht für mich an erster Stelle, deshalb fordert und begeistert mich der technische Zustand unserer Lokomotiven täglich aufs Neue. Keine Kompromisse einzugehen, sondern gemeinsam mit dem Team unsere Loks technisch auf dem aktuellen Stand zu halten, sie aber auch Stück für Stück, durch aktive Instandhaltungsentwicklung, in der Performance zu verbessern, macht die Arbeit besonders spannend und abwechslungsreich.

Wie würdest du deinen Arbeitsalltag bei RAILPOOL beschreiben?
Spannend, herausfordernd und niemals langweilig! Als „Leiter des Maintenance Development" stehe ich im täglichen Austausch mit meinem Team, um Instandhaltungs- und Zulassungsthemen zu bewerten und umzusetzen. Gelegentliche Reisen in unsere Vertragswerkstätten sowie der Austausch mit Herstellern und unseren Vertriebskolleg:innen runden den Tagesablauf ab.

Was sollte man als Instandhaltungsingenieur bei RAILPOOL mitbringen?
Begeisterung für Schienenfahrzeuge, fundiertes technisches Know how und ein paar Sicherheitsschuhe für den nächsten Ausflug in eine unserer Werkstätten!

Kontakt:

RAILPOOL GmbH
Seidlstraße 23
80335 München
Telefon: +49 (0) 89 510 85 77-0
E-Mail: sales@railpool.eu

RAILPOOL Lokservice GmbH
Grusonstraße 46
D-22113 Hamburg
Telefon: +49 (0) 40 380 70 21 30
E-Mail: rls-lokservice@railpool.eu

STRABAG Rail GmbH

Teamarbeit im Bahnbau

Als europäischer Technologiekonzern für Baudienstleistungen erstellt die STRABAG-Gruppe jährlich weltweit Tausende Bauwerke, indem sie die richtigen Menschen, Baumaterialien und Geräte zur richtigen Zeit am richtigen Ort versammelt. Ohne Teamarbeit – über geografische Grenzen und Bereiche hinweg – wäre dies nicht möglich. Werde Teil unseres Teams!

Über uns

Die STRABAG Rail GmbH ist ein internationales Bahnbauunternehmen und gehört zum STRABAG SE-Konzern. Wir beschäftigen bundesweit über 1.350 Mitarbeiter:innen und Mitarbeiter (Stand: 2025) und verfügen über eine der modernsten und umfangreichsten Maschinenflotten mit Gleisbaugroßgeräten sowie sehr gut ausgebildetes und top qualifiziertes Personal.

Durch unsere inzwischen 100-jährige Erfahrung geben wir wertvolle Impulse bei der Planung von Bahnbauprojekten und setzen bei der Bauausführung qualitative Maßstäbe.

Bahnbau von morgen

Unser Leistungsspektrum:

- Gleisanlagen mit Schotteroberbau
- Gleisinstandhaltung
- Straßenbahngleisbau
- Eisenbahnspezifischer Ingenieurbau
- Eisenbahnspezifischer Tiefbau
- Oberleitungsbau im Nah- und Fernverkehr
- Systembau: Eisenbahnüberführungen/ Bahnsteigbau

Spezial-Know-how:

- Gleisneubau, -umbau und -rückbau im Fließbandverfahren (Umbauzug, Reinigungstechnik)
- Krantechnik, Stopf-Richttechnik
- Schienenschweißen: maschinell/manuell
- Logistik

FOTO: STRABAG RAIL GMBH

Forschungs- und Entwicklungsaktivitäten in Zusammenarbeit mit konzernfremden Partnerunternehmen haben zur Entwicklung der unter dem Schlagwort RST-Technik (zum Beispiel besohlte Schwelle und Schienenbefestigung) zusammengefassten Produkte geführt.

STRABAG Rail und die mit ihr verbundenen Unternehmen sind die kompetenten Ansprechpartner im Bahnbau von morgen.

Wir realisieren schon heute die Zukunft des Bauens mit dem Ziel, den Mehrwert für den Menschen zu optimieren und die Belastung für die Umwelt zu minimieren. Unsere Teams setzen innovative Projekte um und zeichnen sich dabei durch eine starke eigene Wertschöpfung, regional verankerte Expertise und datengetriebene Entscheidungen aus. Dabei setzen wir auf neueste Technologien und eliminieren die Verschwendung von Ressourcen.

Ergreife die Initiative und steige bei uns ein! Es erwarten dich spannende Projekte, und eine praxisorientierte Aus- und Weiterbildung.

Kontakt:

STRABAG Rail GmbH
Direktion Bahnbau
Tobias Bierl
People & Culture Partner

Bessemerstraße 42b, D-12103 Berlin
Telefon: +49 (0) 30 670 690 9-31
Mobil: +49 (0) 175 1145386
Internet: www.strabag-rail.com

STRABAG
WORK ON PROGRESS

Berufe bei uns:

Für Berufserfahrene und Einsteiger:innen:

- Projekt- und Bauleiter:in
- Kalkulator:in
- Einkäufer:in
- Arbeitsvorbereiter:in
- Bauabrechner:in
- Planungsingenieur:in für Oberleitungsanlagen Nah- und Fernverkehr
- Polier:in
- Gleisbauer:in
- Tiefbauer:in
- Baugeräteführer:in
- Maschinist:in für Zwei-Wege-Bagger

Ausbildungsmöglichkeiten:

- Tiefbaufacharbeiter:in
- Hochbaufacharbeiter:in
- Gleisbauer:in
- Beton- und Stahlbetonbauer:in
- Kanalbauer:in
- Straßenbauer:in
- Baugeräteführer:in
- Mechatroniker:in
- Industriekaufmann:frau
- Duales Studium (Betriebswirtschaft, Baubetriebsmanagement, Bauingenieurwesen und Infrastrukturmanagement)
- Kooperatives Studium (Bauingenieurwesen und Facharbeiter:in in einem Beruf)

Ausbildung bei Strabag Rail Fahrleitungen:

- Industriemechaniker:in
- Industrieelektriker:in
- Fachkraft Metalltechnik
- Elektroniker:in für Betriebstechnik

Trapeze Group Deutschland GmbH

Trapeze – Internationaler Anbieter für innovative Mobilitätslösungen

Trapeze ist ein internationales Unternehmen und einer der führenden Anbieter von Mobilitätslösungen für den öffentlichen Nahverkehr. Mit Standorten und Projekten weltweit gestalten wir gemeinsam mit unseren Kunden die Mobilität von morgen – digital, nachhaltig und zuverlässig. Unsere Lösungen helfen Verkehrsunternehmen, den Herausforderungen des modernen Nah- und Fernverkehrs zu begegnen.

Die unterschiedlichen Geschäftsbereiche von Trapeze bieten eine breite Palette an Produkten und Dienstleistungen an – von Betriebsleittechnik und Fahrgastinformation über Planung und Disposition bis hin zu Mobilität-on-Demand und Elektromobilität. Die unterschiedlichen Trapeze-Einheiten agieren unabhängig, bilden aber bei Bedarf effektive Kooperationen.
Die Geschäftseinheit für Planung und Disposition, die sich hier vorstellt, entwickelt und vertreibt spezialisierte Software für die Einsatzplanung und Disposition von Mitarbeitenden und Fahrzeugen – sowohl im Bus- als auch im Bahnbereich.

Fokus Bahnbranche

Gerade im Bahnbereich ist Trapeze ein starker Partner: Unsere Lösungen unterstützen Eisenbahnunternehmen bei der effizienten Planung und Disposition von Lokführern, Zugbegleitern und Fahrzeugen. So helfen wir, den komplexen Bahnbetrieb zu steuern, Schichtpläne zu optimieren und den Personaleinsatz flexibel an die Anforderungen des Betriebs anzupassen. Unsere Software wird von zahlreichen Bahnunternehmen in ganz Europa eingesetzt und trägt dazu bei, dass Züge zuverlässig rollen und die Mobilitätswende gelingt.

FOTO: TRAPEZE GROUP DEUTSCHLAND GMBH

Trapeze™
Here for the journey

Karriere bei Trapeze:

Wir bieten vielfältige Einstiegsmöglichkeiten für IT- und Verkehrsexperten, Berater, Support-Spezialisten, Vertriebsprofis und Marketingtalente. Bei uns erwarten Dich spannende Projekte, ein internationales Team und die Möglichkeit, die Zukunft der Mobilität aktiv mitzugestalten.

Was uns auszeichnet:

- Moderne Arbeitsumgebung und flexible Arbeitszeiten
- Individuelle Entwicklungsmöglichkeiten und Weiterbildungen
- Teamgeist, offene Kommunikation und flache Hierarchien
- Sinnstiftende Arbeit für nachhaltige Mobilität

Werde Teil unseres Teams und gestalte mit uns die Zukunft der Planung und Disposition im öffentlichen Verkehr!

Kontakt:

Trapeze Group Deutschland GmbH

Schmalbachstraße 16
38112 Braunschweig
Telefon: 040 530031-18
E-Mail: info@trapezegroup.eu
Website: www.trapezegroup.de

ANZEIGE

Verband Deutscher Eisenbahnfachschulen e. V. (VDEF)

Mehr als 100 Jahre Aus-, Fort- und Weiterbildung im Verkehrsmarkt

Seit 1920 unterstützen wir – als einer der führenden Bildungsträger im Verkehrsmarkt – Eisenbahner:innen bei ihrer Karriereplanung und Unternehmen des Verkehrsgewerbes, des Handwerks und der Industrie bei der Aus-, Fort- und Weiterbildung ihrer Mitarbeiter:innen.

Unsere Zulassungen und Zertifizierungen bestätigen das hohe Qualitätsniveau unserer Seminare und Trainings. Als vom Eisenbahn-Bundesamt anerkannte Ausbildungs- und Prüfungsorganisation, von der DB Netz AG anerkannter Bildungsträger zur Aus- und Fortbildung von Sicherungspersonalen, von ATWS-Funktionsträgern und von MKS/DAS-Befähigten sowie von regional zuständigen Industrie- und Handelskammern (IHK) anerkannter Ausbildungsbetrieb, zertifiziert nach DIN EN ISO 9001:2015 und zugelassen nach der Akkreditierungs- und Zulassungsverordnung Arbeitsförderung (AZAV)/Sozialgesetzbuch III (SGB III), betreuen wir jährlich ca. 25.400 Teilnehmer:innen in ca. 3000 Seminaren und sind Bildungspartner von ca. 800 Firmen.

Bundesweite Präsenz und flexibles Portfolio

Durch die bundesweite Präsenz und unser breit angelegtes Portfolio können wir schnell, kundenorientiert und flexibel „maßgeschneiderte" und bedarfsorientierte Seminare – auch mit digitalen Lernmodulen – anbieten.

Zu unseren Qualitätsstandards zählen

- Bildungsangebote, die ständig neuen Entwicklungen angepasst werden
- projekt- und zielgruppenorientierte Angebote
- Beratung von Unternehmen über Aus-, Fort- und Weiterbildung
- Information, Beratung und Betreuung der Teilnehmer:innen
- professionelle Organisation und Durchführung der Seminare
- ein ausgewogenes Verhältnis zwischen Teilnehmerzahl, Methoden und didaktischen Zielen
- regelmäßige konstruktive Feedbackgespräche mit Teilnehmer:innen und Kund:innen

FOTO: MARTIN SCHIERAG

- Einsatz fachlich kompetenter und pädagogisch qualifizierter Dozent:innen
- Ausstattung der Seminarräume nach neuestem Stand der Technik

Wir legen großen Wert auf eine ständig dem neuesten Stand der Technik angepasste Ausstattung unserer Seminarräume. Die eingesetzten Dozent:innen werden regelmäßig geschult und durch fachlich-pädagogische Checks im Unterricht begleitet; sie sind damit befähigt, die jeweils aktuellen technischen und pädagogischen Schulungsszenarien kunden- und fachorientiert umzusetzen. Hierdurch können wir jederzeit eine Umstellung von Präsenz- auf Hybrid- oder Online-Unterricht bei gleichbleibender Qualität gewährleisten.

Simulatoren für Aus- und Fortbildung und für die Abnahme von Prüfungen

20 interaktive Fahrsimulatoren stehen an unseren 15 Standorten für die Aus- und Fortbildung sowie die Überwachung von Triebfahrzeugführer:innen zur Verfügung. Neben dem Fahren im Regelbetrieb werden Übungen zum Verhalten bei Unregelmäßigkeiten im Bahnverkehr und energiesparende Fahrweise trainiert. Durch protokollierte Überwachungsfahrten können Unternehmen nachweisen, dass ihre Triebfahrzeugführer:innen auf dem aktuellen Wissensstand sind.

Für die Aus- und Fortbildung von Mitarbeiter:innen auf Stellwerken der Bahnen stehen Stellwerk-Simulatoren zur Verfügung. Auch diese Simulatoren werden sowohl für die Ausbildung als auch für die Abnahme von Prüfungen genutzt.

Weiterentwicklung der Seminarkonzeption

Durch die Pandemie haben auch wir Lösungen erarbeitet, um den Ausbildungsbetrieb aufrechterhalten zu können. Durch die Kompetenz in unseren Fachbereichen konnten wir in kürzester Zeit den Präsenzunterricht auf ein Minimum reduzieren und den Seminarbetrieb auf Online-Unterricht umstellen. Hierzu wurden z. B. alle bestehenden Schulungsunterlagen und -methoden den neuen Gegebenheiten angepasst.
Feedbacks unserer Teilnehmer:innen und Dozent:innen haben jedoch gezeigt, dass reiner Online-Unterricht für die Vermittlung komplexer Schulungsthemen nicht für jeden geeignet ist.

Durch die in der Gesamtbetrachtung durchaus positive Resonanz sehen wir uns in unserer Einschätzung bestätigt, dass eine hybride Lernwelt die Aus-, Fort- und Weiterbildung immer mehr dominieren wird. An der Umsetzung für unsere Seminare arbeiten wir mit Hochdruck.

Kontakt:

Verband Deutscher Eisenbahnfachschulen e. V.
VDEF Verbandsgeschäftsstelle
Merseburger Straße 46
D-06110 Halle (Saale)
Telefon: +49 (0) 345 685397-80
Internet: www.vdef.de

Westfälische Landes-Eisenbahn GmbH

Regional. Umweltfreundlich. Innovativ.

Vor mehr als 130 Jahren gegründet, ist die WLE ein kompetenter Partner für die regionale Wirtschaft. Wir bieten unseren Auftraggebern ein breit gefächertes Dienstleistungsangebot in den Bereichen Transport und Logistik. Hierbei nutzen wir neben unserem eigenen, rund 120 Kilometer langen Streckennetz auch die Schieneninfrastruktur der DB Netz AG. Aktuelle Marktanforderungen haben wir fest im Blick und integrieren diese bei Bedarf in unser vielseitiges Portfolio.

Wir leben Umweltschutz

In Zeiten der Verkehrs- und Energiewende gewinnt der Transport von Gütern auf der Schiene eine immer zentralere Bedeutung. Der Schienenverkehr ist eine nachhaltige, sichere und umweltfreundliche Alternative zum Transport auf der Straße. Er benötigt deutlich weniger Energie und verursacht weniger Schadstoffe. Zudem ist die Eisenbahn ein äußerst effizientes Verkehrs- und Transportmittel. Um die gleiche Kapazität zu befördern, benötigt sie nur halb so viel Platz wie ein Fahrzeug auf der Straße.

Die WLE engagiert sich als wichtiger Akteur vor Ort in den relevanten Gremien und Arbeitsgruppen. Unser Ziel ist es, den Schienenverkehr noch attraktiver zu gestalten. Dazu gehört für uns auch die regelmäßige Investition in das Unternehmen.

FOTOS: WESTFÄLISCHE LANDES-EISENBAHN GMBH

WLE
Westfälische Landes-Eisenbahn GmbH
Teil der WVG-Gruppe

Ein starkes Team

Von der Angebotskalkulation über die detaillierte Planung des Transports bis hin zur Endabrechnung bieten wir Komplettlösungen aus einer Hand. Für eine reibungslose Logistik zuverlässiger Transporte setzen wir auf eine kundenindividuelle Planung und maßgeschneiderte Umsetzung der Aufträge. Unser Team kümmert sich mit Flexibilität und Kompetenz um die Umsetzung der Kundenwünsche.

Könnten Sie sich vorstellen, ebenfalls Teil unseres Teams zu werden?

Dann schauen Sie auf unserer Homepage nach der passenden Stelle und senden uns Ihre Bewerbungsunterlagen.

Kontakt:

Westfälische Landes-Eisenbahn GmbH
Personalabteilung
Krögerweg 11
D-48155 Münster
Telefon: +49 (0) 251 6270-129
E-Mail: bewerbung@wle-online.de
Internet: www.wle-online.de

Unternehmensgruppe Wiebe

Deutschlandweit auf Erfolgskurs

Die Unternehmensgruppe Wiebe ist als Anbieter von Komplettleistungen im Gleis- und Ingenieurbau eine feste Größe.

Ein Blick auf die mehr als 175-jährige Firmengeschichte zeigt eine beständige Aufwärtsentwicklung: Im Jahre 1848 als Zimmerei gegründet, ist die Unternehmensgruppe Wiebe mit mehreren Tochterfirmen heute Spezialist im Bereich des maschinengebundenen Gleisbaus. Die Unternehmensgruppe ist ein Familienunternehmen, das mittlerweile von der sechsten Generation geführt wird. Wer keine Lust auf Konzernhierarchien hat, ist bei uns genau richtig.

Ein weiterer wichtiger Erfolgsfaktor ist eine offene Unternehmenskultur, die sich auf partnerschaftliches Arbeiten und auf den Kundenvorteil konzentriert.

FOTO: WIEBE HOLDING GMBH & CO. KG

WIEBE

Berufe bei uns:

Wir bilden aus:

- Gleisbauer (m/w/d)
- Baugeräteführer (m/w/d)
- Mechatroniker (m/w/d)
- Industriekaufleute (m/w/d)

Kontakt:

H. F. Wiebe GmbH & Co. KG
Im Finigen 8
D-28832 Achim
Telefon: +49 (0) 4202/987-0
Fax: +49 (0) 4202/987-100
E-Mail: info@wiebe.de
Internet: www.wiebe.de

HOCH HINAUS & ZÜGIG VORAN

WIEBE

Modernste Technik, Umfeld für Innovationen, deutschlandweite Projekte – die Unternehmensgruppe Wiebe bietet ein attraktives Lern- und Arbeitsumfeld für angehende Gleisbauer. Dabei setzen wir auf die Kraft und Kompetenz unserer Mitarbeitenden, die von höchster Ausbildungsqualität und aktiver Projektbeteiligung profitieren.

Bewerben Sie sich jetzt für einen Ausbildungsplatz im Gleisbau und gestalten Sie mit uns gemeinsam die Zukunft dieser spannenden Baubereiche!

WIEBE | sächsische bau gmbh | itg Ingenieurbau + tiefbau + gleisbau | blp wiebe logistik

www.wiebe.de

ZUGKRAFT Bahnservice GmbH

Qualifiziertes Bahnpersonal aus Regensburg

Seit 2016 unterstützt die ZUGKRAFT Bahnservice GmbH als Personaldienstleisterin Eisenbahnverkehrsunternehmen in Deutschland mit bestens ausgebildeten Lokführer/innen. Als eigenständiges, inhabergeführtes Familienunternehmen agieren wir dabei unabhängig von Bahn- oder Verkehrsunternehmen und können somit flexibel und zuverlässig Leistungsspitzen, Engpässe oder ganze Rundumläufe auffangen und ausgleichen.

Stark im Süden

Derzeit fahren mehr als 50 Triebfahrzeugführer/innen für bestehende Kunden und Kundinnen auf zahlreichen Strecken des deutschen Bahnnetzes und sichern die Betriebsabläufe.
Die besondere Stärke von ZUGKRAFT liegt dabei in der Personalabdeckung im Süden. Viele der beschäftigten Lokführer/innen wohnen in Bayern, sind somit schnell vor Ort und können kurzfristig handeln. Beste Streckenkunde im Süden und die Abdeckung der Baureihen 185, 186 sowie 192/193 gehören dabei zum Standardrepertoire. Das eigene Dispo-Team unterstützt EVU zusätzlich bei der vorausschauenden Dienstplanung und dem reibungslosen Ablauf ihres Bahnbetriebs.

Nachwuchskräfte aus der eigenen Akademie

Daneben kümmert sich ZUGKRAFT um die Rekrutierung und Betreuung neuer Teilnehmender für das Ausbildungsprogramm an der HAAsE GmbH Akademie, einem Schwesterunternehmen der ZUGKRAFT Bahnservice GmbH. Um den großen Bedarf an gut ausgebildetem Bahnpersonal zu decken, werden dabei in Zusammenarbeit mit erfahrenen Kooperations-

FOTOS: ZUGKRAFT BAHNSERVICE GMBH

partnern auch im Ausland Nachwuchskräfte rekrutiert.

Jährlich starten etwa 60 zukünftige Lokführer und Lokführerinnen ihre Ausbildung an der HAAsE Akademie – Nachwuchskräfte, die dringend benötigt werden. Dank der staatlichen Zulassung der HAAsE Akademie profitieren Arbeitgeber/innen zudem von hohen Fördersätzen für die Ausbildung sowie in Form von AEZ.

Interessierte EVU können die angehenden Triebfahrzeugführer/innen bereits zum Ausbildungsstart anstellen, Absolvent/innen nach erfolgreicher Ausbildung übernehmen oder via Arbeitnehmerüberlassung beschäftigen. Damit garantieren wir unseren Ausbildungsteilnehmenden nach erfolgreichem Abschluss eine sichere Jobperspektive in einer zukunftsträchtigen Branche.

Geschäftsführerin Sarah Haase

Zertifiziert nach AZAV und Qualitätsmanagement nach DIN EN ISO 9001

ZUGKRAFT Bahnservice + Personal

Wir stellen ein:

- Triebfahrzeugführer/in
- Praxisausbilder/in Triebfahrzeugführer/innen
- Simulatortrainer/in
- Disponent/in
- Lehrkräfte für die Akademie

Wir bilden aus:

- Funktionsausbildung zum/r Triebfahrzeugführer/in
- Trainer/in im Eisenbahnbetrieb

Zufriedene und engagierte Mitarbeitende leisten einen wesentlichen Beitrag zu unserem Erfolg. Wir legen daher großen Wert auf ein offenes Miteinander, flache Hierarchien und kurze Dienstwege. Mit verschiedenen Arbeitszeitmodellen können wir auf die individuellen Anforderungen unserer Mitarbeitenden eingehen und ermöglichen so, Job und Familie zu vereinbaren – ein wichtiger Punkt für uns als Familienunternehmen.

Jetzt Teil unseres Teams werden:

Kontakt:

ZUGKRAFT Bahnservice GmbH
Blumenstraße 18
93055 Regensburg
Tel: +49 (0) 941 70 57 07 76
E-Mail: info@zugkraft-bahn.de
Internet: www.zugkraft-bahn.de

Europa ist deine Chance!

„Ist Bahnbau die Zukunft? Für uns ist die Antwort klar: Ja – aber nicht ohne Herausforderungen. Die Schieneninfrastruktur steht heute mehr denn je als Symbol für Fortschritt, Nachhaltigkeit und gesellschaftlichen Zusammenhalt. Sie schafft Verbindungen, eröffnet Chancen und schützt zugleich unsere Umwelt. Doch Fortschritt ist kein Selbstläufer. Mit jeder neuen Norm, jeder Vorschrift und jedem technischen Problem wächst die Komplexität. Es fühlt sich oft so an, als kämen mehr neue Herausforderungen hinzu, als wir abbauen können. Aber genau darin liegt die Zukunft des Bahnbaus: im Mindset, Probleme nicht als Hindernisse, sondern als Aufgaben zu begreifen, die es mit Kompetenz und Engagement zu lösen gilt. Wer bereit ist, Verantwortung zu übernehmen und die Zukunft aktiv mitzugestalten, findet im Gleisbau eine Branche mit Substanz, Sinn und Perspektive."

Thomas Gaßmann, Präsident der Überwachungsgemeinschaft Gleisbau e.V.

Arbeiten in der europäischen Bahnbranche

Europa ist deine Chance!

Europa ist nicht nur ein wunderbarer Kontinent mit einer großartigen kulturellen Vielfalt. Die Europäische Union eröffnet mit ihren offenen Grenzen auch ein großes Plus bei der Berufskarriere – und bietet Auszubildenden und Studierenden, zusammen mit den erstklassigen Austauschprogrammen der EU, die perfekten Bedingungen, um erste Auslandserfahrungen zu sammeln und internationale Kontakte zu knüpfen.

So viel europäische Freiheit braucht Verbindung. Und für diese Verbindung sorgen die Eisenbahnen in Europa, denn die Schienennetze sind zugleich die Lebensadern der Europäischen Union. Doch auf der Schiene lässt es sich nicht nur bequem und umweltfreundlich reisen: Die europäische Bahnbranche ist ein moderner und leistungsfähiger Arbeitgeber, der eine vielversprechende Zukunft vor sich hat, denn kein Verkehrsmittel, außer vielleicht Fahrrad oder Segelflugzeug, ist so klimafreundlich wie der Schienenverkehr! Nur wenige Branchen bieten dabei zugleich so viele berufliche Möglichkeiten – egal, ob als Lokführer*in bei einem Eisenbahnverkehrsunternehmen, als Mechatroniker*in in der Instandhaltung, Produktmanager*in in der Bahnindustrie oder Ingenieur*in im Bahnbau.

Die Chance nutzen und einsteigen!

Und das Schöne daran: Alle diese Arbeitsplätze – insgesamt rund 500 Berufsbilder – finden sich in ganz Europa. Ganz egal, ob ich in Portugal, Irland, Deutschland, Italien, Belgien, Polen, Österreich oder Frankreich lebe, die Berufsbilder innerhalb der Eisenbahnen sind sich sehr ähnlich, zu einem großen Teil sogar identisch. Warum nicht als Metallbauer*in in der Instandhaltung eines griechischen Eisenbahnverkehrsunternehmens arbeiten, als Zugbegleiter*in im TGV durch Frankreich düsen, als Ingenieur*in für die spanische Bahnindustrie arbeiten oder in Deutschland als

FOTO: WEYO / FREEPICK

Gleisbauer*in das Streckennetz modernisieren? Das Leben kann so bunt sein, und das Europa von heute bietet berufliche Freiheit und eröffnet dir zugleich neue Horizonte – du musst einfach nur die Chance ergreifen und einsteigen!

Nicht immer war es so einfach: ein Blick zurück ...

Dabei ist es noch gar nicht so lange her, da endeten die Gleise an den nationalen Grenzen – zumindest war die Einreise in die europäischen Nachbarländer viel komplizierter als heute. Es gab regelmäßig Wartezeiten und Personenkontrollen an den Grenzen, und manchmal war sogar ein Visum notwendig, um einreisen zu können. Mit dem Zug zum Beispiel von Warschau nach Lissabon oder von Stockholm nach Rom zu reisen war noch vor einigen Jahrzehnten eine komplizierte Angelegenheit, und in jedem Land, das dabei durchquert wurde, waren zeitraubende Kontrollen an der Tagesordnung. Mal für zwei Jahre in Dublin zu arbeiten oder drei Semester in Amsterdam zu studieren war zwar grundsätzlich möglich – aber mit großen Schwierigkeiten und hohen Kosten verbunden.

Auch bei den Eisenbahnen tickten die Uhren vor nicht allzu langer Zeit noch gänzlich anders: Zwar fuhren die Züge in Athen und Brüssel auch auf Gleisen – aber viele verschiedene technische Eigenheiten, Unterschiede bei der Signal- und Fahrzeugtechnik und viele bürokratische Hürden sorgten damals dafür, dass das europäische Eisenbahnnetz eher einem Flickenteppich ähnelte. Dies erschwerte grenzüberschreitend nicht nur den Personenverkehr, sondern besonders den Schienengüterverkehr. Häufig wurden Waren deshalb per Lkw von dem einen ins andere europäische Land transportiert. Natürlich galten die Grenzen ebenso für den Straßenverkehr und auch hier gab es viel Papierkram und Bürokratie zu erledigen – doch im Gegensatz zum Schienenverkehr wurde der Lkw nicht durch technische Besonderheiten wie eine unterschiedliche Leit- und Signaltechnik ausgebremst. Häufig mussten beim „Grenzsprung" deshalb die Lokomotiven

und auch das Personal gewechselt werden, Güterwagen konnten deshalb sogar für einige Tage an der Grenze aufgehalten werden. Da war dann der Lkw, trotz ökologischer Nachteile, viel schneller und flexibler ... Dies ist einer der Gründe dafür, weshalb sich der Anteil des Schienengüterverkehrs seit 1970, gemessen am gesamten Frachtaufkommen, ständig verringerte und der Straßengüterverkehr enorme Zuwachsraten verzeichnen konnte.

Heute: ein europäischer Eisenbahnraum

Doch mittlerweile sind im Bereich des Schienenverkehrs viele dieser technischen und bürokratischen Hürden beseitigt. Die Europäische Union hat vor einigen Jahren mit zahlreichen Initiativen einen Strukturwandel angeschoben, der im Schienenverkehr zu einer Liberalisierung des Eisenbahnmarktes und zugleich zu einer technischen Harmonisierung geführt hat. Durch die Beseitigung dieser veralteten Betriebspraktiken und die konsequente Modernisierung von Infrastruktur und Fahrzeugen sind die Länder der Europäischen Union auf dem besten Weg, sich zu einem integrierten europäischen Eisenbahnraum zu entwickeln. Wie wichtig der EU-Kommission der Eisenbahnverkehr ist, zeigte sich auch darin, dass die EU-Kommission das Jahr 2021 zum europäischen „Jahr der Schiene" ausgerufen hatte.

Die Bahnindustrie: in Europa zu Hause

Doch nicht nur die Eisenbahnen bilden ein europäisches Netzwerk. Schon seit vielen Jahrzehnten arbeiten die Unternehmen der Bahnindustrie in europäischen Partnerschaften. Viele Firmen haben Niederlassungen und Tochterunternehmen in anderen EU-Staaten wie auch in Ländern außerhalb Europas. Die europäische Bahnindustrie gilt als die Nummer 1 im Weltmarkt und hat den Ruf, technologische und qualitative Standards zu setzen – für eine neue Zukunft der Mobilität: digital, wirtschaftlich und umweltfreundlich. Damit bietet die europäische Bahnindustrie hervorragende Zukunftschancen und die besten Vor-aussetzungen für eine internationale Karriere!

Erasmus+: grenzenlose Entwicklungsmöglichkeiten

Seit mehr als 30 Jahren bietet die Europäische Union mit dem Programm Erasmus+ eine effiziente Förderung von Studienaufenthalten und Praktika. Die EU möchte mit diesem Programm unter anderem die europäische Mobilität von Studierenden und Auszubildenden (Azubi-Mobil) fördern und damit die Europäische Union auch als Wissenschafts- und Wirtschaftsstandort stärken. Junge Menschen sollen sich durch einen Auslandsaufenthalt auf die Anforderungen des modernen Arbeitsmarktes vorbereiten und die Möglichkeit erhalten, ihre fachlichen, sprachlichen und sozialen Kompetenzen zu entwickeln. Das Beste: Erasmus+ steht Studierenden aller Fachrichtungen und aller Hochschulen offen und Erasmus+ Stipendiat*innen zahlen im Ausland keine Studiengebühren, die erworbenen „Scheine" und Abschlüsse werden EU-weit anerkannt und eine monatliche Förderung von bis zu 450 Euro (Studium) beziehungsweise 550 Euro (Praktikum) gibt es auch noch.

Eisenbahn und Erasmus+: Gemeinsam sind sie ein echter europäischer Chancengeber! Egal, welcher Beruf, welche Qualifikation im großen Feld der Berufsbilder rund um den ökologischen Verkehrsträger Schiene dich interessiert: Mit Erasmus+ machst du dich um internationale Erfahrungen und zukunftsweisende Karrierechancen reicher.

cwk

Auf der Schiene durch Europa

Architektur, Begegnungen und Abenteuer!

Tauche ein in die faszinierende Vielfalt Europas – vom ersten Moment deiner Reise an: Grandiose Architektur, Kulturen und Begegnungen erwarten dich schon an den großen und kleinen Bahnhöfen Europas. Erlebe die Europäische Union klimafreundlich mit der Eisenbahn!

Die Europäische Union ist ein faszinierendes Netzwerk aus Ländern, Kulturen und Möglichkeiten. Hast du schon einmal daran gedacht, diese einzigartige Gemeinschaft auf eine ganz besondere Weise zu entdecken? Besorg dir ein Ticket, pack deinen Koffer und mache dich auf die Reise zu den schönsten Orten, Plätzen und Bahnhöfen Europas ...

Fernweh pur!

Stell dir vor, du stehst auf dem Bahnsteig eines majestätischen Bahnhofs, der mit seiner Architektur wie ein Leuchtturm in der Ferne erstrahlt. Das könnte zum Beispiel der Bahnhof von Amsterdam, Antwerpen oder Porto sein. Diese Bahnhöfe sind nicht nur Verkehrsknotenpunkte, sondern wahre Schätze der europäischen Kultur! Sie erzählen Geschichten vergangener Zeiten und sind zugleich lebendige Treffpunkte für junge Europäerinnen und Europäer wie dich.

Pulsierende Treffpunkte

In London, im Herzen Großbritanniens, beeindruckt der Bahnhof St. Pancras mit seiner viktorianischen Pracht. Während du dort auf den Zug wartest, kannst du die faszinierende Architektur bewundern und dich vielleicht mit anderen jungen Reisenden aus der ganzen Welt austauschen. Vielleicht lernst du auch jemanden kennen, der dir von den besten Geheimtipps der Stadt erzählt. Möglicherweise reist du weiter nach Paris – der charmanten Stadt der Liebe und der Mode. Der Bahnhof Gare du Nord, mit seiner eindrucksvollen Fassade und den geschäftigen Passagieren, versprüht eine verheißungsvolle Atmosphäre voller Aufregung und Möglichkeiten. Hier kannst du französisches Flair erleben. Lass dich von der Energie der Stadt mitreißen!

Und dann? Weiter nach Madrid! Der Bahnhof Atocha mit seiner erstaunlichen Glasarchitektur und dem üppigen botanischen Garten ist ein echtes Highlight. Du streifst durch eine grüne Oase, die Schönheit der Natur und des ganzen Landes verzaubern dich gleichermaßen!
Jetzt geht es weiter nach Mailand: Die Stazione di Milano Centrale gehört zu den wichtigsten und schönsten Bahnhöfen im europäischen Verkehrsnetz.

Spuren der Geschichte

Vielleicht begegnest du während deiner Reise auch Spuren der Geschichte der Europäischen Union selbst. Die offizielle Informationsstelle der Europäischen Union in Straßburg, das Centre d'Information sur les Institutions Européennes (CIIE), macht die Historie der EU lebendig. Hier findest du Informationen über die Gründungsväter und -mütter der Union.

Zum Beispiel über Louise Weiss, die sich für Frauenrechte und die europäische Integration engagierte. Oder über Alcide De Gasperi, der zusammen mit Robert Schuman und Konrad Adenauer aktiv am Aufbau der Montanunion und damit der Europäischen Union beteiligt war.

Der erste Hauptbahnhof in Kopenhagen, Dänemark, wurde 1847 errichtet. Den jetzigen Bahnhof weihte Kronprinz Christian 1911 ein.

Vielleicht reist du weiter nach Zürich und Lausanne. Hier besichtigst du den Bahnhof mit seinen Jugendstilelementen und machst einen Abstecher zur Jean Monnet Stiftung, der Fondation Jean Monnet Pour L'Europe, wie sie offiziell heißt – Jean Monnet war ein weiterer Gründungsvater und Initiator der europäischen Einheit. Von dort geht es über Wien nach Deutschland. Hier besuchst du den einzigartigen Hundertwasser-Bahnhof in Uelzen und den Hauptbahnhof in Berlin mit seiner Glasstruktur. Und wenn du möchtest, reist du von dort einfach weiter – nach Warschau, Kopenhagen, Dublin, Stockholm, Riga, Helsinki, Kiew, Budapest oder nach Belgien, zum Bahnhof Liège-Guillemins, der mit seinen farbigen und geschwungenen Formen zu den schönsten Bahnhöfen der Welt zählt! Oder weiter, in andere Länder und Städte – Europas Bahnhöfe erwarten dich!

cwk

Der Bahnhof Antwerpen-Central wird liebevoll auch „Eisenbahnkathedrale" genannt.

Die pulsierende Seele von Paris: Willkommen in der zeitlosen Eleganz des Gare du Nord!

Eine beliebte Touristenattraktion in Europa: die bemalten Keramikfliesen (Azulejos) in der Haupthalle des Bahnhofs Sao Bento in Porto, Portugal.

Das Siegerteam Eagle der TH Nürnberg Georg Simon Ohm, die Grand Champion der Railway Challenge 2025 wurden.

Railway Challenge 2025

200 Jahre Eisenbahn – ein ganz besonderes Jubiläum

Text: Univ.-Prof. Dr. Raphael Pfaff (RWTH Aachen), Arnd Gottschalk und Prof. Bernd Schmid (FH Aachen)

Vor genau 200 Jahren fuhr der weltweit erste Personenzug auf der *Stockton and Darlington Railway* in England – ein Meilenstein, der rund um den Globus gefeiert wird. Auch die diesjährige *Railway Challenge* steht ganz im Zeichen dieses historischen Ereignisses.
Gleich zwei Wettbewerbe markieren die Höhepunkte der Jubiläumssaison: Am 14. und 15. Juni fand die *Alpha Trains European Railway Challenge* statt – organisiert von der FH Aachen. Nur zwei Wochen später ging es nach England, wo im *Stapleford Park* die *IMechE Railway Challenge* ausgetragen wurde. Sie gilt als inoffizielle Weltmeisterschaft der studentischen Eisenbahn-Teams. Natürlich ist auch das Team FH2Rail der FH Aachen bei beiden Veranstaltungen mit dabei – bereit, sich erneut spannenden Herausforderungen zu stellen.

Perfekte Vorbereitung für das Berufsleben

Bei der *Alpha Trains European Railway Challenge* entwerfen und bauen Studierendenteams ihre eigene Lokomotive – allerdings nicht in Originalgröße. Die Mini-Loks haben eine Spurweite von 260 Millimetern (10¼ Zoll), was etwa einem Maßstab von 1:5 entspricht. Grundlage für den Wettbewerb ist ein umfassendes Regelwerk.

FOTOS: SCHMIDT / FH AACHEN

„Die Railway Challenge ist eine hervorragende Möglichkeit, Studierende mit den vielfältigen Aufgaben im Eisenbahnsektor vertraut zu machen", erklärt Tim Tappert, der das Team der FH Aachen in diesem Jahr gemeinsam mit Professor Dr. Bernd Schmidt betreut.

Moderne Technik, echte Herausforderungen

Die Entwicklung und der Bau der Lokomotive erstrecken sich über etwa zehn Monate. Dabei profitieren die Studierenden von den Erfahrungen aus den Vorjahren – das Team der FH Aachen konnte bereits 2019 und 2022 Siege einfahren. Jedes Jahr gibt es neue Anforderungen, sodass auch erfahrene Teams immer wieder vor frische Herausforderungen gestellt werden. Themen wie Energierückgewinnung, automatisiertes Fahren und Lärmschutz fließen stetig in das Regelwerk ein und spiegeln aktuelle Entwicklungen der Branche wider.

Die Jury der Railway Challenge weist das Aachener Team FH2Rail in den Ablauf der Traction Challenge ein.

Auch noch spät in der Nacht wird an der Firmware gearbeitet. Damit die nächsten Tage ein voller Erfolg werden, wird in jeder freien Minute an den eigens entwickelten Loks feinjustiert.

Das Team FH2RAIL von der FH Aachen freut sich sichtlich über seine Zweitplatzierung im Gesamtwettkampf bei der Railway Challenge und überzeugt unter anderem durch gutes Design.

Die Wettbewerbe stellen dabei den Höhepunkt der Saison dar. Hier zeigt sich, wie gut die Teams ihre Lokomotiven entwickelt haben – unter realistischen Bedingungen.

Vielseitige Wettbewerbsdisziplinen

Die Challenge gliedert sich in mehrere Teilwettbewerbe, bei denen technische, wirtschaftliche und sicherheitsrelevante Aspekte bewertet werden:

- Stadler Rail Group Energy Recovery Challenge
- AutoStop Challenge
- Ride Comfort Challenge
- VDB Traction Challenge
- DMG Innovation Challenge
- Design Challenge
- Maintainability Challenge
- Reliability Challenge
- Technical Poster Challenge

Am Ende entscheidet eine Gesamtnote über die Platzierung.

Austragungsort mit Charme

Fünf Teams nahmen in diesem Jahr an der *Alpha Trains European Railway Challenge* in Bad Schussenried teil – einer Stadt zwischen Ulm und Friedrichshafen. Hier betreibt der *Schwäbische Eisenbahnverein e.V.* eine Parkbahnanlage mit passender Spurweite. „Die Anlage bietet ideale Bedingungen für unsere Wettbewerbe", sagt Tim Tappert.

Ursprung der Spurweite ist übrigens England – das Mutterland der Eisenbahn. Dort gibt es viele Miniatureisenbahnen, darunter auch die *Stapleford Miniature Railway*, die 1958 von Lord Gretton erbaut wurde. Früher diente sie unter anderem dazu, Gäste zu einem Löwengehege zu bringen. Heute befindet sich dort ein Hotel, und der Park ist jedes Jahr Austragungsort der *Railway Challenge* der *Institution of Mechanical Engineers* (IMechE). 14 Teams aus mehreren Ländern traten dort am Wochenende des 28. und 29. Juni gegeneinander an.

Das Team FH2RAIL von der FH Aachen konnte neben der Zweitplatzierung bei der Railway Challenge in Bad Schussenried auch noch den dritten Platz bei der Railway Challenge der Institution of Mechanical Engineers (IMechE) erringen.

Die Gewinnerteams im Überblick

- Gesamtsieger (Grand Champion) wurde das Team *Eagle* der TH Nürnberg Georg Simon Ohm. Sie gewannen außerdem die Energy Recovery Challenge, AutoStop Challenge, Ride Comfort Challenge und Traction Challenge.

- Platz 2 ging an *FH2Rail* von der FH Aachen. Sie siegten in der DMG Innovation Challenge, Design Challenge und Maintainability Challenge.

- Platz 3 belegte das Team *Loc.KA.engineering e.V.* vom Karlsruher Institut für Technologie (KIT), das zudem die Reliability Challenge für sich entschied.

- Das Team *PUTrain*, Sieger der letzten beiden Jahre, hatte diesmal Pech – ihre Lok blieb stehen. Doch sie gewannen die Technical Poster Challenge.

- Neu dabei war das Team *Next Stop: Innovation* der Ostfalia – University of Applied Sciences, das den Entry Level Award erhielt. Wir freuen uns schon auf ihre Lok im nächsten Jahr!

Ausblick auf 2026 – Save the Date!

Die nächste *Alpha Trains European Railway Challenge* findet voraussichtlich vom 29. Mai bis 31. Mai 2026 statt. Schon jetzt laden die Organisatoren alle interessierten Teams, Unterstützer und Sponsoren herzlich ein, sich zu beteiligen. Weitere Infos und Kontaktmöglichkeiten gibt es unter www.railwaychallenge.eu.

ALPHA TRAINS EUROPEAN RAILWAY CHALLENGE

Die SNCF bietet, wie viele weitere Bahnunternehmen, attraktive Praktikumsplätze für Studenten und legt Wert auf internationale Zusammenarbeit.

Auslandserfahrung sammeln

Das Tor zur Welt

Die Eisenbahn mag auf den ersten Blick vielleicht nur ein Mobilitätsdienstleister auf Schienen sein, doch wer genauer hinsieht, entdeckt im Umfeld der Bahnbranche ein dynamisches Feld voller Chancen. Besonders für junge Menschen, die nicht nur an technischen Herausforderungen, sondern auch an internationaler Erfahrung interessiert sind, bieten sich spannende Möglichkeiten.

Einige Zeit in einem Unternehmen außerhalb der Heimat zu arbeiten ist für alle Beteiligten ein Gewinn. Viele Unternehmen der Eisenbahnverkehrsunternehmen (EVU) und der Bahnindustrie haben erkannt, wie wichtig Auslandserfahrungen sind, und unterstützen deshalb ihre Mitarbeiter, Trainees und Auszubildenden dabei, berufliche Schritte jenseits der eigenen Landesgrenzen zu wagen.

Deutschland

Auch in Deutschland haben viele Unternehmen der Bahnbranche den Wert internationaler Erfahrungen erkannt und bieten ihren Auszubildenden gezielt Auslandspraktika an. Die Havelländische Eisenbahn gehört hier zu den Pionieren, die ihren Trainees und Auszubildenden ein Auslandspraktikum in Form eines gemeinsamen Workshops ermöglichen. Auch der Schienenfahrzeughersteller SIEMENS bietet entsprechende Programme. Als weltweit agierendes Unternehmen verfügt SIEMENS über ein weites Netz von Möglichkeiten – von Graz bis Sacramento. Knorr-Bremse, ein führendes Unternehmen in der Bahn- und Nutzfahrzeugbranche, bietet jungen Talenten ebenfalls die Möglichkeit an, durch Praktika weltweit Erfahrungen sammeln zu können. Gleiches gilt für Vossloh Rolling Stock: Das Unternehmen ist auf sechs Kontinenten aktiv, was zahlreiche Möglichkeiten für internationale Erfahrungen bietet. Diese Programme stärken nicht nur die beruflichen Fähigkeiten der Teilnehmer, sondern fördern auch den Austausch von Wissen und Kulturen zwischen den beiden Ländern. Übrigens: Neben den großen Eisenbahnverkehrsunternehmen und der Bahnindustrie bieten auch andere Organisationen interessante Auslandsoptionen: Die Hamburger Hafen und Logistik AG (HHLA) arbeitet eng mit dem Verkehrsträger Schiene zusammen und bietet Auszubildenden und Studierenden an, Erfahrungen im Ausland zu sammeln – sei es durch Praktika oder Aufenthalte bei internationalen Tochtergesellschaften.

Europa

Die französische Staatsbahn SNCF legt ebenfalls großen Wert auf internationale Zusammenarbeit. Insbesondere für Studenten bietet die SNCF attraktive Praktikumsplätze an. So fördert die SNCF nicht nur den fachlichen Fortschritt ihrer Praktikanten, sondern auch den kulturellen Austausch – eine unschätzbare Erfahrung für die berufliche Zukunft.

Spannende Möglichkeiten für Auslandspraktika hält auch Akiem bereit. Die französische Leasinggesellschaft versteht sich als europäisches Unternehmen und ist auf zahlreichen Märkten Europas aktiv. Auch die italienische Bahnbranche ist grundsätzlich offen für Praktikaanfragen aus dem europäischen Ausland. Hier werden vor allem Praktikumsplätze im Bereich des Ingenieurwesens angeboten. Österreich und die Schweiz gehören aus Sicht des Schienenverkehrs zu den interessantesten Ländern in Europa. Auch hier lohnt es sich, in Form eines Praktikums Erfahrungen zu sammeln. Ob in Deutschland, Österreich, Frankreich oder Spanien – die Programme sind mehr als nur ein Blick hinter die Kulissen: Sie sind eine Gelegenheit, sich in verschiedenen Bereichen des Schienenverkehrs praktisch weiterzuentwickeln und gleichzeitig wertvolle interkulturelle Kompetenzen zu erlangen.

Mit diesem Gedanken wurde vor über 35 Jahren auch Erasmus ins Leben gerufen. Kein anderes Programm verkörpert so sehr den gemeinsamen Geist der europäischen Idee wie dieses, das alle Bildungsbereiche umfasst. Erasmus gilt mittlerweile mit über zehn Millionen Geförderten als Aushängeschild für Austausch und Verständigung in einem Europa, das Konflikte friedlich löst.

Die Bahn verbindet Europa wortwörtlich. Daher gibt es bei diversen Unternehmen Möglichkeiten, Auslandserfahrung zu sammeln.

Fazit

Die Bahnbranche ist mehr als nur Schienen und Züge – sie ist ein Tor zur Welt. Unternehmen wie die SNCF, Deutsche Bahn, HVLE, Knorr-Bremse und Vossloh bieten jungen Menschen die Möglichkeit, internationale Erfahrungen zu sammeln und sich sowohl beruflich als auch persönlich weiterzuentwickeln. Diese Praktika sind nicht nur eine Investition in die eigene Zukunft, sondern auch eine Gelegenheit, neue Kulturen kennenzulernen und den eigenen Horizont zu erweitern. Wer also Lust auf Technik und Abenteuer hat, ist in der Bahnbranche genau richtig!

cwk

Schmuckstück: Gemeinsam restaurierten Auszubildende der HVLE 2022 den Nohab-Triebwagen 9103 der Schmalspurbahn Aveiro-Sernada de Vouga in Portugal.

Havelländische Eisenbahn AG

Ausbildung weltweit

Tradition trifft Innovation! Seit 1892 ist die Havelländische Eisenbahn AG (HVLE) eine feste Größe im deutschen Schienengüterverkehr. Die HVLE trotzte auch den schwierigen Phasen der deutschen Geschichte, wie der Trennung in Ost und West, und ist heute einer der erfolgreichsten Schienengüterverkehrsbetreiber des Landes. Ein Grund dafür liegt in der Innovationskraft und dem modernen Ausbildungskonzept des Unternehmens, denn die HVLE schaut über Grenzen – Richtung Europa und darüber hinaus!

Eritrea, Griechenland, Portugal oder Dänemark – egal, Hauptsache die Welt. Und weil ja bekanntlich die Weltanschauung auch vom Welt anschauen kommt, gab es auch 2024 und 2025 wieder ein Auslandsprojekt bei der Havelländischen Eisenbahn AG aus Elstal in Brandenburg.

FOTOS: HVLE

Italien, Eritrea, Griechenland

In den vergangenen Jahren fanden die Auslandspraktika in Kooperation mit einem Partner in Italien statt. Nachdem sich der italienische Partner aus dem Eisenbahnsektor zurückgezogen hatte, fand die HVLE im Jahr 2019 neue Möglichkeiten in Eritrea. Das engagierte HVLE-Team brachte eine historische „Littorina Nr. 2", einen Triebwagen von FIAT aus dem Jahr 1936, wieder auf Vordermann, der einst stolzer Bestandteil der Eritreischen Staatsbahn war.

2019 renovierte das HVLE-Team in Eritrea den historischen Fiat-Triebwagen „Littorina Nr. 2".

2020 zog es das Team nach Griechenland zur Museumseisenbahn in Velestino, wo ein 1937 von Linke und Hofmann in Breslau gebauter Triebwagen restauriert wurde. 2022 ging es nach Porto, genauer in die Hauptwerkstatt der CP Historico nach Contumil, wo der No-HAB-Triebwagen 9103 für den Einsatz auf der Schmalspurbahn Aveiro – Sernada de Vouga vorbereitet wurde. Ganz nebenbei entstand in Gedser / Dänemark der Tresorwagen der Olsenbande im Rahmen einer praktischen IHK-Prüfung neu.

Nur gemeinsam ist die Gruppe stark: Mit einem Auslandspraktikum bietet die HVLE ihren Auszubildenden die Möglichkeit, neue Erfahrungen zu sammeln – wie hier 2021 in Griechenland.

Die kalte Feuerbüchse ist groß genug für alle vier Auszubildenden aus 2024

Erneut nach Portugal oder was?

Für 2023 war erneut die Reise nach Porto vorgesehen, um das Schwesterfahrzeug 9102 zu bearbeiten. Leider verhinderte das Streikgeschehen in Portugal das Projekt. Jetzt war guter Rat teuer. Nicht einmal Corona hat die Projektserie unterbrochen, also musste für das 3.Ausbildungsjahr Ersatz her. Während eines Urlaubs in Südafrika hatte doch der Geschäftsführer der New Cape Central Railway in Robertson, die einen wöchentlich verkehrenden Weinzug betreibt, etwas von einer Dampflokomotive erzählt. Also wurde kurzerhand Kontakt dahin aufgenommen. Ergebnis: Die Dampflok hat die Kesselprobe bestanden und nun muss sie wieder vervollständigt werden und was viel wichtiger ist, man freut sich auf die Hilfe der hvle-Azubis.

Südafrika

Nun also Südafrika. Die Förderung für das Projekt wurde gemeinsam mit der Georg-Schlesinger-Schule und der IZAG in Blankenburg gestemmt. Aus Robertson kam ein Arbeitsplan, der anspruchsvoll war. Im Jahr 2024 wurde in einem Kraftakt alles an der Lok verbaut, was vorhanden war. Leider fehlten ein paar entscheidende Teile und diese verhinderten das Anfeuern der 1948 gebauten 19 D 3332. Das hätten sich die Auszubildenden doch noch als Abschluss gewünscht. Aber es war wie es war. Nun war klar, dass es eine Fortsetzung geben wird.

2025 waren dann alle Teile vorhanden und der nächste Ausbildungsjahrgang machte sich auf die weite Reise. Neben der Vervollständigung der Dampflokomotive waren auch kosmetische Arbeiten geplant. Wunderbarerweise wurde die Lok nun auch schon jeden Sonnabend vor dem Weinzug eingesetzt. Immer zwei Azubis hatten die Gelegenheit, auf dem Führerstand mitzufahren. Dabei wurden auch einige Undichtigkeiten gesehen, die in der Folgewoche behoben wurden. Dafür musste auch wieder das eine oder andere Ersatzteil neu gefertigt oder aufgearbeitet werden.

Internationale Eisenbahnerfamilie

Während des Auslandspraktikums lernen die HVLE-Auszubildenden, dass jeder von ihnen sich voll einbringen muss, um die gesetzten Ziele zu erreichen. Und noch etwas lernen die hvle-Azubis während der Auslandsaufenthalte; die Welt ist wunderschön und wir Eisenbahner sind Teil einer großen internationalen Eisenbahnerfamilie, egal auf welcher Spurweite oder welchem Kontinent man unterwegs ist.

Das Projekt Auslandspraktika wird bei der hvle fortgesetzt. Wohin es 2026 geht, ist noch nicht bekannt. Ein Eisenbahnunternehmen aus Indien hat vom Projekt gehört und findet es interessant. Vielleicht also Indien. Egal, Hauptsache die Welt!

Ab jetzt wöchentlich im Einsatz: die Dampflok 19D3332 der NCCR mit dem Weinzug nach Robertson

Der Bewerbungshelfer

Erfolgreich bewerben mit Zukunftsbranche Bahn und Hesse/Schrader

Die Erfolgschancen einer Bewerbung lassen sich mit gründlicher Vorbereitung aller wichtigen Bewerbungsschritte maßgeblich verbessern. Gemeinsam mit dem renommierten Büro für Berufsstrategie Hesse/Schrader aus Berlin präsentiert Zukunftsbranche Bahn auf den folgenden Seiten wichtige Tipps und Ratschläge für Jobsuche, Bewerbung und Vorstellungsgespräch.

Bewerbungsvorhaben

Stellen Sie sich diese 10 Fragen

Ein Vorstellungsgespräch ist weit mehr als ein reines Frage-Antwort-Spiel. Es ist Ihre Chance, mit Persönlichkeit, Klarheit und innerer Überzeugung zu punkten. Die folgenden Schlüsselfragen helfen Ihnen dabei, sich inhaltlich und mental auf ein vorzubereiten. Nehmen Sie sich Zeit, jede dieser Fragen ehrlich und durchdacht zu beantworten. So schaffen Sie die Grundlage für einen klaren, glaubwürdigen und selbstbewussten Auftritt.

Kurzübersicht
Die 10 wichtigsten Fragen, die Ihr Vorhaben unterstützen

1. Ihr Selbstporträt
2. Ihre Persönlichkeit, Motivation und Kompetenzen
3. Warum diese Position?
4. Ihr Einstellungs-Argument
5. Ihre drei Kernbotschaften
6. Die Gesprächsführung behalten
7. Antworten auf unangenehme Fragen
8. Antworten auf Standardfragen
9. Warum wollen Sie wechseln?
10. Der Präsentations- und Überzeugungstest

1. Welches Bild von sich wollen Sie entstehen lassen?

Wer überzeugen will, braucht Vorbereitung, einen Plan – und ein wenig Übung. Überlegen Sie sich genau, wie Sie wirken wollen und wofür Sie stehen.

2. Was sagen Sie über Ihre Persönlichkeit, Motivation und Kompetenzen?

Bereiten Sie kurze Aussagen zu den wichtigen rationalen Begründungen (siehe Seite 188) vor, Sie einzustellen.

3. Warum genau interessiert Sie die Position?

Stellen Sie Ihre Motivation nachvollziehbar dar. Gibt es einen roten Faden in Ihrem bisherigen Weg, der zu dieser Aufgabe führt?

4. Was bringen Sie konkret mit, wenn man sich für Sie entscheidet?

Legen Sie Ihre wichtigsten Argumente und überzeugendsten Punkte in einer klaren Reihenfolge dar.

5. Was sind Ihre drei Kernbotschaften?

Was soll Ihr Gegenüber unbedingt über Sie wissen? Nutzen Sie die KBA-Methode (Kommunikationsziel, Botschaft und Argumente), um Ihre Aussagen prägnant zu strukturieren. Planen Sie, was Sie wie kommunizieren wollen.

6. Was möchten Sie erzählen – und was lieber nicht?

Erstellen Sie eine Liste mit Themen, die Sie ansprechen möchten – und solchen, die Sie eher

Stepstones für die erfolgreiche Bewerbung: vorhersehbare Fragen im Vorhinein beantwortet haben; sich selber kennen, um andere zu überzeugen, und wissen, wo eigene Kompetenzen liegen.

vermeiden wollen. So behalten Sie die Gesprächsführung.

7. Welche Fragen könnten Sie in Verlegenheit bringen?

Reflektieren Sie darüber, was Sie verunsichert. Überlegen Sie sich ehrliche, aber souveräne Reaktionsmöglichkeiten.

8. Welche Fragen werden sicher gestellt – und wie antworten Sie?

Viele Themen sind vorhersehbar (siehe Seite 190). Notieren Sie sich zu typischen Fragen stichwortartig Ihre Antworten – authentisch, aber klar und strukturiert.

9. Können Sie Ihre Jobwechsel gut erklären?

Wechsel sind normal – aber sie wollen erklärt sein. Überlegen Sie, welche Gründe sich durch Ihre Laufbahn ziehen und wie Sie sie positiv darstellen.

10. Sind Sie bereit für den Präsentations- und Überzeugungstest?

Seien Sie sich bewusst, dass es vor allem um Ihre Wirkung, Ihre Argumentation und Ihre persönliche Ausstrahlung geht? Bereiten Sie sich so vor, dass Sie nicht nur „Antworten geben", sondern sich als starke Persönlichkeit mit echtem Interesse und klarem Angebot präsentieren.

Das Bewerbungsvorhaben ist eher ein Kommunikations- und Überzeugungstest als eine Wissens-/Können-Prüfung!

Weitere Informationen gibt es auf:

www.zukunftsbranche-bahn.de

und hinter diesem **QR-Code**

Weichensteller

Warum erobert jemand einen Job?

Am Ende eines Auswahlprozesses steht eine Entscheidung, oft zwischen mehreren gut qualifizierten Bewerbern. Dabei geben nicht nur die Fakten im Lebenslauf oder die fachlichen Qualifikationen den Ausschlag. Entscheidend sind drei Gruppen von Weichenstellern, die bewusst oder unbewusst jede Personalentscheidung prägen und die hier vorgestellt werden.

Die rationalen Weichensteller – KLP

Kompetenz, Leistungsmotivation und Persönlichkeit sind die Entscheidungsgrundlagen jeder Mitarbeiterauswahl. Dazu gilt es überzeugende Auskünfte vorzubereiten. Man erwartet von Ihnen Auskünfte über Ihre Arbeit, Motivation, (Miss-)Erfolge, über Ihre Wesensart.

Die emotionalen Weichensteller – SVZ

Sympathie, Vertrauen und Zutrauen stecken bereits im „P" von KLP, sind sie doch eng mit Ihrer Persönlichkeit verknüpft. Diese Faktoren tragen oft unbewusst zu Entscheidungen bei – aber stark.

FOTO: FREEPICK

Im Vorstellungsgespräch nutzen viele Unternehmen die Chance, um nach beruflichen wie persönlichen Stärken und Schwächen zu fragen.

Das Buch zum Thema:

Vorstellungsgespräch für Hochschulabsolventen

Die 111 wichtigsten Fragen

von Jürgen Hesse &
Hans Christian Schrader

2018, 288 Seiten
ISBN: 978-3-84902-583-0

Hesse/Schrader können auf über 40 Jahre Beratungstätigkeit verweisen (Büro für Berufsstrategie in Berlin und fünf weiteren Städten, siehe www.berufsstrategie.com) sowie auf 248 Bücher (mit einer deutschsprachigen Gesamtauflage von 9 Mio.) zu Bewerbungs-Themen. Hinzu kommen über 30 Tsd. individuelle Beratungen sowie weit über 20 Tsd.Workshops in dieser Zeit.

Gerne beraten wir Sie persönlich zu allen Berufs-, Bewerbungs- & Karrierefragen.

Die realen Weichensteller – Big 4

Die Big 4 sind leicht zu beobachtende Verhaltensmerkmale, die Ihrem Gegenüber einen Gesamteindruck vermitteln.

Dazu gehören:

- **Selbstpräsentation:** Ihr Auftreten, Ihre Kleidung, Körpersprache und Ihr Benehmen vermitteln einen bleibenden ersten Eindruck.
- **Kontakt- und Kommunikationsverhalten:** Schnell in Kontakt – auch Blickkontakt – zu kommen macht Sie sympathisch, zeigt Zugewandtheit. Seien Sie aufmerksam und zeigen Sie, dass Sie zuhören und antworten können.
- **Überzeugungskraft und Glaubwürdigkeit:** Ihre Aussagen sollen nachvollziehbar, Ihre Beispiele anschaulich sein.
- **Ihr Gesamteindruck:** Sie wirken wach, engagiert, klug und motiviert? Dann zeigen Sie, dass Sie wirklich Lust auf die neue Aufgabe haben.

Die Alleinstellungsmerkmale – USP

Alles was Sie zusätzlich positiv von anderen Bewerbern unterscheidet, ist Ihr „Unique Selling Point" (engl. für etwa „einzigartiges Verkaufsargument") mit ganz ähnlichem Ausbildungs- und Erfahrungshintergrund? Denken Sie dabei auch an ungewöhnliche Lernerfahrungen, Engagement oder Haltung.

FOTO: PIXEL-SHOT - STOCK.ADOBE.COM

Das Vorstellungsgespräch

Jetzt wird es konkret

Jedes Vorstellungsgespräch ist einzigartig, aber die meisten haben die gleichen Schwerpunkte: Ihr beruflicher Werdegang und Ihre Selbstbeschreibung sowie die Motivation für Ihr Mitarbeits-Angebot. Nachgeordnet auch die aktuelle Arbeit, Ihre Arbeitsweise, Erfolge und Probleme im Arbeitsalltag sowie vergangene Arbeitsplatz-Wechsel und Ihre Erwartungen an neuen Job. Bereiten Sie sich konkret darauf vor.

Ihre Aufgabe im Vorstellungsgespräch ist es, angemessen Auskunft über sich zu geben, gegebenenfalls auch ohne Aufforderung. Berichten Sie unbedingt über:

- Sich persönlich (**P**)
- Ihre aktuelle Arbeit (**KL**)
- Ihr Mitarbeits-Angebot (**KLP+USP**)

Lenken Sie dazu das Gespräch, falls nötig, dahin, was Sie begeistert, welche fachlichen Voraussetzungen Sie mitbringen und was Ihre Stärken sind. Beantworten Sie dazu schon im Vorfeld ganz konkret folgende drei Kernfragen:

- **Wer sind Sie?**
  Erzählen Sie über Ihre Persönlichkeit und Ihre Entwicklung. Was prägt Sie? Erzählen Sie über sich.
- **Wie können Sie helfen?**
  Erzählen Sie von Ihren Kompetenzen, Problem-Lösungs-Erfahrungen und Erfolgen. Seien Sie hier unbedingt glaubwürdig.
- **Was treibt Sie an?**
  Legen Sie Ihre Motivation, Lern- und Kooperationsbereitschaft dar. Zeigen Sie, wie leistungsbewusst und verantwortungsbewusst Sie sind.

Bereiten Sie weitere Aussagen vor, etwa zu Ihren Motiven (Was spornt Sie jetzt und ganz generell an?) und Ihrer aktuellen Aufgabensituation.
Ihr Lebenslauf ist nicht nur eine Liste von Stationen – er erzählt etwas über Sie. Erzählen Sie also

- Wo sind Sie aufgewachsen? Was hat Sie geprägt?
- Wie kam es zur Berufswahl?
- Was waren Erfolge? Worauf sind Sie stolz?
- Berichten Sie aber auch über Rückschläge? Was haben Sie daraus gelernt?
- Was sind Ihre fachlichen Schwerpunkte, Ihre Stärken – aber auch Ihre blinden Flecken?
- Welche Vorbilder oder Unterstützer haben Sie begleitet?
- Wie sieht Ihr Arbeitstag aus? Wofür sind Sie aktuell verantwortlich?

Konzentrieren Sie sich auf maximal 10 Stationen und erzählen Sie diese in 30–90 Sekunden. Achten Sie dabei auf einen roten Faden.

Die Jobmesse

Eintrittskarte zur Karriere

Firmenkontaktmessen sind ideal für Berufseinsteiger*innen, um sich über Arbeitsfelder und Jobperspektiven zu informieren und erste Kontakte zu potenziellen Arbeitgeber*innen zu knüpfen. Ob zur Orientierung oder zur gezielten Bewerbung – jedes Gespräch kann wegweisend sein. Neben Infomaterial nehmen Sie vielleicht auch eine Einladung zum Vorstellungsgespräch oder eine Idee für die Abschlussarbeit mit. Eine gute Vorbereitung ist deshalb unerlässlich.

Vor der Messe

Vorbereitung ist das A und O – nicht nur für Bewerbungsunterlagen und Vorstellungsgespräche, sondern auch für einen überzeugenden Messeauftritt.

Ziel

Überlegen Sie, was Sie erreichen möchten: einen Job, ein Praktikum, ein Thema für die Abschlussarbeit oder allgemeine Brancheninfos?

Recherche

Informieren Sie sich über teilnehmende Unternehmen, deren Stellenangebote und Ansprechpartner*innen. So können Sie gezielt Gespräche führen.

Berufsprofil

Kennen Sie Ihre Stärken, Interessen und beruflichen Ziele. Überlegen Sie, warum ein Unternehmen sich gerade für Sie entscheiden sollte.

Unterlagen

Nehmen Sie sowohl eine vollständige Bewerbungsmappe als auch eine Kurzbewerbung (z. B. als Flyer) mit – passend zur jeweiligen Gesprächssituation.

Selbstpräsentation

Bereiten Sie einen kurzen Vorstellungstext vor: Wer sind Sie? Was haben Sie gemacht? Was suchen Sie und warum?

FOTOS: STUZUBI / MCH MESSE SCHWEIZ (ZÜRICH) AG

*Karriere- und Jobmessen wie die Stuzubi in Leipzig bieten Berufseinsteiger*innen die Möglichkeit, sich bei den verschiedenen Ausstellern über ihre beruflichen Möglichkeiten zu informieren.*

FOTO: JOBSFORFUTURE; CHRISTOPH BLÜTHNER

Der erste Eindruck zählt bei Vorstellungsgesprächen ebenso wie auf Karrieremessen, wie zum Beispiel „Jobs for Future" in Mannheim. Um einen guten Eindruck zu hinterlassen, sollte der Besuch einer Job- oder Karrieremesse gut geplant sein.

Auf der Messe

In den ersten 30 Sekunden entsteht der wichtigste Eindruck – achten Sie auf eine offene Haltung, Blickkontakt und ein freundliches Auftreten

Kleidung

Wählen Sie ein gepflegtes, aber authentisches Outfit – ein Messegespräch ist oft ein kleiner Vorgeschmack auf ein Bewerbungsgespräch.

Initiative

Gehen Sie selbstbewusst auf Unternehmensvertreter*innen zu. Zeigen Sie Interesse durch Fragen zu Tätigkeitsfeldern oder Branchentrends.

Einstieg

Beziehen Sie sich auf das Unternehmen oder Branchentrends, um Ihr Interesse zu zeigen.

Botschaft

Stellen Sie gezielte Fragen und präsentieren Sie Ihre vorbereitete Kurzvorstellung – präzise und selbstbewusst

Austausch und Abschluss

Nutzen Sie Ihren vorbereiteten Kurzvortrag, um Ihre Stärken auf den Punkt zu bringen. Fragen Sie am Ende, ob Sie Ihre Unterlagen dalassen dürfen, und bitten Sie um eine Visitenkarte.

Nach der Messe: Nachfassen

Notieren Sie sich direkt nach dem Gespräch, worüber gesprochen wurde, und folgen Sie Ihren Zusagen zeitnah nach – z. B. mit dem Versand Ihrer Bewerbungsunterlagen.

Alle Informationen rund um Jobmessen gibt es auf:

www.zukunftsbranche-bahn.de

und hinter diesem **QR-Code**

InnoTrans Campus 2026:

Karriere? Nächster Halt: InnoTrans!

Die Mobilitätsbranche sucht kluge Köpfe und engagierte Nachwuchstalente von der Lokführerin bis zum Datenanalysten. Als Weltleitmesse für Verkehrstechnik bietet die InnoTrans verschiedene Formate, die Studierende und Young Professionals mit Unternehmen aus der Bahnbranche zusammenbringen. Highlight ist der Eurailpress Career Boost, den die InnoTrans und die DVV Media Group bereits zwei Mal live und zwei Mal digital veranstaltet haben. Dabei verbinden Elevator-Pitches Jobsuchende mit Recruitern live und effizient. Auf der InnoTrans 2026 findet die fünfte Ausgabe wieder live auf der Bühne statt.

Traumjob in 90 Sekunden

„Trau' dich und zeig' uns, wer du bist!": Auf der Talent Stage stellen sich junge Fachkräfte in 90-sekündigen Pitches vor und beantworten kurze Fragen des Moderators. Wer Interesse weckt, kann sich anschließend mit den HR-Experten austauschen. Die Jobsuchenden treten in einer der drei Kategorien an: betriebsnahe Berufe (z. B. Triebfahrzeugführer:in, Fahrdienstleiter:in), technische Berufe (z. B. Mechatroniker:in) sowie IT- und Digitalisierungsberufe (z. B. Softwareentwickler:in, Datenanalyst:in).

Bei der InnoTrans 2024 war Maria Potapova dabei. Gleich nach ihrem Pitch wollten sie drei Unternehmen näher kennenlernen. Ihr Ziel war es, eine Stelle in der Bahnindustrie zu bekommen, um Lieferketten zu verbessern und kosteneffiziente Beschaffungslösungen zu entwickeln. Heute arbeitet Maria als Spezialistin im Einkauf von Stadler. Ihre Karriere in der Bahnindustrie wollte auch Anna Ewert vorantreiben. Von ihrer Teilnahme zieht sie ein positives Fazit: „Es war eine sehr inspirierende und motivierende Veranstaltung, so viele neue Recruiter kennenzulernen, aber auch viele Menschen zu treffen, die auf Jobsuche sind."

InnoTrans Campus 2026: Your. Future.

Auf der InnoTrans 2026 vom 22. bis 25.09. verbindet das Angebot des InnoTrans Campus in der Halle 21e Schüler:innen der Abschlussklassen, Studierende oder Young Professionals mit HR-Fachleuten der Aussteller. Eurailpress Career Boost, RecruitingLAB, Talent Stage, Career Point und Tours sowie die Jobwall bieten vielfältige Möglichkeiten, Kontakte zwischen Nachwuchskräften und Unternehmen zu knüpfen. Das RecruitingLAB ist eine exklusive Networking-Area, in der Jobsuchende mit HR-Fachleuten direkt in Kontakt treten. Auf der Talent Stage informieren sie über Ausbildung, Einstieg und Karriere in ihren Unternehmen. Die Jobwall enthält aktuelle Stellenangebote der Aussteller auf InnoTrans Plus online oder live in der Halle. Wer als Azubi, Student:in oder Schüler:in den Campus besuchen möchte, bekommt mit einem Nachweis ein vergünstigtes Ticket. Das Campus-Ticket kostet als Tagesticket 17 Euro und das Dauerticket 30 Euro.

Career Tours zu den Ausstellern der InnoTrans

Einen kompakten Überblick über das Messegeschehen erhalten Studierende und Nachwuchsfachkräfte bei den Career Tours. Die Rundgänge finden mehrmals täglich statt und sind kostenfrei. Die Career Tours führen zu den Ausstellern, die ihren Messestand mit einem Career Point markiert haben. Direkt vor Ort können sie ihr Unternehmen zeitgleich einer ganzen Gruppe Jobsuchender vorstellen.

InnoTrans: Weltweit größtes Branchenschaufenster

Auf der InnoTrans trifft sich die gesamte Welt der Schienenverkehrstechnik und Mobilität. Auf 200.000 m² belegt die Leitmesse alle 42 Hallen des Berliner Messegeländes. 2024 präsentierten 2.946 internationale Aussteller ihre Produkte 159.230 Fachbesuchenden aus 128 Ländern. Die InnoTrans bietet eine einzigartige Marktabdeckung – von Antrieben über ERTMS und Wasserstoffzüge bis zu Zweiwegefahrzeugen. Mit dem AI Mobility Lab bot sie 2024 erstmals einen eigenen Bereich zu KI, Robotics, Datenschutz und Cyber Security. Herz der InnoTrans ist das Frei- und Gleisgelände mit 3.500 Gleismetern, das 133 Fahrzeuge auf der Schiene zeigte. Das Bus Display mit unmittelbar angebundenen 500 Metern Demonstration Course setzt die nächste Generation Busse im fahrenden Betrieb in Szene.

FOTOS: INNOTRANS – MESSE BERLIN

InnoTrans Campus

Kontakt:

Kontakt: **Hugo Sütterlin**
Telefon: +49 30 3038 4770
E-Mail: hugo.suetterlin@messe-berlin.de
Internet: **www.innotrans.de/campus**

Jobmessen-Termine

Eintrittskarten zur Karriere

Datum	Uhrzeit	Messe
Januar		
18. + 19. Januar 2026	10 - 17 Uhr / 9 - 16 Uhr	Chance
23. - 25. Januar 2026	9 - 17 Uhr / 10 - 17 Uhr	KarriereStart
23. + 24. Januar 2026	9 - 15 Uhr / 10 - 16 Uhr	Einstieg
24. Januar 2026	10 - 16 Uhr	stuzubi
24. + 25. Januar 2026	10 - 16 Uhr / 11 - 17 Uhr	Jobmesse
30. + 31. Januar 2026	9 - 15 Uhr / 10 - 16 Uhr	Einstieg
31. Januar 2026	10 - 16 Uhr	stuzubi
Februar		
07. Februar 2026	10 - 16 Uhr	stuzubi
07. + 08. Februar 2026	10 - 16 Uhr / 11 - 17 Uhr	Jobmesse
13. + 14. Februar 2026	10 - 17 Uhr	IMPULS
14. Februar 2026	10 - 16 Uhr	stuzubi
19. Februar 2026	9:30 - 17:30 Uhr	TALENT kompakt
20. + 21. Februar 2026	9 - 16 Uhr / 10 - 17 Uhr	Chance
20. + 21. Februar 2026	9 - 15 Uhr / 10 - 16 Uhr	Einstieg
21. Februar 2026	10 - 16 Uhr	stuzubi
28. Februar 2026	10 - 16 Uhr	stuzubi
März		
04. März 2026	10 - 17 Uhr	Karrieretag
05. März 2026	10 - 17 Uhr	Karrieretag

Stadt	Veranstaltungsort	Website
in Gießen	Messe Giessen	www.chance-giessen.de
in Dresden	Messe Dresden	www.messe-karrierestart.de
in Stuttgart	Hanns-Martin-Schleyer-Halle	www.recruiting.einstieg.com/events
in Mainz/Wiesbaden	Halle 45, Mainz	www.stuzubi.de/vor-ort-und-digitale-ausbildungsmessen-uebersicht
in Hamburg	Hamburg Cruise Center Altona	www.jobmesse.de
in Köln	Kölnmesse	www.recruiting.einstieg.com/events
in Nürnberg	Meistersingerhalle	www.stuzubi.de/vor-ort-und-digitale-ausbildungsmessen-uebersicht
in Stuttgart	Liederhalle	www.stuzubi.de/vor-ort-und-digitale-ausbildungsmessen-uebersicht
in München	MOC - Event Center, Halle 4	www.jobmesse.de
in Cottbus	Messe Cottbus	www.impuls-cb.de
in Berlin	Messe Berlin	www.stuzubi.de/vor-ort-und-digitale-ausbildungsmessen-uebersicht
in Bremen	ÖVB-Arena	www.jobwoche.de/messen
in Halle	Messe Halle	www.chance-halle.de
in Hamburg	Messe Hamburg	www.recruiting.einstieg.com/events
in Essen	Messe Essen	www.stuzubi.de/vor-ort-und-digitale-ausbildungsmessen-uebersicht
in München	MOC - Event Center	www.stuzubi.de/vor-ort-und-digitale-ausbildungsmessen-uebersicht
in Essen	Philharmonie Essen	www.karrieretag.org
in Berlin	Estrel Berlin	www.karrieretag.org

Datum	Uhrzeit	Messe
07. März 2026	9 - 15 Uhr / 10 - 16 Uhr	Einstieg
07. März 2026	10 - 16 Uhr	stuzubi
14. März 2026	10 - 16 Uhr	stuzubi
14. + 15. März 2026	10 - 16 Uhr / 11 - 17 Uhr	Jobmesse
19. März 2026	10 - 17 Uhr	Karrieretag
21. März 2026	9 - 15 Uhr / 10 - 16 Uhr	Einstieg
21. März 2026	9:30 - 17:30 Uhr	TALENT kompakt
21. + 22. März 2026	10 - 16 Uhr / 11 - 17 Uhr	Jobmesse
25. März 2026	12 - 18 Uhr	TALENT kompakt
26. März 2026	10 - 17 Uhr	Karrieretag
28. März 2026	10 - 16 Uhr	stuzubi
April		
11. + 12. April 2026	10 - 16 Uhr / 11 - 17 Uhr	Jobmesse
14. April 2026	10 - 17 Uhr	Karrieretag
15. April 2026	10 - 17 Uhr	Karrieretag
16. April 2026	10 - 17 Uhr	Karrieretag
18. + 19. April 2026	10 - 16 Uhr / 11 - 17 Uhr	Jobmesse
22. April 2026	10 - 16 Uhr	Meet@Karrieremesse
22. April 2026	10 - 17 Uhr	Karrieretag
23. April 2026	10 - 16 Uhr	Meet@Karrieremesse
23. April 2026	10 - 17 Uhr	Karrieretag
25. April 2026	10 - 16 Uhr	katapult
29. April 2026	10 - 17 Uhr	Karrieretag
Mai		
05. – 07. Mai 2026	9:30 – 16:30 Uhr	konaktiva

Stadt	Veranstaltungsort	Website
in Münster	Messe und Congress Centrum Halle Münsterland	www.recruiting.einstieg.com/events
in Leipzig	Kongresshalle am Zoo	www.stuzubi.de/vor-ort-und-digitale-ausbildungsmessen-uebersicht
in Dortmund	Messe Dortmund	www.stuzubi.de/vor-ort-und-digitale-ausbildungsmessen-uebersicht
in Lübeck	Kulturwerft Gollan	www.jobmesse.de
in Bonn	Telekom Dome	www.karrieretag.org
in Freiburg	Messe Freiburg	www.recruiting.einstieg.com/events
in Kiel	Ostseekai	www.jobwoche.de/messen
in Köln	Motorworld Köln	www.jobmesse.de
in Hamburg	Barclays Arena	www.jobwoche.de/messen
in Düsseldorf	Areal Böhler	www.karrieretag.org
in Hamburg	Sporthalle Hamburg	www.stuzubi.de/vor-ort-und-digitale-ausbildungsmessen-uebersicht
in Oldenburg	Weser-Ems-Hallen	www.jobmesse.de
in Wuppertal	Historische Stadthalle	www.karrieretag.org
in Karlsruhe	Schwarzwaldhalle	www.karrieretag.org
in Köln	RheinEnergieSTADION	www.karrieretag.org
in Dortmund	Mercedes-Benz Niederlassung	www.jobmesse.de
in Aachen	FH Aachen, Messezelt	www.iqb.de/events/meetcampusmessen
in Dortmund	Messe Dortmund	www.karrieretag.org
in Aachen	FH Aachen, Campus	www.iqb.de/events/meetcampusmessen
in Leipzig	Kongresshalle am Zoo	www.karrieretag.org
in Frankenthal	Congress Forum	www.katapult-messe.de/frankenthal
in Hamburg	CCH Congress Center Hamburg	www.karrieretag.org
in Darmstadt	Darmstadtium	www.konaktiva.tu-darmstadt.de

Datum	Uhrzeit	Messe
06. + 07. Mai 2026	10 - 16 Uhr	Meet@Karrieremesse
06. + 07. Mai 2026	10 - 16 Uhr	Meet@Karrieremesse
07. Mai 2026	10 - 17 Uhr	Karrieretag
08. + 09. Mai 2026	9 - 15 Uhr / 10 - 16 Uhr	Einstieg Frankfurt - die Berufswahlmess
09. + 10. Mai 2026	10 - 16 Uhr / 11 - 17 Uhr	Jobmesse
12. + 13. Mai 2026	10 - 16 Uhr	Meet@Karrieremesse
19. Mai 2026	10 - 17 Uhr	Karrieretag
20. Mai 2026	10 - 16 Uhr	Meet@Karrieremesse
21. Mai 2026	10 - 17 Uhr	Karrieretag
27. + 28. Mai 2026	10 - 16 Uhr	Meet@Karrieremesse
28. Mai 2026	10 - 17 Uhr	talent transfair
28. Mai 2026	10 - 17 Uhr	Karrieretag
30. + 31. Mai 2026	10 - 16 Uhr / 11 - 17 Uhr	Jobmesse
Mai 2026	9 - 15 Uhr	katapult
Juni		
3. Juni 2026	10 - 17 Uhr	Karrieretag
06. + 07. Juni 2026	10 - 16 Uhr / 11 - 17 Uhr	Jobmesse
10. Juni 2026	10 - 17 Uhr	Karrieretag
10. Juni 2026	10 - 16 Uhr	Meet@Karrieremesse
10. + 11. Juni 2026	10 - 16 Uhr	Meet@Karrieremesse
11. Juni 2026	10 - 17 Uhr	Karrieretag
13. + 14. Juni 2026	10 - 16 Uhr / 11 - 17 Uhr	Jobmesse
24. Juni 2026	10 - 17 Uhr	Karrieretag
25. Juni 2026	10 - 16 Uhr	Meet@Karrieremesse
25. Juni 2026	10 - 16 Uhr	Meet@Karrieremesse
27. + 28. Juni 2026	10 - 16 Uhr / 11 - 17 Uhr	Jobmesse

Stadt	Veranstaltungsort	Website
in Kassel	Universität Kassel, Campus Center	www.iqb.de/events/meet
in Hannover	Hochschule Hannover, Aula	www.iqb.de/events/meetcampusmessen
in Frankfurt	Jahrhunderthalle	www.karrieretag.org
in Frankfurt	Messe Frankfurt	www.recruiting.einstieg.com/events
in Emsland	Emslandhallen	www.jobmesse.de
in Friedberg	THM Friedberg, Messezelt	www.iqb.de/events/meetcampusmessen
in München	Zenith / Motorworld	www.karrieretag.org
in Bingen	TH Bingen	www.iqb.de/events/meetcampusmessen
in Kassel	documenta Kassel	www.karrieretag.org
in Frankfurt	Frankfurt University of applied Sciences, Foyer	www.iqb.de/events/meetcampusmessen
in Kiel	CAU Audimax und Christian-Albrechts-Platz	www.cau.talent-transfair.de
in Koblenz	Rhein-Mosel-Halle	www.karrieretag.org
in Berlin	Arena Berlin	www.jobmesse.de
in Bochum	Hochschule Bochum BlueBox	www.katapult-messe.de/bochum
in Aachen	Eurogress	www.karrieretag.org
in Hannover	HCC Hannover Congress Centrum	www.jobmesse.de
in Bielefeld	Lokschuppen	www.karrieretag.org
in Trier	Universität Trier, Parkplatz Universitätsring	www.iqb.de/events/meetcampusmessen
in Köln	TH Köln, Campus	www.iqb.de/events/meetcampusmessen
in Augsburg	Kongress am Park	www.karrieretag.org
in Münster	Messe und Congress Centrum / Halle Münsterland	www.jobmesse.de
in Mannheim	Congress Center Rosengarten	www.karrieretag.org
in Köln	TH Köln, Campus	www.iqb.de/events/meetcampusmessen
in Marburg	Philipps-Universität	www.iqb.de/events/meetcampusmessen
in München	Flughafen München	www.jobmesse.de

Datum	Uhrzeit	Messe
September		
05. September 2026	10 - 16 Uhr	stuzubi
09. September 2026	10 - 17 Uhr	Karrieretag
12. September 2026	10 - 16 Uhr	stuzubi
16. September 2026	10 - 17 Uhr	Karrieretag
17. September 2026	10 - 17 Uhr	Karrieretag
19. September 2026	9 - 15 Uhr / 10 - 16 Uhr	Einstieg
19. September 2026	10 - 16 Uhr	stuzubi
19. September 2026	10 - 16 Uhr	stuzubi
22. - 25. September 2026	9 - 18 Uhr / 9 - 16 Uhr	InnoTrans Campus
24. September 2026	10 - 17 Uhr	Karrieretag
25. + 26. September 2026	9 - 15 Uhr / 10 - 16 Uhr	Einstieg
26. September 2026	9 - 15 Uhr / 10 - 16 Uhr	Einstieg
26. September 2026	10 - 16 Uhr	stuzubi
26. September 2026	10 - 16 Uhr	stuzubi
Oktober		
07. Oktober 2026	10 - 17 Uhr	Karrieretag
07. Oktober 2026	10 - 17 Uhr	Karrieretag
10. Oktober 2026	10 - 16 Uhr	stuzubi
10. Oktober 2026	10 - 16 Uhr	stuzubi
13. Oktober 2026	10 - 17 Uhr	Karrieretag

	Stadt	Veranstaltungsort	Website
	in Dresden	Messe Dresden	www.stuzubi.de/vor-ort-und-digitale-ausbildungsmessen-uebersicht
	in Bremen	Energieleitzentrale	www.karrieretag.org
	in Hamburg	Sporthalle Hamburg	www.stuzubi.de/vor-ort-und-digitale-ausbildungsmessen-uebersicht
	in Essen	Philharmonie Essen	www.karrieretag.org
	in Wuppertal	Historische Stadthalle	www.karrieretag.org
	in Karlsruhe	Schwarzwaldhalle	www.recruiting.einstieg.com/events
	in Düsseldorf	Mitsubishi Electric Halle	www.stuzubi.de/vor-ort-und-digitale-ausbildungsmessen-uebersicht
	in Leipzig	Kongresshalle am Zoo	www.stuzubi.de/vor-ort-und-digitale-ausbildungsmessen-uebersicht
	in Berlin	Expo Center	**www.innotrans.de/campus**
	in Düsseldorf	Areal Böhler	www.karrieretag.org
	in Dortmund	Messe Dortmund	www.recruiting.einstieg.com/events
	in Halle/Leipzig	GLOBANA Campus Messe & Event	www.recruiting.einstieg.com/events
	in Köln	XPOST	www.stuzubi.de/vor-ort-und-digitale-ausbildungsmessen-uebersicht
	in Miesbach	Waitzinger Keller	www.stuzubi.de/vor-ort-und-digitale-ausbildungsmessen-uebersicht
	in Freiburg	Europa-Park-Stadion	www.karrieretag.org
	in Kiel	Wunderino Arena	www.karrieretag.org
	in Stuttgart	Liederhalle	www.stuzubi.de/vor-ort-und-digitale-ausbildungsmessen-uebersicht
	in München	MOC - Event Center	www.stuzubi.de/vor-ort-und-digitale-ausbildungsmessen-uebersicht
	in Nürnberg	Meistersingerhalle	www.karrieretag.org

Datum	Uhrzeit	Messe
14. Oktober 2026	10 - 17 Uhr	Karrieretag
17. Oktober 2026	10 - 16 Uhr	stuzubi
21. Oktober 2026	10 - 17 Uhr	Karrieretag
28. Oktober 2026	10 - 17 Uhr	Karrieretag
31. Oktober 2026	10 - 16 Uhr	stuzubi
November		
06. November 2026	10 - 17 Uhr	Karrieretag
06. + 07. November 2026	9 - 15 Uhr / 10 - 16 Uhr	Einstieg Berufe live Rheinland
10. November 2026	10 - 17 Uhr	Karrieretag
11. November 2026	10 - 17 Uhr	Karrieretag
12. November 2026	10 - 17 Uhr	Karrieretag
13. + 14. November 2026	9 - 15 Uhr / 10 - 16 Uhr	Einstieg
14. November 2026	10 - 16 Uhr	stuzubi
18. November 2026	10 - 17 Uhr	Karrieretag
19. November 2026	10 - 17 Uhr	Karrieretag
20. + 21. November 2026	9 - 15 Uhr / 10 - 16 Uhr	Einstieg
21. November 2026	9 - 15 Uhr / 10 - 16 Uhr	Einstieg
25. November 2026	10 - 16 Uhr	Meet@Karrieremesse
26. November 2026	10 - 17 Uhr	Karrieretag
26. November 2026	10 - 17 Uhr	Karrieretag
28. November 2026	9 - 15 Uhr / 10 - 16 Uhr	Einstieg
Dezember		
09. Dezember 2026	10 - 17 Uhr	Karrieretag
10. Dezember 2026	10 - 17 Uhr	Karrieretag

ALLE ANGABEN OHNE GEWÄHR

Stadt	Veranstaltungsort	Website
in Hamburg	CCH Congress Center Hamburg	www.karrieretag.org
in Berlin	Messe Berlin	www.stuzubi.de/vor-ort-und-digitale-ausbildungsmessen-uebersicht
in Karlsruhe	Schwarzwaldhalle	www.karrieretag.org
in Hannover	HCC Hannover Congress Centrum	www.karrieretag.org
in Frankfurt	Messe Frankfurt FORUM	www.stuzubi.de/vor-ort-und-digitale-ausbildungsmessen-uebersicht
in Dresden	Internationales Congress Center Dresde	www.karrieretag.org
in Köln	XPOST	www.recruiting.einstieg.com/events
in Köln	RheinEnergieSTADION	www.karrieretag.org
in Stuttgart	Liederhalle	www.karrieretag.org
in Frankfurt	Jahrhunderthalle	www.karrieretag.org
in Berlin	Arena Berlin	www.recruiting.einstieg.com/events
in Hannover	HCC Eilenriedehalle	www.stuzubi.de/vor-ort-und-digitale-ausbildungsmessen-uebersicht
in München	Zenith / Motorworld	www.karrieretag.org
in Koblenz	Rhein-Mosel-Halle	www.karrieretag.org
in München	MOC - Event Center	www.recruiting.einstieg.com/events
in Düsseldorf	Alte Federnfabrik	www.recruiting.einstieg.com/events
in Marburg	Philipps-Universität	www.iqb.de/events/meetcampusmessen
in Aachen	Eurogress	www.karrieretag.org
in Bonn	Telekom Dome	www.karrieretag.org
in Mainz / Wiesbaden	Halle 45	www.recruiting.einstieg.com/events
in Berlin	Estrel Berlin	www.karrieretag.org
in Dortmund	Messe Dortmund	www.karrieretag.org

Kontaktarena

Hochschulen und Universitäten
Fachschulen und Akademien

„In den klassischen Berufen des Eisenbahnsektors und in vielen neuen Aufgabenfeldern wie Data Analytics, IoT und KI warten exzellente Karrieremöglichkeiten darauf, von Berufseinsteiger*innen und erfahrenen Quereinsteiger*innen entdeckt zu werden. Das Handbuch Zukunftsbranche Bahn bietet hierzu einen sehr guten Überblick und ist für jede*n Bewerber*in ein zuverlässiger Ratgeber."

Edmund Schlummer,
Schlummer Management Consulting GmbH

Studienrichtungen mit Bezug

Alle Angaben ohne Gewähr	RWTH Aachen	FH Aachen	BHT Berliner Hochschule für Technik	HTW Berlin	HWR Berlin	TU Berlin	HSBI Hochschule Bielefeld	Hochschule Bochum	TH Brandenburg	TU Braunschweig	TU Darmstadt	Wilhelm Büchner Hochschule Darmstadt	TU Dresden	Uni Duisburg-Essen
Angebot dualer Studiengänge			x	x	x									
Automation / Automatisierungstechnik	x			x		x			x	x		x		x
Bahnsystemingenieurwesen	x					x				x			x	
Bauingenieurwesen	x	x	x	x	x	x		x		x	x		x	x
Betriebswirtschaftslehre				x	x	x			x				x	x
Computational Engineering / Kybernetik				x		x			x		x			x
Digitale Bahnsysteme						x	x							
Eisenbahnbetrieb / Eisenbahnbetriebswirtschaft	x					x				x			x	
Eisenbahnwesen	x					x				x			x	
Elektrotechnik	x			x	x	x				x		x	x	x
Fahrzeugtechnik / Motorentechnik	x	x		x	x	x				x			x	
Informatik / Technische Informatik / Informationstechnik	x			x	x	x				x		x	x	x
Intelligente Verkehrssysteme und Mobilitätsmanagement	x					x		x		x	x		x	x
Logistik / Logistik Management / Technische Logistik	x				x	x				x	x		x	x
Maschinenbau	x			x	x	x		x	x	x		x	x	x
Mathematik	x					x				x			x	x
Mobilität und Verkehr	x		x			x		x		x	x		x	x
Mechatronik		x				x		x	x			x	x	x
Mikrosystemtechnik				x										

zum Schienenverkehr

… Erfurt	Duale Hochschule Gera-Eisenach	Westfälische Hochschule	Duale Hochschule Sachsen | Campus Glauchau	FH Südwestfalen	Hochschule Heilbronn	RPTU Kaiserslautern-Landau	Karlsruher Institut für Technologie (KIT)	TH Köln	DHBW Lörrach	Hochschule München	TU München	Technische Hochschule Nürnberg	Hochschule Offenburg	Ostfalia Hochschule	Uni Stuttgart	Bauhaus-Universität Weimar	TH Wildau	FH Würzburg-Schweinfurt	TU Graz, AT	Universität Innsbruck, AT	FH St. Pölten, AT	TU Wien, AT	ZAHW Winterthur, CH
x	x	x	x	x				x	x	x				x			x	x			x		
	x	x		x		x		x		x		x		x				x					
							x					x					x				x		
						x	x	x		x	x	x		x	x			x	x	x	x	x	
	x	x		x		x		x		x			x	x	x		x	x			x		
						x									x								
							x														x		
							x	x				x									x		
	x	x		x		x	x	x		x		x		x				x			x		
				x		x	x	x		x		x			x			x					
	x	x	x	x		x	x	x		x				x			x	x					
		x					x					x		x									
		x	x		x			x	x	x			x	x			x	x					
		x		x		x	x	x		x		x		x	x		x	x					
						x	x																
		x				x	x					x		x							x		
		x		x		x	x	x		x				x	x			x					

Studienrichtungen mit Bezug

Alle Angaben ohne Gewähr	RWTH Aachen	FH Aachen	BHT Berliner Hochschule für Technik	HTW Berlin	HWR Berlin	TU Berlin	HSBI Hochschule Bielefeld	Hochschule Bochum	TH Brandenburg	TU Braunschweig	TU Darmstadt	Wilhelm Büchner Hochschule Darmstadt	TU Dresden	Uni Duisburg-Essen
Personenverkehr	x					x		x		x	x		x	x
Physik						x				x				x
Rechtswissenschaften					x	x								
Simulation Sciences	x					x				x				
Straßen- und Schienenwesen	x					x		x		x	x		x	
Stadt- und Verkehrsplanung / Infrastruktur	x		x			x		x		x	x		x	x
Technologie- und Innovationsmanagement						x			x	x		x		
Tourismusmanagement					x	x								
Umweltingenieurwesen / Umwelttechnik			x		x	x			x	x	x		x	
Verkehrsbetriebswirtschaft / Verkehrswirtschaft / Verkehrsmanagement / Verkehrswesen	x					x		x		x	x		x	
Verkehrsingenieurwesen	x					x				x	x		x	
Verwaltung					x	x								
Volkswirtschaftslehre / Technische Volkswirtschaft						x							x	x
Wirtschaftsingenieurwesen	x			x		x		x	x	x	x	x	x	x
Railway Systems Engineering	x					x							x	
Schienenfahrzeugtechnik	x	x				x							x	

zum Schienenverkehr

FH Erfurt	Duale Hochschule Gera-Eisenach	Westfälische Hochschule	Duale Hochschule Sachsen | Campus Glauchau	FH Südwestfalen	Hochschule Heilbronn	RPTU Kaiserslautern-Landau	Karlsruher Institut für Technologie (KIT)	TH Köln	DHBW Lörrach	Hochschule München	TU München	Technische Hochschule Nürnberg	Hochschule Offenburg	Ostfalia Hochschule	Uni Stuttgart	Bauhaus-Universität Weimar	TH Wildau	FH Würzburg-Schweinfurt	TU Graz, AT	Universität Innsbruck, AT	FH St. Pölten, AT	TU Wien, AT	ZAHW Winterthur, CH
							x							x							x		
						x	x										x						
		x		x										x			x						
						x	x					x									x		
						x	x														x	x	
															x								
										x				x									
						x		x			x			x	x	x	x	x	x	x			
		x	x		x		x							x							x		x
		x					x					x		x	x						x		x
				x					x												x		
							x																
	x	x	x	x		x	x	x		x				x			x	x					

RWTH Aachen

Studiengänge und Abschlüsse

- Maschinenbau (B.Sc.) mit Berufsfeld Verkehrstechnik, Vertiefung Fahrzeugtechnik
- Fahrzeugtechnik und Transport (M.Sc) mit Vertiefung Schienenfahrzeugtechnik
- Wirtschaftsingenieurwesen mit Fachrichtung Maschinenbau (B.Sc.) mit Berufsfeld Verkehrstechnik, Vertiefung Fahrzeugtechnik
- Wirtschaftsingenieurwesen mit Fachrichtung Maschinenbau (M.Sc.) mit Vertiefung Fahrzeugtechnik und Transport-Schienenfahrzeugtechnik
- Bauingenieurwesen (B.Sc.)
- Bauingenieurwesen (M.Sc.) mit dem Schwerpunkt Verkehrswesen
- Wirtschaftsingenieurwesen mit Fachrichtung Bauingenieurwesen (B.Sc.)
- Wirtschaftsingenieurwesen mit Fachrichtung Bauingenieurwesen (M.Sc.) mit der Studienrichtung Verkehrswesen und Raumplanung
- Elektrotechnik und Informationstechnik (B.Sc.) mit Schwerpunkt Energietechnik
- Computer Engineering (B.Sc) (dt.)
- Computer Engineering (M.Sc) (en.)
- Elektrotechnik und Informationstechnik (M.Sc.) mit Schwerpunkt Electrical Power Engineering (en.)
- Verkehrsingenieurwesen und Mobilität (M.Sc.) mit dem Schwerpunkt Bahnsystemingenieur (dt.)
- Verkehrsingenieurwesen und Mobilität (M.Sc.) mit dem Schwerpunkt Railway Systems Engineering (en.)
- Wirtschaftsingenieurwesen mit Fachrichtung Elektrische Energietechnik (B.Sc.)

Studienbeginn:
B.Sc.: Wintersemester
M.Sc.: Winter- / Sommersemester

Kontakt:

Zentrale Studienberatung
Templergraben 83, 52062 Aachen
Telefon: +49 (0)241 80 94050
E-Mail: studienberatung@rwth-aachen.de

Fakultät Bauingenieurwesen
Verkehrswissenschaftliches Institut (VIA)
Mies-van-der-Rohe-Straße 1, 52074 Aachen
Telefon: +49 (0) 241 80-25190
E-Mail: dekanat@fb3.rwth-aachen.de
E-Mail: via@via.rwth-aachen.de

Fakultät für Maschinenwesen (FAK4)
Institut für Schienenfahrzeuge und Transportsysteme (IFS)
Eilfschornsteinstraße 18, 52062 Aachen
Telefon: +49 (0) 241 80-95305
E-Mail: secretary@fb4.rwth-aachen.de

Fakultät für Elektrotechnik und Informationstechnik
Institut für Stromrichtertechnik und Elektrische Antriebe (ISEA)
Schinkelstr. 2, 52062 Aachen
Telefon: +49 (0) 241 80-27571
E-Mail: dekanat@fb6.rwth-aachen.de

Institute

- Verkehrswissenschaftliches Institut (VIA)
  Internet: www.via.rwth-aachen.de
- Institut für Schienenfahrzeuge und Transportsysteme (IFS)
  Internet: www.ifs.rwth-aachen.de
- Institut für Stromrichtertechnik und Elektrische Antriebe (ISEA)
  Internet: www.isea.rwth-aachen.de

Fachhochschule Aachen

Studiengänge und Abschlüsse

- Bauingenieurwesen (B.Eng)

  Internet (Kurz-URL):
  https://fhac.de/DD72G

- Bauingenieurwesen (M.Eng.)

  Internet (Kurz-URL):
  https://fhac.de/NUPZD

- Maschinenbau (B.Eng.)

  mit der Vertiefungsrichtung
  Schienenfahrzeugtechnik
  Internet (Kurz-URL):
  fhac.de/maschbau.de

Studienbeginn: Wintersemester

Kontakt:

Zentrale Studienberatung

E-Mail:
studienberatung@fh-aachen.de
Internet (Kurz-URL):
fhac.de/fh-studienberatung.de

Fachbereich Bauingenieurwesen

Bayernallee 9, 52066 Aachen
E-Mail: eckert-scheel@fh-aachen.de

Fachbereich Maschinenbau und Mechatronik

Goethestraße 1, 52064 Aachen
E-Mail: sekretariat.maschbau@fh-aachen.de

Fachbereiche

- FB 02 Bauingenieurwesen
- FB 08 Maschinenbau und Mechatronik

BHT – Berliner Hochschule für Technik

Studiengänge und Abschlüsse

- Bauingenieurwesen, Studienschwerpunkt Verkehrs- und Wasserwesen (B.Eng.) **
- Umweltingenieurwesen – Bau (B.Eng.) *
- Urbane Infrastrukturplanung – Verkehr Wasser (M.Eng.) **

Studienbeginn:
* Wintersemester

Studienbeginn:
** Winter- und Sommersemester

Fachbereich

- Fachbereich III – Bauingenieur- und Geoinformationswesen

Kontakt:

Luxemburger Straße 10, 13353 Berlin
Internet: www.bht-berlin.de/studium

Fachbereich Bauingenieur- und Geoinformationswesen
Haus Bauwesen, Raum D412
Dekan Prof. Dr.-Ing. Marc Göbelsmann
Telefon: +49 (0) 30 4504-2594 o. -2598
Fax: +49 (0) 30 4504-2632
E-Mail: fb3@bht-berlin.de

Technische Universität Berlin

Studiengänge und Abschlüsse

- Fahrzeugtechnik (M.Sc.)
- Planung und Betrieb im Verkehrswesen (M.Sc.)
- Verkehrswesen (B.Sc.)
- Wirtschaftsingenieurwesen (B.Sc./M.Sc.) (mit Vertiefung „Verkehrswesen")

Studienbeginn:
Winter- und Sommersemester

Fakultät

- Fakultät 5 – Verkehrs- und Maschinensysteme Institut für Land- und Seeverkehr (ILS)
  Internet: www.tu.berlin/ils

Kontakt:

Studienberatung
Technische Universität Berlin
Studienfachberatung Verkehrswesen
Samuel Opitz und Elisabeth Lilienthal
Sekretariat H 11, Raum H 8142a
Straße des 17. Juni 135, 10623 Berlin
Telefon: +49 (0) 30 314-24609
E-Mail: vwstube@vm.tu-berlin.de
Internet: https://www.tu.berlin/vm/stube/studienberatung-mb-ces-pi-und-vw

M.Sc. Fahrzeugtechnik – Schienenfahrzeuge
Frau Prof. Dr.-Ing. Beate Bender
Salzufer 17 - 19, SG 12 - 401
Telefon: +49 (0) 30 314-25195
Sprechstunde nach Vereinbarung
E-Mail: beate.bender@tu-berlin.de

M.Sc. Planung und Betrieb im Verkehrswesen
Prof. Dr.-Ing. Thomas Richter
TIB 3/3-3, Haus 25.1: 305
Telefon: +49 (0) 30 314-72604
Sprechstunde nach Vereinbarung
E-Mail: t.richter@spb.tu-berlin.de

HTW – Hochschule für Technik und Wirtschaft Berlin

Die HTW Berlin ist eine staatliche Hochschule und bietet 80 Bachelor- und Masterstudiengänge an. Das Studium ist praxisnah und zeichnet sich durch die Anwendung der Theorie in Übungen, Laboren und Projekten aus. Durch kleine Gruppen fällt es leicht, Kontakte zu anderen Studierenden und zu Lehrenden aufzubauen. In Rankings belegt die HTW Berlin regelmäßig Top-Plätze und wird sowohl von Studierenden, als auch von Arbeitgebern super bewertet.

Studiengänge

- Bauingenieurwesen (B.Sc./M.Sc.) *
- Computer Engineering (B.Eng./M.Eng.) *
- Construction and Real Estate Management (M.Sc.)
- Elektrotechnik (B.Eng /M.Eng.)
- Fahrzeugtechnik (B.Sc./M.Eng.) *
- Gebäudeenergie- und -informationstechnik (B.Eng./M.Eng.)
- Informations- und Kommunikationstechnik (B.Eng./M.Eng.) *
- Maschinenbau (B.Sc./M.Sc.) *
- Mikrosystemtechnik (B.Eng./M.Sc.)
- Regenerative Energien (B.Sc./M.Sc.) *
- Wirtschaftsingenieurwesen (B.Sc./M.Sc.) *

Studienbeginn:
* Sommer- u. Wintersemester

Fachbereiche

- Ingenieurwissenschaften – Energie und Information
  Internet: www.f1.htw-berlin.de

- Ingenieurwissenschaften – Technik und Leben
  Internet: www.f2.htw-berlin.de

- Informatik, Kommunikation und Wirtschaft
  Internet: www.f4.htw-berlin.de

Kontakt:

Allgemeine Studienberatung
Treskowallee 8
10318 Berlin
Telefon: +49 (0) 30 5019-2254
E-Mail: studienberatung@htw-berlin.de
Internet: www.htw-berlin.de
Internet: www.htwb.de/studienberatung

Dual orientiertes Studium: Studium hoch 2

- 4 Tage Studium an der HTW Berlin
- 1 Tag Arbeit beim Praxisunternehmen

Internet: www.htwb.de/studiumhochzwei

Orientierungsjahr Ausbildung und Studium: O ja!

Für alle MINT-Interessierten (Mathematik, Informatik, Naturwissenschaften & Technik), die unsicher sind, ob ein Studium oder eine Ausbildung besser passt und/oder welcher Studiengang der richtige ist.

Internet: www.oja-orientierungsjahr.de/

HWR Berlin – Hochschule für Wirtschaft und Recht Berlin

Internationale Ausrichtung der HWR Berlin

Internationalisierung wird an der HWR Berlin als durchgängiges Leitprinzip in Lehre und Forschung verstanden. Die Hochschule kooperiert in über 180 aktiven Partnerschaften in Forschung und Lehre mit Universitäten aus der ganzen Welt.

Studiengänge (Dual + Bachelor)

- BWL / Bank
- BWL / Dienstleistungsmanagement
- BWL / Handel
- BWL / Immobilien
- BWL / Industrie
- Business Administration/International Industrial Management
- Business Administration/International Logistics and Transportation
- Business Administration/International Service Management
- Business Administration/International Tourism
- BWL / Spedition und Logistik
- BWL / Steuern und Prüfungswesen
- BWL / Tourismus
- BWL / Versicherung
- Wirtschaftsinformatik
- Bauingenieurwesen
- Industrielle Elektrotechnik
- Informatik
- Konstruktion und Fertigung
- Maschinenbau
- Technisches Facility Management

Kontakt:

FB1 Wirtschaftswissenschaften
Campus Schöneberg, Haus A
Badensche Str. 52, 10825 Berlin
Telefon: +49 (0) 30 30877-1919
E-Mail: studienberatung@hwr-berlin.de

FB 2 Duales Studium Wirtschaft und Technik
Campus Lichtenberg , Haus 5, Raum 5.4003
Alt-Friedrichsfelde 60, 10315 Berlin
Assistenz Dekanat: Diana Jurgec
Telefon: +49 (0) 30 30877-2012
E-Mail: studienberatung.dual@hwr-berlin.de

Die Besonderheiten des dualen Modells der HWR Berlin:

- Breites Fächerspektrum
- Staatliche Hochschule (keine Studiengebühren)
- Intensivstudium mit 210 Credit Points in drei Jahren
- Standort in Berlin: Vielfältige internationale Ausrichtung, Studienbeginn: Wintersemester

Internet: www.hwr-berlin.de

HSBI Hochschule Bielefeld

Studiengänge und Abschlüsse

- Digitale Bahnsysteme (B.Sc./Vollzeit)

Studienbeginn:
Wintersemester

Bewerbungszeitraum 01.06.-31.08.

Fachbereich

- Fachbereich Ingenieurwissenschaften und Mathematik

Kontakt:

Zentrale Studienberatung
Campus Bielefeld
Interaktion 1, 33619 Bielefeld
Telefon: +49 (0) 521 106-7758
E-Mail: zsb@hsbi.de

Fachbereich Ingenieurwissenschaften und Mathematik
Prof. Dr.-Ing. Rolf Naumann
E-Mail: ium.dekan@hsbi.de
Internet: www.hsbi.de

Hochschule Bochum

Studiengänge und Abschlüsse

- Bauingenieurwesen (B.Sc.)
  Studienbeginn:
  Wintersemester
- Bauingenieurwesen (M.Sc.)
  Studienbeginn:
  Winter- und Sommersemester

Internet: www.hs-bochum.de

Fachbereich und Institut

- Fachbereich Bauingenieurwesen
  Institut für Mobilität und Verkehrssysteme

Kontakt:

Studienberatung
Prof. Dr.-Ing. Sebastian Seipel
E-Mail: sebastian.seipel@hs-bochum.de
Telefon: +49 (0) 234 32 10 232

Prof. Dr. techn. Jörgen Robra
E-Mail: joergen.robra@hs-bochum.de
Telefon: +49 (0) 234 32 10 209

Hochschule Bochum
Am Hochschulcampus 1, 44801 Bochum
E-Mail: studienberatung@hs-bochum.de
Telefon: +49 (0) 234 32 10 060
Fax: +49 (0) 234 32 14 312

Technische Hochschule Brandenburg

Studiengänge und Abschlüsse

- BWL (B.Sc.*/M.Sc.)
- Elektromobilität (B.Eng)*
- Energieeffizienz Technischer Systeme (M.Eng.)*
- Ingenieurinformatik / Computational Engineering (M.Eng.)*
- Ingenieurwissenschaften (B.Eng.)*
- Maschinenbau (B.Eng.)*
- Mechanical Engineering (M.Eng)*
- Technologie- und Innovationsmanagement und Entrepreneurship (M.Sc.)
- Wirtschaftsingenieurwesen (B.Eng.)*

* auch dual studierbar

Kontakt:

Allgemeine Studienberatung
Magdeburger Straße 50
14770 Brandenburg an der Havel
Telefon: +49 (0) 3381 355-124
E-Mail: studienberatung@th-brandenburg.de

Fachbereich Technik
Dekan: Prof. Dr. Justus Eichstädt
Telefon: +49 (0) 3381 355-301
E-Mail: dekan-t@th-brandenburg.de

Fachbereich Wirtschaft
Dekan: Prof. Dr. Bernd Schnurrenberger
Telefon: +49 (0) 3381 355-201
E-Mail: dekan-w@th-brandenburg.de

Fachbereiche

- Fachbereich Technik
  Internet: technik.th-brandenburg.de
- Fachbereich Wirtschaft
  Internet: wirtschaft.th-brandenburg.de

Verschiedene Professuren nehmen in Forschung und Lehre Bezug auf bahnspezifische Themen. Die Professur „Technische Energieeffizienz" (Prof. Dr.-Ing. Robert Flassig) greift Querschnittsthemen der Energie- und Ressourceneffizienz zur nachhaltigen Nutzung von Energie- und Stoffkreisläufen auf. Die Lehre zur Finite-Elemente-Methode mit Festigkeits- und Verformungsuntersuchungen von Festkörpern ist ein Lehrgebiet der Professur „Allgemeiner Maschinenbau" (Prof. Dr.-Ing. Martin Kraska). Die Professur „Elektrische Antriebstechnik" (Prof. Dr.-Ing. Sven Thamm) vermittelt Lehrinhalte zur Entwicklung effizienter elektrischer Antriebssysteme. Logistik ist ein Lehrgebiet im Rahmen der Professur „Nachhaltige Mobilität" (Prof. Dr.-Ing. Juliane Schneeweiß).

Ein starker Branchenfokus auf das System Bahn spielt in verschiedenen Bereichen der BWL eine wichtige Rolle. So wird etwa das Themenfeld Verkehrslogistik und intermodale Transportketten durch die Professur „Logistik und Organisation" (Prof. Dr. Thomas Rennemann) abgedeckt. In der Lehre und in Projekten wird an vielen Stellen ein konkreter Bezug zum System Bahn hergestellt. Darüber hinaus bestehen gute Kontakte zu Bahnunternehmen und zur Bahnindustrie.

Das System Bahn spielt an der Technischen Hochschule Brandenburg seit der Gründung 1992 in der Forschung und der Lehre eine wichtige Rolle. Die Hochschule ist ein Teil der Kompetenznetz Rail Berlin-Brandenburg GmbH und beteiligt sich am Aufbau des BahnTechnologie Campus Havelland.

Technische Universität Braunschweig

Studiengänge und Abschlüsse

- Bauingenieurwesen (B.Sc./M.Sc.)
- Elektronische Systeme in Fahrzeugtechnik, Luft- und Raumfahrt (M.Sc.)
- Umweltingenieurwesen (B.Sc./M.Sc.)
- Verkehrsingenieurwesen (B.Sc./M.Sc.)
- Wirtschaftsingenieurwesen / Bauingenieurwesen (B.Sc./M.Sc.)

Studienbeginn:
Winter- und Sommersemester

Kontakt:

Studienservice-Center
im Haus der Wissenschaft
Pockelstr. 11
38106 Braunschweig
Tel: +49 (0) 531 391-4321
(Studienservice-Call)
E-Mail: studienservicecenter@tu-braunschweig.de/sc

Fakultäten und Institute

- **Fakultät 3 – Architektur, Bauingenieurwesen und Umweltwissenschaften**
- Institut für Verkehrswesen, Eisenbahnbau und -betrieb (IVE)
  Prof. Dr.-Ing. Jörn Pachl (kommissarisch)
  Internet: www.tu-braunschweig.de/ive

- Institut für Eisenbahnwesen und Verkehrssicherung (IfEV)
  Prof. Dr.-Ing. Jörn Pachl (Institutsleitung)
  Internet: www.tu-braunschweig.de/ifev

- **Fakultät 5 – Elektrotechnik, Informationstechnik, Physik**
- Institut für Elektrische Maschinen, Antriebe und Bahnen (IMAB)
  Prof. Dr-.Ing. Markus Henke (Institutsleitung)
  Internet: www.imab.de

Institut für Verkehrswesen, Eisenbahnbau und -betrieb (IVE)
Prof. Dr.-Ing. Jörn Pachl (kommissarisch)
Pockelsstraße 3, 38106 Braunschweig
Telefon: +49 (0) 531 391 63600
Internet: www.tu-braunschweig.de/ive

Institut für Eisenbahnwesen und Verkehrssicherung (IfEV)
Prof. Dr.-Ing. Jörn Pachl
Pockelsstraße 3, 38106 Braunschweig
Telefon: +49 (0) 531 391 944 50
E-Mail: ifev@tu-braunschweig.de

Institut für Elektrische Maschinen, Antriebe und Bahnen (IMAB)
Dorothee Wille
Hans-Sommer-Straße 66
38106 Braunschweig
Telefon: +49 (0) 531 391 3913
Fax: +49 (0) 531 391 5767
E-Mail: imab@tu-braunschweig.de

Technische Universität Darmstadt

Studiengänge und Abschlüsse

- Bauingenieurwesen (B.Sc./M.Sc.)
- Wirtschaftsingenieurwesen, Fachrichtung Bauingenieurwesen (B.Sc./M.Sc.)
- Umweltingenieurwissenschaften (B.Sc./M.Sc.)
- Computational Engineering (M.Sc.)
- M.Sc. Bahnverkehr, Mobilität und Logistik

Studienbeginn:
Winter- und Sommersemester

Kontakt:

Karolinenplatz 5
64287 Darmstadt
Telefon: +49 (0) 6151 16-01
Fax: +49 (0) 6151 16-25082
E-Mail: institute@verkehr.tu-darmstadt.de
E-Mail: eisenbahn@verkehr.tu-darmstadt.de

Institute für Verkehr
Otto-Berndt-Str. 2,
Campus Lichtwiese, Gebäude L1|01
64287 Darmstadt

Fachbereiche, Fachgebiete und Institute

- Bau- und Umweltingenieurwissenschaften
- Maschinenbau
- Recht- und Wirtschaftswissenschaften

Institute für Verkehr

- Institut für Verkehrsplanung und Verkehrstechnik
- Institut für Bahnsysteme und Bahntechnik
- Institut für Verkehrswegebau

Internet: www.tu-darmstadt.de/verkehr

Wilhelm Büchner Hochschule

Studiengänge und Abschlüsse

- Elektro- und Informationstechnik mit den Vertiefungsrichtungen Automatisierungstechnik, Telekommunikation, Leit- und Sicherungstechnik, Energieinformationsnetze (B. Eng.)
- Mechatronik mit den Vertiefungsrichtungen Allgemeine Mechatronik, Robotik, Schienenfahrzeuginstandhaltung (B. Eng.)
- Mechatronik in Produktion und Fertigung (M. Eng.)
- Maschinenbau (B. Eng.)
- Innovations- und Technologiemanagement (M. Sc.)
- Wirtschaftsingenieurwesen (B. Eng / M. Sc.)

Kontakt:

Wilhelm Büchner Hochschule
Hilpertstr. 31, 64295 Darmstadt
Leitung Bildungsberatung:
Katharina Wittmann
Telefon: +49 (0) 6151 3842-404
Fax: +49 (0) 6151 3842-401
E-Mail: beratung@wb-fernstudium.de

Fernstudium, berufsbegleitend
Studienbeginn: ständig möglich

Internet: www.wb-fernstudium.de

Technische Universität Dresden

Studiengänge und Abschlüsse

- Bahnsystemingenieurwesen (M.Sc.)
- Mobilität und Verkehrssysteme (B.Sc.)
- Verkehrswirtschaft (B.Sc.)
- Transportation Economics (M.Sc.)
- Air Transport and Logistics (M.Sc.)
- Elektrische Verkehrssysteme (M.Sc.)

Fakultätsübergreifende Studiengänge

- Mechatronik (Dipl.-Ing.)
- Maschinenbau (B.Sc. und Dipl.-Ing.)
- Maschinenbau Fernstudium (B.Sc. und Dipl.-Ing.)
- Bauingenieurwesen (Dipl.-Ing.)
- Bauingenieurwesen Fernstudium (Dipl.-Ing.)
- Elektrotechnik (Dipl.-Ing.)
- Wirtschaftsingenieurwesen (Dipl.-Ing.)

Fakultät und Institute

Fakultät

- **Fakultät Verkehrswissenschaften „Friedrich List"**

Institute

- **Verkehrsplanung und Straßenverkehr**
- **Bahnfahrzeuge und Bahntechnik**
- **Bahnsysteme und Öffentlicher Verkehr (IBV)**
- **Verkehrstelematik**
- **Technologie und Logistik des Luftverkehrs**
  Gerhart-Potthoff-Bau, Hettnerstr. 1-3, 01062 Dresden
- **Institut für Wirtschaft und Verkehr**
  Bürokomplex Falkenbrunnen
  Würzburger Str. 35, 01062 Dresden

Internet: www.verkehr-studieren.de

Kontakt:

Technische Universität Dresden
Fakultät Verkehrswissenschaften „Friedrich List"
Dekan Prof. Dr.-Ing. Günther Prokop
Telefon: +49 (0) 351 463-36660
E-Mail: dekanat.vw@tu-dresden.de

Mobilität und Verkehrssysteme
Studiendekan Verkehrsingenieurwesen
Prof. Dr. Oliver Michler
Telefon: +49 (0) 351 463-36841
E-Mail: studiendekan-viw@mailbox.tu-dresden.de

Bahnsystemingenieurwesen
Fachberater Dr. Ulrich Maschek
Telefon: +49 (0) 351 463-36539
E-Mail: ulrich.maschek@tu-dresden.de

Elektrische Verkehrssysteme
Fachberater Dipl.-Ing. Jan Pape
Telefon: +49 (0) 351 463-36648
E-Mail: jan.pape@tu-dresden.de

Air Transport and Logistics
Fachberaterin Dipl.-Ing. Kati Ahnert
Telefon: +49 (0)351 463-36834
E-Mail: Studienfachberatung.Luftverkehr@tu-dresden.de

Fakultätsübergreifende Studiengänge
Zentrale Studienberatung
Fritz-Foerster-Bau, Etage 0
Mommsenstraße 6, 01069 Dresden
Telefon: +49 (0) 351 463-40392
E-Mail: studienberatung@tu-dresden.de

ServiceCenterStudium:
Telefon: +49 (0) 351 463-42000
E-Mail: servicecenter.studium@tu-dresden.de

Universität Duisburg-Essen

Campus Duisburg
Studiengänge und Abschlüsse

- Betriebswirtschaft (B.Sc.)
- Maschinenbau (B.Sc., M.Sc.)
- Supply Chain Management and Logistics (M.Sc.)
- Wirtschaftsingenieurwesen (B.Sc., M.Sc.)
- Technische Logistik (M.Sc.)

Campus Essen
Studiengänge und Abschlüsse

- Bauingenieurwesen (B.Sc., M.Sc.– je Teil-/Vollzeit)
- Betriebswirtschaftslehre (B.Sc.)

Beide Standorte

Studienbeginn B.Sc.: Wintersemester
Studienbeginn M.Sc.: Winter- und Sommersemester

Fakultäten

- **Mercator School of Management – BWL**
  Dekanat, Campus Duisburg
  Lotharstraße 65 / LB 033, 47057 Duisburg
  Tel. +49 (0) 203 379-2521
  E-Mail: dekanat@msm.uni-due.de
  Internet: www.msm.uni-due.de/studium

- **Fakultät für Ingenieurwissenschaften**
  Campus Duisburg und Campus Essen
  Tel. +49 (0) 203 379-3254
  E-Mail: dekanat@iw.uni-due.de
  Internet: www.uni-due.de/iw/de

- **Fakultät für Wirtschaftswissenschaften**
  Campus Essen
  Universitätsstr. 12, R12 R07 B39, 45141 Essen
  Tel. +49 (0) 201 18-33633
  E-Mail: dekanat@wiwi-essen.uni-due.de
  Internet: www.wiwi.uni-due.de/studium-lehre

Kontakt:

Allgemeine Studienberatung
Geibelstraße 41, SG 066, 47057 Duisburg
Telefon: +49 (0) 203 379-3325
E-Mail: abz.studienberatung@uni-due.de
Internet: www.uni-due.org

Universitätsstraße 2, T02 S00 L46, 45141 Essen
Telefon: +49 (0) 1517-2828304
Internet: www.uni-due.org
E-Mail: abz.studienberatung@uni-due.de

Betriebswirtschaftslehre
Prof. Dr. Joachim Prinz
Telefon: +49 (0) 203 379-4544
E-Mail: joachim.prinz@uni-due.de

Bauingenieurwesen
Fachberatung: Dr. Jörg Uhlemann
Telefon: +49 (0) 201 183 2702
E-Mail: joerg.uhlemann@uni-due.de

Abt. Maschinenbau & Verfahrenstechnik
Fachberatung: Andrea Eckold
Telefon: +49 (0) 203 379-3925
E-Mail: andrea.eckold@uni-due.de

Wirtschaftsingenieurwesen / Wirtschaftswissenschaften
Fachberatung: Dr. Katharina Jörges-Süß
Telefon: +49 (0) 203 379-6002
E-Mail: katharina.joerges-suess@uni-due.de

Technische Logistik
Sekretariat: Petra Frank
Telefon: +49 (0) 203 379-7050
E-Mail: petra.frank@uni-due.de

Fachhochschule Erfurt

Fachrichtung Verkehrs- und Transportwesen

Studiengänge und Abschlüsse

- Wirtschaftsingenieur:in Eisenbahnwesen (B.Eng., grundständig, dual-ausbildungsintegriert, dual-praxisintegriert)
- Wirtschaftsingenieur:in Nachhaltige Mobilität und Logistik (B.Eng., Vollzeitstudium und duales Studium)
- Wirtschaftsingenieur:in Nachhaltige Logistik (M.Eng.)
- Wirtschaftsingenieur:in Verkehrswesen (M.Eng., Studienrichtungen Eisenbahnwesen und Intelligente Verkehrssysteme)
- Europäische Bahnsysteme (M.Sc., Intern. Weiterbildungsmaster berufsbegleitend)

Studienbeginn: jeweils im Wintersemester

Forschung

- Institut Verkehr und Raum (IVR)

Fakultäten

- **Fakultät Wirtschaft-Logistik-Verkehr**
  Altonaer Straße 25
  D-99085 Erfurt
  Telefon: +49 (0) 361 6700-0

- **Sekretariat Verkehrs- und Transportwesen**
  Telefon: +49 (0) 361 6700-6526
  Internet: www.fh-erfurt.de
  Internet: www.bachelor-eisenbahnwesen.de

Kontakt:

Wirtschaftsingenieur:in Eisenbahnwesen
Prof. Dr.-Ing. Raimo Michaelsen
Telefon: +49 (0) 361 6700-6662
E-Mail: eisenbahnwesen@fh-erfurt.de

Wirtschaftsingenieur Nachhaltige Mobilität und Logistik
Prof. Dr.-Ing. Dominik Stockenberger
Telefon: +49 (0) 361 6700-6611
E-Mail: dominik.stockenberger@fh-erfurt.de

Wirtschaftsingenieur:in Nachhaltige Logistik
Prof. Dr.-Ing. Dominik Stockenberger
Telefon: +49 (0) 361 6700-6611
E-Mail: dominik.stockenberger@fh-erfurt.de

Wirtschaftsingenieur:in Verkehrswesen
Prof. Dr.-Ing. Carsten Kühnel
Telefon: +49 (0) 361 6700-6376
E-Mail: carsten.kuehnel@fh-erfurt.de

Europäische Bahnsysteme
Prof. Dr.-Ing. Michael Lehmann
Telefon: +49 (0) 361 6700-6573
E-Mail: michael.lehmann@fh-erfurt.de

Institut Verkehr und Raum (IVR)
Prof. Dr.-Ing. Carsten Kühnel &
Prof. Dr.-Ing. Michael Lehmann
Telefon: +49 (0) 361 6700-6779
E-Mail: verkehr-und-raum@fh-erfurt.de

Duale Hochschule Gera-Eisenach

DHGE
Duale Hochschule
Gera-Eisenach

Studiengänge und Abschlüsse

- Betriebswirtschaft (B.A.)
- Engineering (B.Eng.)
- Elektrotechnik/Automatisierungstechnik (B.Eng.)
- Praktische Informatik (B.Eng.)
- Wirtschaftsinformatik (B.Sc.)
- Wirtschaftsingenieurwesen Digitale Industrie (B.Sc.)
- Wirtschaftsingenieurwesen Technischer Vertrieb (B.Sc.)

Studienbeginn: Wintersemester

Internet: www.dhge.de

Kontakt:

Studienberatung
Campus Eisenach
Am Wartenberg 2
99817 Eisenach
Telefon: +49 (0) 3691 6294-0
E-Mail: studienberatung@dhge.de
E-Mail: info-eisenach@dhge.de

Campus Gera
Weg der Freundschaft 4
07546 Gera
Telefon: +49 (0) 365 4341-0
E-Mail: studienberatung@dhge.de
E-Mail: info-gera@dhge.de

ANZEIGE

Westfälische Hochschule Gelsenkirchen Bocholt Recklinghausen

Studiengänge und Abschlüsse

- Betriebswirtschaftslehre (B.A.)
- Wirtschaftsingenieurwesen (B.Eng). GE und RE
- Mobilität und Logistik (B.Sc.) RE
- Unternehmenslogistik (B.Sc.) RE

Studienbeginn BA: Wintersemester

- Management (M.A.) BOH und GE
- Wirtschaftsingenieurwesen Automotive (M.Eng.) RE
- Unternehmenslogistik (M.Sc.) RE

Studienbeginn MA:
Management nur Wintersemester

Andere MA-Studiengänge:
Wintersemester und Sommersemester

Kontakt:

Neidenburger Str. 43
45897 Gelsenkirchen
Telefon: +49 (0) 209 9596-0

Studierenden-Service-Center:
Neidenburger Str. 43, Raum: E1.2.06.1
Telefon: Buchen Sie auf der Website Ihren Telefontermin - wir rufen Sie an
E-Mail: ssc@w-hs.de
Internet: www.w-hs.de/ssc

Zentrale Studienberatung:
Neidenburger Str. 43, Raum: E1.2.06.1
45897 Gelsenkirchen
Telefon: +49 (0) 209 9596-960
E-Mail: studienberatung@w-hs.de
Internet: www.w-hs.de/studium/beratung
Internet: www.w-hs.de/zsb

Fachbereiche

- **FB 4: Wirtschaft**
  Internet:
  www.w-hs.de/fachbereiche/wirtschaft

- **FB 5: Wirtschaft und Informationstechnik**
  Internet: www.w-hs.de/win

- **FB 8: Ingenieur- und Naturwissenschaften**
  Internet:
  www.w-hs.de/fachbereiche/ingenieur-und-naturwissenschaften/

Duale Hochschule Sachsen | Campus Glauchau

Studiengang und Abschluss

- Verkehrsbetriebswirtschaft und Logistik (B.A.)

Studienbeginn:
Wintersemester

Internet: www.dhsn.de/glauchau

Kontakt:

Studienberatung
Studienleiterin: Prof. Dr. Annett Pflug

Kopernikusstraße 51-53, Raum 403
08371 Glauchau/Sachsen

Telefon: +49 (0) 3763 173 411
E-Mail: vl.glauchau@dhsn.de

Hochschule Heilbronn Bildungscampus

Studiengänge und Abschlüsse

- Logistik und Mobilitätsmanagement (B.Sc.)*

Heilbronn University Graduate School (HUGS)

- Master in Transport und Logistik Management (M.Sc.) * (HUGS)

** Studienbeginn: Wintersemester
* Studienbeginn: Winter- und Sommersemester

Internet: www.hs-heilbronn.de/de/logistik-und-mobilitaetsmanagement
Internet: www.hs-heilbronn.de/mtl

Kontakt:

Postadresse:
Max-Planck-Str. 39, 74081 Heilbronn
Zentrale Studienberatung:
Gaswerkstr. 14, 74076 Heilbronn
Telefon: +49 (0) 7131 504-0
E-Mail: zentralestudienberatung@hs-heilbronn.de
E-Mail: info@hs-heilbronn.de

Logistik und Mobilitätsmanagement:
Studiengangmanagement:
Dipl.-Betriebsw. Stefanie Löwe
Telefon: +49 (0) 7131 504-242
E-Mail: stefanie.loewe@hs-heilbronn.de

Studierendensekretariat: Tuba Ayhan
Telefon: +49 (0) 7131 504-444
E-Mail: tuba.ayhan@hs-heilbronn.de

Master in Transport und Logistik Management
Studiengangmanagement HUGS:
Andrea Dänner
Telefon: +49 (0) 7131 504-440
E-Mail: andrea.daenner@hs-heilbronn.de

Fragen zum Bewerbungsprozess:
Verena Seegers
Telefon: +49 (0) 7131 504-6739
E-Mail: verena.seegers@hs-heilbronn.de

IT-TRANS
YOUR HUB FOR DIGITALISATION IN MOBILITY
it-trans.org
3.– 5. März 2026
Messe Karlsruhe
Fachmesse | Kongress | Netzwerken
JETZT TICKET SICHERN!
Follow us on
Autonome Mobilität +++ Bedarfsgesteuerter Verkehr +++ Cyber-Sicherheit +++ Energie +++ Fahrgastinformation +++ Nutzerzentrierte Mobilität +++ Personal & Kompetenzen +++ Smart City +++ Ticketing
Sponsoren
ATRON
EOS.UPTRADE
HACON
init
IVU TRAFFIC TECHNOLOGIES
PADAM MOBILITY
SIEMENS
Trapeze
via
Schirmherrschaft
Baden-Württemberg
MINISTERIUM FÜR VERKEHR
Karlsruhe
Local Host
VBK
Bewegt alle.
Partner
KAMO
KARLSRUHE MOBILITY
TechnologieRegion Karlsruhe
WOMEN IN MOBILITY
Veranstalter
messe karlsruhe

Fachhochschule Südwestfalen

Standorte: Hagen, Iserlohn, Lüdenscheid, Meschede, Soest

Kontakt:

Allgemeine Studienberatung für alle Standorte
Baarstraße 6, 58636 Iserlohn
Telefon: +49 (0) 2371 566-1538
E-Mail: studienberatung@fh-swf.de
Internet: www.fh-swf.de

Standort Hagen
Haldener Straße 182, 58095 Hagen
Telefon: +49 (0) 2331 9330-0

Studienberater: Matthias Vitte
Telefon: +49 (0) 2331 9330 6256
E-Mail: vitte.matthias@fh-swf.de

Studiengänge und Abschlüsse

- Elektrotechnik (B.Eng.**/ M.Eng.*)
- International Business (B.Sc.)
- Technische Informatik (B.Eng.)
- Robotik (B.Eng.)
- Wirtschaftsinformatik (B.Sc.)
- Wirtschaftsingenieurwesen (B.Sc.)**
- Wirtschaftsingenieurwesen (M.Sc.)
- Wirtschaftsrecht (LL.B.)*
- Wirtschaftsrecht (LL.M., weiterbildend)*
- Management für Ingenieur- und Naturwissenschaften (MBA, weiterbildend)*
- Informatics and Business (M.Sc.)
- Betriebswirtschaftslehre (B.Sc.)**
- Angewandte Wissenschaft in Technik, Wirtschaft und Gesellschaft (M.Sc.)
- Medieninformatik (B.Sc.)

Fachbereiche

- Elektrotechnik und Informationstechnik
- Technische Betriebswirtschaft

Standort Iserlohn
Frauenstuhlweg 31, 58644 Iserlohn
Telefon: +49 (0) 2371 566-0

Studienberaterin: Alexandra Bock
Telefon: +49 (0) 2371 566-1824
E-Mail: bock.alexandra@fh-swf.de

Studiengänge und Abschlüsse

- Angewandte Informatik (B.Sc.)*
- Automotive (B.Eng.)
- Fertigungstechnik (B.Eng.)
- Informatik (B.Sc.)
- Integrierte Produktentwicklung (M.Eng.)
- Kunststofftechnik (B.Eng.)
- Maschinenbau (B.Eng.)**
- Maschinenbau (M.Eng.)*
- Mechatronik (B.Eng.)**
- Produktentwicklung/Konstruktion (B.Eng.)
- Angewandte Informatik (M.Sc.)*
- Angewandte Künstliche Intelligenz (M.Sc.)*
- Angewandte Wissenschaft in Technik, Wirtschaft und Gesellschaft (M.Sc.)

Fachbereiche

- Informatik und Naturwissenschaften
- Maschinenbau

Standort Lüdenscheid
Bahnhofsallee 5, 58507 Lüdenscheid
Telefon: +49 (0) 2351 78 700

Studienberater: Matthias Vitte
Telefon: +49 (0) 2331 9330 6256
E-Mail: vitte.matthias@fh-swf.de

Studiengang und Abschluss

- Maschinenbau (M.Eng.)*

Standort Meschede
Lindenstraße 53, 59872 Meschede
Telefon: +49 (0) 291 9910-0

Studienberaterin: Kerstin Sobkowiak
Telefon: +49 (0) 2919 910 4572
E-Mail: sobkoviak.kerstin@fh-swf.de

Studiengänge und Abschlüsse

- Maschinenbau (B.Eng.)[1]
- Elektrotechnik (B.Eng.[1]/ M.Eng.)
- International Management (B.A.)[1]
- Maschinenbau (M.Eng.)*
- Wirtschaft (B.A.)[1]
- Wirtschaftsinformatik (B.Sc.)[1]
- Data Science (M.Sc.)
- Strategisches Management (M.A.)
- Wirtschaftsingenieurwesen (B.Eng.)[1]
- Angewandte Betriebswirtschaftslehre (B.A.)[1]
- Angewandte Wissenschaft in Technik, Wirtschaft und Gesellschaft (M.Sc.)
- Management für Ingenieur- und Naturwissenschaften (MBA, weiterbildend)*
- Wirtschaftspsychologie (B.Sc./M.Sc.)

Fachbereich

- Ingenieur- und Wirtschaftswissenschaften

Standort Soest
Lübecker Ring 2, 59494 Soest
Telefon: +49 (0) 2921 378-0

Studienberater: Arp Hinrichs
Telefon: +49 (0) 2921 378-3262
E-Mail: hinrichs.arp@fh-swf.de

Studiengänge und Abschlüsse

- Business Administration with Informatics – englischsprachig (B.A.)
- Advanced Engineering and Engineering Management - englischsprachig (M.A.)
- Elektrotechnik (B.Eng.)[1]
- Design- und Projektmanagement (B.A.)
- Maschinenbau (B.Eng.)[1]
- Technik- und Unternehmensmanagement (M.Eng., weiterbildend)*
- Wirtschaftsingenieurwesen (B.Eng.)[1]
- Wirtschaftsing. Maschinenbau (B.Eng.)*
- International Management and Information Systems (M.A.) englischsprachig**
- Digitale Technologien (B.Eng./M.Eng.)[1]
- Angewandte Wissenschaft in Technik, Wirtschaft und Gesellschaft (M.Sc.)
- Technik- und Unternehmensmanagement (M.Eng.)*

Fachbereiche

- Maschinenbau-Automatisierungstechnik
- Elektrische Energietechnik

[1] auch als Teilzeitstudiengang und/oder dual
* Verbundstudiengänge, die ausbildungs- und berufsbegleitend erfolgen.
** Studiengänge, die sowohl als Verbundstudiengang als auch als Vollzeitstudium angeboten werden.

Karlsruher Institut für Technologie (KIT)

Studiengänge und Abschlüsse

- Bauingenieurwesen (B.Sc./M.Sc.)
- Elektrotechnik (B.Sc./M.Sc.)
- Informatik (M.Sc.)
- Maschinenbau (B.Sc./M.Sc.)
- Mechatronik und Informationstechnik (B.Sc./M.Sc.)
- Mobilität und Infrastruktur (M.Sc.)
- Mathematik (M.Sc.)
- Physik (M.Sc.)
- Technische Volkswirtschaftslehre (B.Sc./M. Sc.)
- Wirtschaftsingenieurwesen (B.Sc./M.Sc.)

Studienbeginn: Wintersemester
(M.Sc. auch im Sommersemester)

Fakultäten und Institute

- Fakultät für Bauingenieur-, Geo- und Umweltwissenschaften
  Internet: www.bgu.kit.edu/institute.php
- Institut für Straßen- und Eisenbahnwesen
  Internet: www.ise.kit.edu

- Fakultät für Maschinenbau
  Internet: www.mach.kit.edu
- Institut für Fahrzeugsystemtechnik
  Internet: www.fast.kit.edu/

Kontakt:

Institut für Straßen- & Eisenbahnwesen
Otto-Ammannplatz 1, Gebäude 10.81
76131 Karlsruhe
Telefon: +49 (0) 721 608-4 2241
Fax: +49 (0) 721 608-4 5329
E-Mail: ise@ise.kit.edu

Institut für Fahrzeugsystemtechnik
Rintheimer Querallee 2, Gebäude 70.04
76131 Karlsruhe
Telefon: +49 (0) 721 608-4 2372
Fax: +49 (0) 721 608-4 4146

Studierenden Service:
Englerstraße 13, Gebäude 10.12
76131 Karlsruhe
Telefon: +49 (0) 721 608-8 2222
E-Mail: info@ausbildung.kit.edu

Zentrale Studienberatung am KIT
Telefon: +49 (0) 721 608-4 4930
E-Mail: info@zsb.kit.edu
Internet: www.kit.edu/studieren/3052.php

Übersicht des KIT: www.kit.edu

Maschinenbau und Mechatronik:
Internet: www.mach.kit.edu

Wirtschaftsingenieurwesen:
Internet: www.wiwi.kit.edu/studienProg.php

Elektrotechnik: www.etit.kit.edu

Wirtschaftswissenschaften:
Internet: www.wiwi.kit.edu

RPTU Kaiserslautern-Landau

Studiengänge und Abschlüsse

- Automation & Control (M.Sc.)
- Bauingenieurwesen - Bauen, Umwelt, Management (B.Sc.)
- Bauingenieurwesen Infrastruktur Wasser und Mobilität (M.Sc.)
- Betriebswirtschaftslehre (B.Sc. / M.Sc.)
- Betriebswirtschaftslehre mit technischer Qualifikation (B.Sc. / M.Sc.)
- Commercial Vehicle Technology (M.Sc.)
- Computational Engineering (M.Sc.)
- Elektrotechnik und Informationstechnik (B.Sc. / M.Sc.)
- Fahrzeugtechnik (M.Sc.)
- Informatik (B.Sc. / M.Sc.)
- Mathematik (B.Sc. / M.Sc.)
- Maschinenbau (B.Sc.)
- Maschinenbau mit BWL (B.Sc. / M.Sc.)
- Maschinenbau mit angewandter Informatik (M.Sc.)
- Materialwissenschaften und Werkstofftechnik (M.Sc.)
- Mechatronik und Automatisierung im Maschinenbau (M.Sc.)
- Physik (B.Sc. / M.Sc.)
- Produktentwicklung im Maschinenbau (M.Sc.)
- Raumplanung (B.Sc.)
- Räumliche Umweltplanung (M.Sc.)
- Stadtplanung (M.Sc.)
- Technomathematik (M.Sc.)
- TechnoPhysik (B.Sc. / M.Sc.)
- Umweltingenieurwesen (M.Sc.)
- Wirtschaftsingenieurwesen, verschiedene Fachrichtungen (z.B. Maschinenbau, Elektrotechnik, Informatik) (B.Sc. / M.Sc.)
- Wirtschaftsmathematik (B.Sc. / M.Sc.)

Kontakt:

Rheinland-Pfälzische Technische Universität Kaiserslautern-Landau
StudierendenServiceCenter Kaiserslautern
Telefon: +49 (0) 631 205 5252
E-Mail: study@rptu.de
Internet: www.rptu.de

Technische Hochschule Köln

Studiengänge und Abschlüsse

- Allgemeiner Maschinenbau (B.Eng., Vollzeit oder Teilzeit, Campus Gummersbach)***
- Bauingenieurwesen (B.Eng., Vollzeit-, dualer oder familiengerechter Studiengang)*
- Betriebswirtschaftslehre (B.Sc.)***
- Elektrotechnik und Informationstechnik (B.Sc.,Campus Deutz)*
- Elektrotechnik (B.Eng., Vollzeit oder Teilzeit, Campus Gummersbach)***
- Energie- und Gebäudetechnik (B.Eng., Vollzeit- oder dualer Studiengang)*
- Erneuerbare Energien (B.Eng.)*
- Informatik (B.Sc., Campus Gummersbach)*
- Supply Chain and Operations Management (B.Sc.)*
- Maschinenbau (B.Eng., Campus Deutz)*
- Baumaschinen- und Landmaschinentechnik (B.Eng.)*
- Produktion und Logistik (B.Eng.)*
- Rettungsingenieurwesen (B.Eng.)*
- Informatik und Systems-Engineering (B.Sc.)*
- Wirtschaftsingenieurwesen (B.Eng., Vollzeit oder Teilzeit, Campus Gummersbach) ***
- Maschinenbau - Product Engineering and Context (B.Sc.)*

- Automation & IT (M.Eng.)*
- Bauingenieurwesen (M.Eng.)***
- Communication & System Networks (M.Sc.)***
- Elektrotechnik und Informationstechnik (M.Sc.)***
- Erneuerbare Energien (M.Sc.)*
- Digital Sciences (M.Sc.)***
- Maschinenbau (M.Sc.)***
- Rettungsingenieurwesen (M.Sc.)***
- Supply Chain and Operations Management (M.Sc.)**
- Informatik und Systems-Engineering (M.Sc.)***

Kontakt:

Zentrale Studienberatung
Claudiusstraße 1
50678 Köln
Telefon: +49 (0) 221 8275-5500
studienberatung@th-koeln.de
Internet: www.th-koeln.de/studium

Fakultäten

Campus Köln Deutz

- Fakultät für Anlagen, Energie- und Maschinensysteme
- Fakultät für Bauingenieurwesen und Umwelttechnik
- Fakultät für Fahrzeugsysteme und Produktion
- Fakultät für Informations-, Medien- und Elektrotechnik

Campus Gummersbach

- Fakultät für Informatik und Ingenieurwissenschaften

Campus Köln Südstadt

- Fakultät für Wirtschafts- und Rechtswissenschaften

* Studienbeginn im Wintersemester
** Studienbeginn im Sommersemester
*** Studienbeginn im Winter- und im Sommersemester

Über 90 Studiengänge unter:
Internet: www.th-koeln.de/studium

DHBW – Duale Hochschule Baden-Württemberg Campus Lörrach

Studiengänge und Abschlüsse

- BWL-Spedition, Transport und Logistik (B.A.)

Studienbeginn B.A.: Wintersemester

www.dhbw-loerratch.de

Fakultät Wirtschaft

Globaler Handel, E-Commerce und Digitalisierung stellen hohe Anforderungen an die Logistik. Vor diesem Hintergrund sind DHBW-Absolvent*innen als Führungsnachwuchs mit BWL-Know-how in Spedition, Transport und Logistik gefragt.

Das Studium in Lörrach führt zum Bachelor-Abschluss und bereitet gezielt auf die komplexen Marktanforderungen vor – mit Inhalten wie Marketing, Finanzierung, Controlling, IT, und Managementmethoden. Ein Teil der Vorlesungen wird dabei auf Englisch gehalten, um die Studierenden auch international vorzubereiten.

Der Studiengang bietet fundierte BWL-Grundlagen, setzt jedoch weniger Wert auf eine zu starke Spezialisierung, sondern auf die Vermittlung umfassender fachlicher, methodischer und sozialer Kompetenzen.

Ein Drittel des Curriculums ist der speziellen BWL in Spedition, Transport und Logistik gewidmet. Kleine Gruppen, praxisnahe Inhalte und die Verbindung von Theorie und Berufsqualifikation fördern die Entwicklung von Handlungskompetenz. Absolvent*innen sind in der Lage, ihr theoretisches Wissen praktisch bei Logistikdienstleistern, verladenden Produktions- und Handelsunternehmen sowie Logistikspezialisten aus der Beratung oder Technik anzuwenden; dies gilt vor allem für die Erarbeitung von sachgerechten und zielorientierten Lösungen.

Kontakt:

DHBW Lörrach
Baden-Wuerttemberg Cooperative State University Loerrach
Hangstraße 46-50, 79539 Lörrach
Telefon: +49 (0) 7621 2071-0

Hochschule München

Studiengänge und Abschlüsse

- Applied Research in Engineering Sciences (M.Eng.)
- Bauingenieurwesen (B.Eng.)
- Bauingenieurwesen, duales Studium (B.Eng und Berufsausbildung)
- Elektrotechnik und Informationstechnik (B.Eng.)*
- Elektrotechnik und Informationstechnik (M.Sc.)*
- Mechatronik (B.Eng./M.Eng.)
- Produktion und Automatisierung (B.Eng.)
- Tourismus-Management (B.A./M.A.)*
- Wirtschaftsingenieurwesen (B.Eng./M.Eng.)*
- Wirtschaftsingenieurwesen Logistik (B.Eng.)

Studienbeginn: Wintersemester
* Winter- und Sommersemester

Kontakt:

Studienberatung
Lothstraße 34, 80335 München
Telefon: +49 (0) 89 1265-1121
beratung@hm.edu
www.hm.edu

Fakultäten

- **02 Bauingenieurwesen**
  Internet: www.hm.edu/fk02
- **04 Elektrotechnik und Informationstechnik**
  Internet: www.hm.edu/fk04
- **06 Angewandte Naturwissenschaften und** Mechatronik
  Internet: www.hm.edu/fk06
- **09 Wirtschaftsingenieurwesen**
  Internet: www.hm.edu/fk09
- **14 Tourismus**
  Internet: www.hm.edu/fk14

Technische Universität München

Studiengänge und Abschlüsse

- Bauingenieurwesen (B.Sc./M.Sc.)
- Umweltingenieurwesen (B.Sc.)
- Environmental Engineering (M.Sc.)
- Transportation Systems (M.Sc.)
- Logistics Engineering and Management (M.Sc., TUM Asia - Campus Singapur)

Studienbeginn: Wintersemester

Kontakt:

Arcisstraße 21
80333 München
Telefon: +49 (0) 89 289 22430

Prüfamt für Verkehrswegebau
Franz-Langinger-Straße 10, 81245 München
Telefon: +49 (0) 89 289 27022
Fax: +49 (0) 89 289 27042
E-Mail: stephan.freudenstein@tum.de
Internet: www.bgu.tum.de/vwb

Technische Hochschule Nürnberg Georg Simon Ohm

Studiengänge und Abschlüsse

- Bauingenieurwesen
- Maschinenbau (B.Eng./M.Sc.)
- Urbane Mobilität / Verkehrsingenieurwesen (M.Sc.)
- EFI Elektrotechnik Feinwerktechnik Informationstechnik

Studienbeginn:
B.Eng.: Winter-/Sommersemester
M.Sc.: Winter-/Sommersemester

Fakultäten und Institute

- Institut für Fahrzeugtechnik (IFZN)
  www.th-nuernberg.de/ifzn
- Fakultät Bauingenieurwesen
  Labor für Verkehrswesen
- Fakultät Elektrotechnik Feinwerktechnik
  Informationstechnik
  Labor für mobile Robotik

Kontakt:

Fakultät für Maschinenbau und Versorgungstechnik
Sekretariat
Kerstin Kurreck
Keßlerplatz 12, 90489 Nürnberg
Telefon: +49 (0) 911 5880-5135
E-Mail: kerstin.kurreck@th-nuernberg.de

Fakultät Bauingenieurwesen
Dekan Prof. Dr.-Ing Eric Simon
Fax: +49 (0) 911 5880-5164
Telefon: +49 (0) 911 5880-1190
E-Mail: eric.simon@th-nuernberg.de

Fakultät Elektrotechnik Feinwerktechnik Informationstechnik
Studiendekan
Prof. Dr. Wolfgang Mönch
Fax: +49 (0) 911 5880-1050
Telefon: +49 (0) 911 5880-1038
E-Mail: wolfgang.moench@th-nuernberg.de

Ostfalia Hochschule für angewandte Wissenschaften

Standorte: Salzgitter, Suderburg

Campus Salzgitter
Karl-Scharfenberg-Str. 55/57, 38229 Salzgitter
Telefon: +49 (0) 5331-9390

Studiengänge und Abschlüsse

Bachelorstudiengänge

- Logistikmanagement (B.A.)
- Logistikmanagement im Praxisverbund (B.A.)
- Logistik und Informationsmanagement (B.Sc.)
- Logistik und Informationsmanagement im Praxisverbund (B.Sc.)
- Nachhaltige Mobilität (B.A.)
- Smart Transportation Systems (B.Sc.)
- Stadt- und Regionalmanagement (B.A.)
- Tourismusmanagement (B.A.)

Masterstudiengänge

- Verkehr und Logistik (M.A.)
- Führung in Dienstleistungsunternehmen (M.A.)

Studienbeginn:
Winter- oder Sommersemester

Weiterbildungsangebote

- Management Gesellschaftlicher Innovation (M.B.A.)
- Stadtmarketing (M.B.A.)
- Sustainable Business Development (M.B.A.)
- Vertriebsmanagement (M.B.A.)

und Micro Degrees im Bereich Management, Nachhaltigkeit, Digitalisierung

Studienbeginn:
Sommer- oder Wintersemester

Fakultät

- Verkehr-Sport-Tourismus-Medien
  Internet: www.ostfalia.de/k

Campus Suderburg
Herbert-Meyer-Str. 7, 29556 Suderburg
Telefon: +49 (0) 5826-9880

Studiengänge und Abschlüsse

Bachelorstudiengänge

- Angewandte Informatik (B.Sc.)**
- Bauingenieurwesen (B.Eng.)**
- Bauingenieurwesen im Praxisverbund (B.Eng.)*
- Betriebswirtschaft & Management (B.A.)*
- Online-Studiengang BWL (B.A.)*
- Soziale Arbeit (B.A.)**
- Wasser- und Bodenmanagement / Umweltingenieurwesen (B.Eng.)**

Masterstudiengang

- Wasserwirtschaft im globalen Wandel (M.Sc.)**

Studienbeginn:
Winter- oder Sommersemester

Weiterbildender Online-Studiengang

- Betriebswirtschaftslehre (M.A.)**

Studienbeginn:
Wintersemester

Fakultäten

- Bau-Wasser-Boden
  Internet: www.ostfalia.de/b

- Handel und Soziale Arbeit
  Internet: www.ostfalia.de/h

Ostfalia Hochschule für angewandte Wissenschaften

Standorte: Wolfenbüttel, Wolfsburg

Campus Wolfenbüttel

Studiengänge und Abschlüsse

Bachelorstudiengänge

- Energie- und Gebäudetechnik, auch im Praxisverbund (B.Eng.)
- Green Engineering – Umwelt- und Energietechnik (B.Eng.)
- Smart City Engineering (B.Eng.)
- Wirtschaftsingenieurwesen Energie/ Umwelt, auch im Praxisverbund (B.Eng.)
- Bio- und Umwelttechnik, auch im Praxisverbund (B.Eng.)
- Klimaschutzmanagement (B.Sc.)

Masterstudiengang

- Energiesysteme und Umwelttechnik (M.Eng.)

Studienbeginn:
Sommer- oder Wintersemester

Fakultäten

- Elektrotechnik
  Internet: www.ostfalia.de/e
- Informatik
  Internet: www.ostfalia.de/i
  Telefon: +49 (0) 53319391-5020
  E-Mail: ssb-wf-f@ostfalia.de
- Maschinenbau
  Internet: www.ostfalia.de/m
- Versorgungstechnik
  Internet: www.ostfalia.de/v
  Telefon: +49 (0) 53319391-5010
  E-Mail: ssb-wf-s@ostfalia.de

Campus Wolfsburg

Studiengänge und Abschlüsse

Bachelorstudiengänge

- Betriebswirtschaftslehre (B.A.)
- Automotive Engineering (B.Eng.)
- Automotive Engineering im Praxisverbund (B.Eng.)
- Smart Vehicle Systems (B.Eng.)
- Smart Vehicle Systems im Praxisverbund (B.Eng.)
- Fahrzeuginformatik (B.Sc.)
- Fahrzeuginformatik im Praxisverbund (B.Sc.)
- Betriebswirtschaftslehre im Praxisverbund (B.A.)
- Wirtschaftsingenieurwesen Automobiltechnologie (B.Eng.)

Masterstudiengänge

- Wirtschaft für Ingenieurinnen und Ingenieure (M.B.Eng.)
- Fahrzeugsystemtechnologien (berufsbegleitend, M.Sc.)
- Automotive Service Technology and Processes (M.Eng.)
- Strategisches Management (M.A.)

Fakultäten

- Fahrzeugtechnik
  Internet: www.ostfalia.de/f/
- Wirtschaft
  Internet: www.ostfalia.de/w

Fax: +49 (0) 53319391-5504
Telefon: +49 (0) 53319391-5030
E-Mail: ssb-wob@ostfalia.de

Hochschule für Technik, Wirtschaft und Medien Offenburg

Studiengänge und Abschlüsse
- Maschinenbau (B.Eng./M.Eng.)
- Wirtschaftsingenieurwesen (B.Eng./M. Eng.)
- Nachhaltige Energiesysteme
- Umwelttechnologie

- Einstiegs-/Orientierungssemester startING

Studienbeginn:
Sommer- und Wintersemester

Kontakt:

Campus Gengenbach
Klosterstraße 14
77723 Gengenbach
Telefon: +49 (0) 7803 9698-0
Fax: +49 (0) 7803 9698-4449
E-Mail: info@hs-offenburg.de

Studienberatung
Badstraße 24
77652 Offenburg
Telefon: +49 (0) 781 205-331

Fakultäten
- **Elektrotechnik und Informationstechnik**
  Internet: emi.hs-offenburg.de
- **Maschinenbau und Verfahrenstechnik**
  Internet: mv.hs-offenburg.de
- **Wirtschaft**
  Internet: bw.hs-offenburg.de
- **Medien**
  Internet: medien.hs-offenburg.de

Social Media
Hochschule Offenburg:
- www.facebook.de/HS.Offenburg.LH
- www.linkedin.com/school/offenburg-university-of-applied-sciences/
- www.instagram.com/hochschule.offenburg/#

Fakultät Maschinenbau und Verfahrenstechnik:
- www.instagram.com/engineering_offenburg

Universität Stuttgart

Studiengänge und Abschlüsse

- Bauingenieurwesen (B.Sc. / M.Sc.)
- Betriebswirtschaftslehre techn. orientiert (B.Sc. / M.Sc.)
- Fahrzeug- und Motorentechnik (M.Sc.)
- Immobilientechnik und -wirtschaft (M.Sc.)
- Maschinenbau (B.Sc. / M.Sc.)
- Maschinenbau / Produktentwicklung und Konstruktionstechnik (M.Sc.)
- Maschinenbau / Werkstoff- und Produktionstechnik (M.Sc.)
- Master of Infrastructure Planning (M.Sc.)
- Mechatronik (B.Sc., M.Sc.)
- Technische Kybernetik (B.Sc. / M.Sc.)
- Technologiemanagement (B.Sc. / M.Sc.)
- Technikpädagogik (M.Sc.)
- Umweltschutztechnik (M.Sc.)
- Verfahrenstechnik (B.Sc., M.Sc.)
- Verkehrsingenieurwesen (B.Sc. / M.Sc.)

Studienbeginn:
B.Sc.: Wintersemester
M.Sc: Winter- und Sommersemester

Kontakt:

Zentrale Studienberatung
Pfaffenwaldring 5C
70569 Stuttgart
Telefon: +49 (0)711 685-82133
E-Mail: zsb@uni-stuttgart.de

Institut für Eisenbahn- und Verkehrswesen (IEV)
Pfaffenwaldring 7
70569 Stuttgart
Telefon: +49 (0) 711 685-66825
E-Mail: post@ievvwi.uni-stuttgart.de

Institut für Maschinenelemente (IMA)
Schwerpunktfach Schienenfahrzeugtechnik
Pfaffenwaldring 9
70569 Stuttgart
Telefon: +49 (0) 711/685-66170
E-Mail: sft@ima.uni-stuttgart.de

Fakultäten und Institute

Fakultät 2:

- Bau- und Umweltingenieurwissenschaften
- Institut für Eisenbahn- und Verkehrswesen
  Internet: www.uni-stuttgart.de/iev

Fakultät 7:

- Konstruktions-, Produktions- und Fahrzeugtechnik
- Institut für Maschinenelemente (IMA),
  Internet: www.ima.uni-stuttgart.de

Technische Hochschule Wildau [HAW]

Studiengänge und Abschlüsse

- Automatisierungstechnik (B.Eng.)
- Duales Studium Automatisierungstechnik (B.Eng.)
- Betriebswirtschaftslehre (B.A.) *
- Business Management (M.A.)
- European Business Management (B.A./M.A.)
- Ingenieurwesen – Maschinenbau (B.Eng./M.Eng.)
- Duales Studium Ingenieurwesen – Maschinenbau (B.Eng.)
- Ingenieurwesen – Physikalische Technologien / Energiesysteme (B.Eng.)
- Ingenieurwesen – Photonics (M.Eng.)
- Logistik (B.Eng.)
- Technical Management (M.Eng.)
- Telematik (B.Eng./M.Eng.)
- Wirtschaft und Recht (LL.B./LL.M.)
- Wirtschaftsinformatik (B.Sc. / M.Sc.)
- Wirtschaftsingenieurwesen (B.Eng.) *
- Verkehrssystemtechnik (B.Eng.)

Studienbeginn: Wintersemester

* auch berufsbegleitend

Fachbereiche

- Ingenieur- und Naturwissenschaften
- Wirtschaft, Informatik, Recht

Kontakt:

Hochschulring 1
15745 Wildau
Telefon: +49 (0) 3375 508-300
E-Mail: studienorientierung@th-wildau.de
Internet: www.th-wildau.de

Studienfachberatung

Eine Liste der Studiengangsprecher*innen finden Sie unter www.th-wildau.de/studieren-weiterbilden allgemeine-studienberatung/studienfachberatung.

Studienorientierung

Das Team der Studienorientierung unterstützt bei der Wahl des passenden Studiums unter www.th-wildau.de/studienorientierung

Profil der TH Wildau

Als moderne Campushochschule in der Nähe Berlins verbindet die TH Technologie und Management. Erfahren Sie mehr über uns unter www.th-wildau.de/hochschule/ueber-uns/profil

Technische Hochschule Wildau [HAW]

Berufsbegleitendes Studium
Studiengänge und Abschlüsse

- Betriebswirtschaftslehre (B.A.)
- Wirtschaftsingenieurwesen (B.Eng.)

Studienbeginn:
Wintersemester

Kontakt:

Informationen zum berufsbegleitenden Studium finden Sie unter www.th-wildau.de/berufsbegleitend

Graduate School / Wildau Institute of Technology (WIT)

Studiengänge und Abschlüsse

- Master of Business Administration (MBA)

Studienbeginn:
Wintersemester

Internet: www.wit-wildau.de

Kontakt:

Wildau Institute of Technology (WIT)
Franziska Götze
E-Mail: info@wit-wildau.de

www.zukunftsbranche-bahn.de

Technische Hochschule Würzburg Schweinfurt

Campus Würzburg

Studiengänge und Abschlüsse

- Architektur (B.Eng.)
- Bauingenieurwesen (B.Eng.)
- Betriebswirtschaft (B.A.) [1]
- Kunststofftechnik und Vermessung (B.Eng.) [1]
- Fachübersetzen Wirtschaft oder Technik (B.A.)
- Wirtschaftsinformatik (B.Sc.)
- Vermessung und Geoinformatik (B.Eng.)
- Informatik (B. Eng.)
- Geovisualisierung (B. Eng.)
- Geodatentechnologie (M.Eng.)*
- Artificial Intelligence (M. Sc.)*

Studienbeginn: Wintersemester
* auch Sommersemester
[1] Studium auch komplett in englischer Sprache möglich

Fakultäten

- Architektur und Bauingenieurwesen
- Informatik und Wirtschaftsinformatik
- Business School

Kontakt:

Studienberatung
Monika Hahn
Münzstr. 12, 97070 Würzburg
Telefon: +49 (0) 931 3511-6180
E-Mail: studienberatung@thws.de

Campus Schweinfurt

Studiengänge und Abschlüsse

- Elektro- und Informationstechnik (B.Eng./M.Eng.)
- Logistik (B.Eng.) [1]
- Maschinenbau (B.Eng.)
- Mechatronik (B.Eng.) [1]
- Technomathematik (B.Sc.)
- Wirtschaftsingenieurwesen (B.Eng./M.Eng.) [1]
- Produkt- und Systementwicklung (M. Eng.)*
- Nachhaltige Energiesysteme (B.Eng.)
- Robotik (B.Eng.) [1]

Studienbeginn: Wintersemester
* auch Sommersemester
[1] Studium auch komplett in englischer Sprache möglich

Fakultäten

- Maschinenbau
- Elektrotechnik
- Angewandte Natur- und Geisteswissenschaften
- Wirtschaftsingenieurwesen

Kontakt:

THW-Schweinfurt
Ignaz-Schön-Str. 22
97421 Schweinfurt
Telefon: +49 (0) 9721 940-5
E-Mail: servicezentrale-sw@thws.de

Bauhaus-Universität Weimar

Studiengänge und Abschlüsse

- Umweltingenieurwissenschaften (M. Sc.) Vertiefungsrichtung Mobilität und Verkehr

Fakultäten und Institute

- Fakultät Bau- und Umweltingenieurwissenschaften
- Professur Verkehrssystemplanung

Internet: www.uni-weimar.de/studiere-verkehr

Kontakt:

Fakultät Bau- und Umweltingenieurwissenschaften
Professur Verkehrssytemplanung
Büroleitung
Katja Sander
Telefon: +49 (0) 36 43 / 58 44 71
E-Mail: vsp@bauing.uni-weimar.de

Umweltingenieurwissenschaften
Studienberater
Dr.-Ing. Ralf Englert
Goetheplatz 7/8, 99423 Weimar
Telefon: +49 (0) 36 43 58 46 17
E-Mail: fsb.ui@bauing.uni-weimar.de

www.zukunftsbranche-bahn.de

Technische Universität Graz

Studiengänge und Abschlüsse
- Bauingenieurwissenschaften (B.A.)
- Infrastruktur (M.B.A.)

Studienbeginn:
Wintersemester

Institut
- Eisenbahnwesen und Verkehrswirtschaft
  Internet: www.tugraz.at/institute/ebw/home

Kontakt:

Studienberatung
Institut für Eisenbahnwesen &
Verkehrswirtschaft
Technische Universität Graz
Rechbauerstraße 12/II
8010 Graz, Österreich
Telefon: +43 (0) 316 873-6216
E-Mail: office.ebw@tugraz.at
Internet: www.ebw.tugraz.at

Universität Innsbruck

Studiengänge und Abschlüsse
Bachelorstudiengänge:
- Bauingenieurwissenschaften (B.Sc.)
- Umweltingenieurwissenschaften (B.Sc.)

Masterstudiengänge:
- Umweltingenieurwissenschaften (Dipl.-Ing.)
- Bauingenieurwissenschaften (Dipl.-Ing.)

Institut und Fakultät
- Fakultät für Technische Wissenschaften
- Institut für Infrastruktur
  Arbeitsbereich Intelligente Verkehrssysteme
  www.uibk.ac.at/verkehrssysteme

Kontakt:

Arbeitsbereich Intelligente Verkehrssysteme
Technikerstraße 13
6020 Innsbruck
Österreich
Telefon: +43 512 507-62401
Fax: +43 512 507-62498
E-Mail: verkehrssysteme@uibk.ac.at

Zentrale Studienberatung
Josef-Moeller-Haus
E-Mail: studienberatung@uibk.ac.at
Internet: www.uibk.ac.at/studienberatung

www.zukunftsbranche-bahn.de

Fachhochschule St. Pölten

Wer die Eisenbahnwelt als Gesamtsystem verstehen will, studiert am besten an der FH St. Pölten. Nur 25 min von Wien entfernt, ist St. Pölten bestens mit internationalen Tag- und Nachtzügen erreichbar.

Studiengänge und Abschlüsse

- Bahntechnologie und Mobilität (B.Sc.)
- Schienenfahrzeugtechnologie (B.Sc.)
- Bahntechnologie und Management von Bahnsystemen (Dipl.-Ing.)

Studienbeginn:
Wintersemester

Department und Forschungsinstitut

- Department Bahntechnologie und Mobilität
- Carl Ritter von Ghega Institut für integrierte Mobilitätsforschung

Kontakt:

Campus-Platz 1
A-3100 St. Pölten
www.fhstp.ac.at/dbm

Departmentleitung
FH-Prof. Dipl.-Ing. (FH) Dipl.-Ing.
Frank Michelberger, EURAIL-Ing.
E-Mail: frank.michelberger@fhstp.ac.at
Telefon: +43 676 847 228 664

Studienberatung
Silvia Urban
E-Mail: silvia.urban@fhstp.ac.at
Telefon: +43 2742 313 228-662

Bachelor Bahntechnologie und Mobilität
Studieren heißt bei uns: sich praktische Skills für das Berufsleben anzueignen. Mit Projekten, Exkursionen, Labor-, Simulations- und Softwareübungen wird Eisenbahn hautnah erlebt. Ziel ist, ein Systemverständnis mit Anwendungskompetenz zu erwerben – nur wer das Bahn- und Mobilitätssystem versteht, kann später im Berufsleben die richtigen Entscheidungen treffen.

Bachelor Schienenfahrzeugtechnologie
Der neue duale Bachelor Schienenfahrzeugtechnologie widmet sich dem Lebenszyklus von Schienenfahrzeugen. Dieser beginnt bei den Anforderungen und geht über Planung, Bau, Zulassung, Betrieb, Instandhaltung bis hin zum Upgrade oder der Wiederverwertung der Fahrzeuge. Ab dem 3. Semester arbeiten Sie in einem Partnerunternehmen und absolvieren dort die dualen Projekte, in denen Sie das im Studium Gelernte in der Praxis umsetzen können.

Master Bahntechnologie und Management von Bahnsystemen
Der Master baut auf den Bachelor-Studiengängen auf und kann durch Absolvierung eines Brückenkurses auch mit dem Bachelorabschluss eines artverwandten technischen Studiums belegt werden. Spezialisierungsmöglichkeiten in fünf Wahlpflichtpfaden bereiten Sie auf die künftigen Anforderungen vielfältiger Berufsfelder in Eisenbahnunternehmen, der Industrie oder im Consulting vor.

Technikum Wien

Technik und Strategie vereinen

Die FH Technikum Wien ist Österreichs einzige Fachhochschule mit rein technischer Ausrichtung und bietet eine Vielzahl an Bachelor- und Masterstudiengängen an. Neben den regulären Studiengängen gibt es über die Technikum Wien Academy, die Weiterbildungsakademie der FH, auch berufsbegleitende Fachhochschullehrgänge. Zum Portfolio zählen unter anderem Master-Lehrgänge wie Projekt- & Prozessmanagement sowie IoT-Management. In diesem Rahmen wurde ebenfalls, in Zusammenarbeit mit dem Verband der österreichischen Bahnindustrie, der Masterlehrgang *Rolling Stock Engineering* entwickelt.

Er schafft eine Verbindung von technischem und strategischem Wissen. Der Lehrgang vermittelt fachübergreifendes Wissen über das System Bahn und die damit verbundenen Komponenten und Produkte.

Als Zielgruppe haben sich Bahnverband und das Technikum Wien vor allem Personen mit technischer Ausbildung wie Maschinenbau, Fahrzeugtechnik, Elektrotechnik, Elektronik etc. oder Berufstätige mit branchenspezifischer Erfahrung in der Bahnindustrie ausersehen. Und so ist entweder ein abgeschlossenes Hochschulstudium oder aber einschlägige Berufserfahrung Zugangsvoraussetzung für den Studiengang. Wer zugelassen wird, entscheidet die Lehrgangsleitung von Fall zu Fall.

Das Angebot des Lehrgangs ist flexibel, weil es in drei Stufen daherkommt: So kann als erster Schritt der Zertifikatslehrgang abgeschlossen werden, in dem eine intensive Fachausbildung erfolgt. Ihm folgt im zweiten Schritt der Akademische Lehrgang, in dem das Fachwissen vertieft wird. Schließlich kann im Ganzen der Master-Lehrgang absolviert werden, in dem neben der Fachausbildung wissenschaftliches Arbeiten vermittelt wird und der mit der Masterarbeit abgeschlossen wird.

Die Absolventinnen des Lehrgangs erwerben umfassende Kenntnisse in den technischen Disziplinen der Bahnindustrie und lernen *Betriebsleit-, Energie- und Antriebstechnik, Mess- und Prüftechnik, Signaling etc.* kennen. Im Lehrgang bekommen die Teilnehmerinnen die Möglichkeit, Erfahrungen in der Anwendung projektspezifischer Engineering-Methoden zu sammeln, und lernen die relevanten Prozesse und typischen Wissensgebiete aus dem Eisenbahnwesen kennen.

Die Hochschule stellt den Studierenden eine sehr positive Zukunftsprognose: *„Die Absolvent*innen des Masterlehrgangs ‚Rolling Stock Engineering' haben mit dieser umfassenden Ausbildung in der gesamten Bahn- und Mobilitätsbranche die Möglichkeit, unmittelbar Verantwortung zu übernehmen und international tätig zu werden"*, heißt es dazu aus dem Technikum.

Kontakt:

Technikum Wien Academy
Höchstädtplatz 6
A-1200 Wien
Telefon: +43 (0) 1 333 4077-2110
E-Mail: lehrgang@technikum-wien.at
Internet: academy.technikum-wien.at

ZHAW Zürcher Hochschule für Angewandte Wissenschaften – School of Engineering

Studiengang und Abschluss

- Europäische Bahnsysteme (MSc.) (trinational in Kooperation mit FH Erfurt und FH St. Pölten)
- Mobility Science (BSc.)

Studienbeginn: Herbstsemester (September)

Internet: www.zhaw.ch/engineering/mo
Blog: blog.zhaw.ch/verkehrssysteme/

Kontakt:

Hochschulsekretariat
Gertrudstraße 15, 8401 Winterthur, Schweiz
Telefon: +41 (0) 58 934 71 71
E-Mail: info@zhaw.ch

Hier scannen und mehr erfahren!

Fachschulen und Weiterbildungseinrichtungen

Weiterführende Qualifikation verschafft auch nach einer abgeschlossenen Berufsausbildung entscheidende Vorteile auf dem Arbeitsmarkt. Die Termine der Weiterbildungsangebote finden Sie auf www.zukunftsbranche-bahn.de.

■			*Ausbildung für den Fahrdienst*
	■		*Logistik, Management, Außenhandel*
		■	*Ingenieurwesen, Technik*

		■	Akademie der Hochschule Biberach
■	■	■	Aus- und Weiterbildungszentrum Verkehrsgewerbe Leipzig GmbH
■	■	■	BahnWege Seminare
	■	■	BME Akademie GmbH
	■		DAV
		■	EIPOS
	■	■	Haus der Technik e. V.
■			Sepona Akademie GmbH
■	■	■	Staatliche Fachschule Gotha
■	■	■	Verband Deutscher Eisenbahnfachschulen e. V. (VDEF)
		■	VDEI-Akademie für Bahnsysteme
■	■		VDV Akademie

Ohne Anspruch auf Vollständigkeit

Akademie der Hochschule Biberach

Die gemeinnützige Stiftung bietet in enger Zusammenarbeit mit der Hochschule Biberach seit über 40 Jahren Seminare, Lehrgänge, berufsbegleitende Studiengänge und Inhouse-Schulungen in den Bereichen Bau, Infrastruktur, Immobilien und Energie an.

Weiterbildungen u. a. in den Bereichen:

- Gleisbau
- Master of Rail Track Engineering (berufsbegleitender Masterstudiengang)
- Schnittstellen in der Planung von Schienenverkehrsanlagen
- Planen und Bauen im Städtischen Schienenverkehr
- MBA Unternehmensführung Bau (berufsbegleitender Masterstudiengang)
- Führung, Management, Kommunikation, Nachtragsverhandlungen u.v.m.

Kontakt:

Akademie der Hochschule Biberach
Karlstraße 6
88400 Biberach/Riß
Telefon: +49 (0) 7351 582-5 51
Fax: +49 (0) 7351 582-5 59
E-Mail: kontakt@akademie-biberach.de
Internet: www.akademie-biberach.de

BME Akademie GmbH

Die BME Akademie GmbH ist als Tochtergesellschaft des Bundesverbandes Materialwirtschaft, Einkauf und Logistik offen für alle Interessierten der Supply Chain. Geboten werden jährlich 1000 Veranstaltungen (Seminare, Management-Foren, Kongresse, Zertifizierungslehrgänge, individuelle Inhouse-Schulungen etc.).

Wir bieten Weiterbildungen unter anderem zu folgenden Themen:

- Schienengüterverkehr
- Intermodaler Verkehr
- Logistik
- Mobilität

Kontakt:

BME Akademie GmbH
Jacqueline Berger
Frankfurter Straße 27
D-65760 Eschborn
Telefon: +49 (0) 6196 582 8-200
Fax: +49 (0) 6196 582 8-299
E-Mail: jacqueline.berger@bme.de
www.bme-akademie.de

Rhomberg Sersa Vossloh GmbH

BahnWege® SEMINARE

Insider-Wissen rund um den schienengeführten Verkehr

Seit 30 Jahren unterstützen wir Unternehmen der Bahnbranche mit hoher Kompetenz und exzellentem Erfahrungswissen in der Qualifizierung der Mitarbeitenden. Als vom EBA anerkannte Schulungseinrichtung **BahnWege-Seminare®** legen wir Wert auf praxisorientierte Vermittlung der Fachkenntnisse für die Zukunft jedes Einzelnen, und damit für den Erfolg eines Unternehmens.

Das in Themen und Lernformaten breit aufgestellte Schulungsangebot richtet sich gleichermaßen an Neu- und Quereinsteiger wie an erfahrene Fach- und Führungskräfte.

Wir schulen u. a. zu diesen Themen:

- Basiswissen Bahntechnik
- Instandhaltungsmanagement Gleisinfrastruktur
- Recht und Betrieb
- Planen, Bauen, Qualität und Nachhaltigkeit
- Seminarreihe für Führungskräfte
- Funktionsausbildungen und Fit.Seminare

Wir machen auch Ihr Thema zum Fachseminar.

Kontakt:

Rhomberg Sersa Vossloh GmbH
Dagmar Daniel
Leiterin Seminare-Schulungen
Industriepark Region Trier
Jean-Monnet-Straße 14, 54343 Föhren
Telefon: +49 6502 98790 00
E-Mail: info@bahnwege-seminare.de

Erfahren Sie mehr unter
www.bahnwege-seminare.de

Aus- und Weiterbildungszentrum Verkehrsgewerbe Leipzig GmbH

Das Bildungsprogramm der AWV Leipzig GmbH ist auf den Aus- und Weiterbildungsbedarf von Eisenbahnpersonal ausgerichtet.

Bildungsangebote in den Bereichen:

- Eisenbahnbetrieb
- Fahrzeugtechnik und maschinentechnische Anlagen
- Instandhaltung
- Technik der Betriebsanlagen
- Recht und Betriebswirtschaft

Kontakt:

AWV Verkehrsgewerbe Leipzig GmbH
Vierackerwiesen 4
04179 Leipzig
Telefon: +49 (0) 341 2414-0
Fax: +49 (0)341 2414-299
E-Mail: info@awv-leipzig.de
Internet: www.awv-leipzig.de

DAV Bremen

Studium und Weiterbildung für Logistiker – seit 1960

Die DAV in Bremen bietet das praxisorientierte Bachelor-Studium „Internationales Logistikmanagement" berufsbegleitend und in Vollzeit an. Mit der Kombination von Logistikmanagement und Außenwirtschaft wird die gegenseitige Abhängigkeit und Verbundenheit von Logistikaktivitäten mit internationalen Wirtschaftsbeziehungen und außenwirtschaftlichen Themenbereichen berücksichtigt. Das Studium ist bewusst auf junge gelernte Kaufleute ausgerichtet, die in absehbarer Zukunft Führungsaufgaben in der Logistik übernehmen wollen bzw. sollen. Theorie und Praxis(erfahrung) werden dementsprechend optimal miteinander kombiniert.

Dauer, Einstieg & Studiengebühren

- drei Jahre (sechs Semester), berufsbegleitend - Einstieg einmal jährlich im April möglich
- zwei Jahre (vier Semester), Vollzeit Einstieg zweimal jährlich möglich, im April oder Oktober
- 2.850 Euro* je Semester (berufsbegleitend)
- 4.275 Euro* je Semester (Vollzeit)

Außerdem bietet die DAV die Weiterbildung zum Fachwirt (IHK-geprüft) für Güterverkehr und Logistik zweimal im Jahr an: kompakt und schnell in zwei Blöcken zu je neun Wochen oder berufsbegleitend im Abendunterricht.

Dauer, Einstieg & Lehrgangskosten

- (2 Blöcke) Einstieg jährlich im Januar möglich
- 1,5 Jahre (Abendunterricht) Einstieg jährlich im Oktober möglich
- 2.650 Euro*

* Die Finanzierung von Studium und Weiterbildung wird staatlich gefördert. Nutzen Sie das Aufstiegs-BAföG – wir beraten Sie gerne jederzeit!

Zulassungsvoraussetzungen

- erfolgreich abgeschlossene kaufmännische Ausbildung
- mindestens ein Jahr Berufspraxis nach der Ausbildung (Diese Voraussetzung entfällt beim berufsbegleitenden Studium)

Weitere Informationen

FAQ zum Studium:
www.dav-akademie.de/studium

FAQ zur Fachwirt-Weiterbildung:
www.dav-akademie.de/weiterbildung

Die DAV auf Instagram:
www.instagram.com/diekoenner

Kontakt:

DAV Bremen (BVL Campus gGmbH)
Universitätsallee 18, 28359 Bremen
Telefon: +49 (0) 421 94 99 10 54
E-Mail: dav@bvl-campus.de

EIPOS – Europäisches Institut für postgraduale Bildung GmbH

EIPOS

Ein Unternehmen der TUDAG TU Dresden Aktiengesellschaft

EIPOS bietet berufsbegleitende Weiterbildungen speziell für Ingenieure, Architekten sowie Baupraktiker im Bauwesen und steht für strukturierte und praxisorientierte Lehrinhalte, erstklassige Dozenten, kompetente Kursorganisation und ein lebendiges Miteinander im EIPOS-Netzwerk.

Weiterbildungsangebote ca. 250 Fachplaner- und Sachverständigenlehrgänge, Seminare in Themenbereichen:

- Barrierefreies Bauen
- Brandschutz
- Building Information Modeling (BIM)
- Energieeffizienz
- Erhalten und Sanieren
- Immobilienmanagement
- Ingenieurbau und Verkehrsbau
- Holzbau

Kontakt:

EIPOS GmbH
Freiberger Straße 37, 01067 Dresden
Telefon: +49 (0) 351 404704-210
E-Mail: eipos@eipos.de
Internet: www.eipos.de

Veranstaltungsorte

Berlin, Dresden, Hamburg, Mainz, München, Nürnberg, Stuttgart

Studiengänge

- Master of Engineering Vorbeugender Brandschutz

Haus der Technik (HDT)

hdt
WISSEN DURCH ERFAHRUNG

1927 in Essen gegründet, ist das Haus der Technik (HDT) das älteste unabhängige Weiterbildungsinstitut für Fach- und Führungskräfte Deutschlands.

Weiterbildungsangebote

- Grundlagen des Eisenbahnverkehrs
- Leit- und Sicherungstechnik
- Baubetrieb- und Umweltrecht im Eisenbahnverkehr
- Das System Bahn - ein fachübergreifender Überblick für Quereinsteiger
- Europäische Richtlinien
- HOAI und VOB
- Akustik, Schadensanalyse
- Sicherheit- und Risikomanagement
- Instandhaltung
- Einführung in den Bahnbetrieb
- Schwingungen
- Konstruktion
- European Train Control System (ETCS)
- Intralogistik
- Rotordynamik

Kontakt:

Beratung
Haus der Technik e. V.
Hollestr. 1
45127 Essen
Telefon: +49 (0) 201 18 03-312
Fax: +49 (0) 201 18 03-256

www.zukunftsbranche-bahn.de

Haus der Technik (HDT)

sepona Akademie

Die Sepona Akademie GmbH bietet eine praxisnahe bahnbetriebliche und bahntechnische Aus- und Weiterbildung mit hohen Qualitätsstandards am Standort Wustermark an.

Wir bieten an:

- Ausbildung zum Triebfahrzeugführer A/B gemäß TfV
- Ausbildung zum Wagenprüfer/ Bremsprobenberechtigten
- Ausbildung zum Wagenmeister
- FIT Unterricht/Regelmäßiger Fortbildungsunterricht
- Ausbildung GGVSEB
- Fahrsimulatortraining
- LZB, LZB-CIR_ELKE I + II
- Ausbildung zum Rangierbegleiter
- Ausbildung zum Rangierleiter nach BOA

Kontakt:

Sepona HR Services GmbH
Kohlenstraße 2
04107 Leipzig
Telefon: +49 (0) 341 14 99 466-0
E-Mail: info-hr@sepona-hr.de
Internet: http://www.sepona-hr.de

ANZEIGE

Seminare zur Aus-, Fort- und Weiterbildung

- Triebfahrzeugführer Klasse B/B1/B2*
- Rangierbegleiter*
- Fahrdienstleiter*
- Prüfer von Güterwagen Stufe 1 – 4*
- Eisenbahnbetriebsleiter*
- Bauüberwacher*
- Sicherungspersonal*
- Gepr. Industriemeister Gleisbau und Leit- und Sicherungstechnik-Eisenbahn*
- und viele weitere

*m/w/d

erband Deutscher Eisenbahnfachschulen e.V. (VDEF)
erseburger Straße 46 · D-06110 Halle (Saale)
l.: +49 345 685 397-80 · Fax: +49 345 685 397-86
ww.vdef.de · verband@vdef.de

- Vom Eisenbahn-Bundesamt anerkannte Ausbildungs- und Prüfungsorganisation
- Von der DB Netz AG anerkannter Bildungsträger
- Von sachlich zuständigen Industrie- und Handelskammern (IHK) anerkannter Ausbildungsbetrieb
- Zertifiziert nach DIN EN ISO 9001:2015
- Zugelassener Bildungsträger nach Sozialgesetzbuch III (SGB III) /Akkreditierungs- und Zulassungsverordnung Arbeitsförderung (AZAV)

Staatliche Fachschule für Bau, Wirtschaft und Verkehr Gotha

Studiengänge und Abschlüsse

- Staatlich geprüfter Techniker (m/w/d) für Verkehrstechnik (Bachelor Professional in Technik)

Studienbeginn:
Wintersemester

Fachrichtung Verkehrstechnik

- Wahlpflichtmodul Verkehrsinfrastrukturmanagement
- Wahlpflichtmodul Eisenbahnbetrieb
- Wahlpflichtmodul Personenverkehrssysteme

Kontakt:

Trützschlerplatz 1
99867 Gotha
Telefon: +49 (0) 3621 776-3
E-Mail: poststelle@fachschule-gotha.thueringen.de
Internet: www.fachschule-gotha.de

Verband Deutscher Eisenbahnfachschulen e. V. (VDEF)

Seit 1920 Bildungsträger im Verkehrsmarkt

Aus-, Fort- und Weiterbildung unter anderem in den Bereichen Bahnfachwissen, zum Beispiel

- Triebfahrzeugführer*/ Nebenfahrzeugführer* – Einsatz von interaktiven Fahrsimulatoren
- Kundenbetreuer* im Zug/Service
- Eisenbahnbetriebsleiter*
- Bauüberwacher*/Sicherungsüberwacher*
- Sicherungsposten*
- Sicherungsaufsicht*
- Bahnübergangsposten*
- Zugführer* und Rangierbegleiter* im Rahmen von Baumaßnahmen
- Bahnerdungsberechtigter*/ Schaltantragsteller*/Anlagenbeauftragter*

IHK-Meister*

zum Beispiel in den Fachrichtungen

- Gleisbau
- Leit- u. Sicherungstechnik – Eisenbahn

*(m/w/d)

Kontakt:

Verband Deutscher Eisenbahnfachschulen e. V.
Merseburger Straße 46, D-06110 Halle (Saale)
Telefon: +49 (0) 345 685 397-80
Fax: +49 (0) 345 685 397-86
E-Mail: verband@vdef.de
Internet: www.vdef.de

Bildungszentrum
Telefon: +49 (0) 34520911-84

VDV-Akademie

VDV Akademie

Wissens- und Weiterbildungsangebote sowie digitale Lernlösungen für Beschäftigte und Führungskräfte in der Mobilitätsbranche.

Lehrgänge und Qualifizierungsmaßnahmen

- Betriebsleiter/-in BOKraft
- Ausbilder/-in BOStrab
- Verkehrsmeister/-in (VDV)
- Fachwirt/-in für Personenverkehr und Mobilität (IHK)
- Oberleitungsmonteur
- Geprüfter Berufsspezialist / Geprüfte Berufsspezialistin für Elektronik Mobilität (IHK) – Kraftomnibusse
- Geprüfter Berufsspezialist / Geprüfte Berufsspezialistin für Elektronik Mobilität (IHK) – Schienenfahrzeuge
- Systemwissen ÖPNV

Kontakt:

VDV Akademie
Kamekestrasse 37 - 39, 50672 Köln

Sandra Raider
Leiterin Büro Geschäftsführung/Administration

Telefon: +49 (0) 221 57979-173
Fax: +49 (0) 221 57979-8175
E-Mail: raider@vdv.de
Internet: www.vdv-akademie.de

Scannen Sie einfach den QR-Code für weitere Informationen:

www.zukunftsbranche-bahn.de

Unsere Partner

Stimmen aus der Branche

„Seit vielen Jahren zeigt *Zukunftsbranche Bahn*, wie spannend und vielfältig die Welt der Bahnberufe ist – vom Lokführer oder der Gleisbauerin bis hin zu Ingenieur*innen und Fachkräften in der Bahnindustrie. Dieses Wissen entsteht nicht allein, sondern gemeinsam mit vielen engagierten Partnern, die wir hier vorstellen möchten."

Christian Wiechel-Kramüller,
Bahn-Media Verlag

Gewinnung von Fachkräften und Nachwuchs – zentrale Aufgabe der kommenden Jahre

In der aktuellen Legislaturperiode wird zwischen Bund und Ländern intensiv und häufig über die künftige Finanzierung des Angebots und über Infrastrukturinvestitionen für die Bahnbranche diskutiert. All das ist richtig und notwendig, denn wir benötigen für den ÖPNV und auch für die Eisenbahn eine nachhaltig bessere Finanzierungskulisse, wenn wir die Klimaschutz- und damit verbundenen Wachstumsziele der Branche bis zum Jahr 2040 erreichen wollen.

Doch ebenso zentral ist das immer drängendere Problem des fehlenden Personals in allen Bereichen unserer Unternehmen. Um es spitz zu formulieren: Jede zusätzliche Bahn, die gefahren werden soll, jede Baustelle im Netz, die beseitigt werden muss, und jede digitale Schnittstelle, die zu programmieren ist, benötigt ausgebildete, motivierte und fachlich versierte Kolleginnen und Kollegen, die ihren Job gerne und mit Engagement angehen, um mit uns gemeinsam die spannenden Aufgaben der Transformation und des Wachstums zu bewältigen.

Bei vielen Unternehmen geht es mit Blick auf Finanzierung und Personal vorrangig um den Erhalt des Status quo. Laut der aktuellen VDV-Personalumfrage geben über 74 Prozent der VDV-Mitglieder an, dass sie im aktuellen Jahr mehr Personal eingestellt haben als im Jahr davor, während 43 Prozent sagen, dass sie aus personellen Gründen ihren Betrieb zeitweilig einschränken mussten. Fast jeder und jede vierte Mitarbeitende wird bis 2030 altersbedingt ausscheiden.

Insofern ist es auch für den Branchenverband VDV von hoher Relevanz und Bedeutung, sich dem Thema der Personalgewinnung im Auftrag seiner Mitglieder strategisch und übergreifend für die Branche zu widmen. Neben unserer seit einigen Jahren erfolgreich laufenden Arbeitgeberinitiative und den zahlreichen Angeboten der VDV-Akademie in diesem Bereich haben wir uns deshalb entschieden, uns auch als starker Partner und Herausgeber bei „Zukunftsbranche Bahn" einzubringen. Wir begleiten diese etablierte und mit hohem Engagement betriebene Karriereplattform bereits seit einigen Jahren als Unterstützer. Wir freuen uns, dass wir gemeinsam mit den Verantwortlichen und weiteren Partnern die Produkte von Zukunftsbranche Bahn erfolgreich und mitverantwortlich weiterentwickeln, um so das wichtige Thema der Personalgewinnung und -bindung für die Branche zu stärken.

Oliver Wolff
VDV-Hauptgeschäftsführer

FOTO: VERBAND DEUTSCHER VERKEHRSUNTERNEHMEN (VDV)

So können junge Menschen mit einer Karriere in der Bahnindustrie richtig durchstarten

Du hast begonnen, in diesem Booklet zu lesen, und damit nicht nur hier die ersten Seiten aufgeschlagen, sondern vielleicht auch ein neues Kapitel in Deinem beruflichen Leben. Die Eisenbahn ist ein besonderer Arbeitgeber mit vielen Berufsfeldern und Chancen. Du findest hier eine ganze Bandbreite an Möglichkeiten bis hin zu Managementpositionen. Wenn Du jedoch glaubst, das ist alles zu kompliziert oder vielleicht auch zu altmodisch, dann schau nochmal genau hin. Die Eisenbahn ist ein ganzes Universum mit Menschen und Berufen im ständigen Wandel, u.a. in den Bereichen Digitalisierung, künstliche Intelligenz, Big Data, Cyber Security, Projektmanagement, Ingenieurwesen, Qualität, Logistik, Vertrieb, Finanzen und Personal. Unsere Eisenbahnwelt ist offener und digitaler geworden, die Berufsfelder vielfältiger und die Zukunft klar definiert.

Unsere Aussichten sind sehr gut, denn wir haben sowohl auf europäischer als auch auf nationaler Ebene viel Unterstützung in Gesellschaft und Politik. In die Erneuerung der Eisenbahninfrastruktur wird viel Geld investiert; gerade in Deutschland legen wir derzeit richtig nach. Die Eisenbahnindustrie liefert wie am Fließband neue Fahrzeuge, neue Schienen, Weichen und moderne Signaltechnik – wie z.B. das neue europäische Sicherungssystem ETCS, und wir helfen mit, dass Europa und Deutschland auf der Schiene wieder fit werden.

Liebe Leserinnen, die Eisenbahn ist nicht nur etwas für technikverliebte Jungs. Findet einfach in diesem Booklet heraus, was die Eisenbahn Euch alles bieten kann. Wusstet Ihr, dass die Chefetage der Europäischen Eisenbahnagentur (ERA) seit Kurzem mit Oana Gherghinescu besetzt ist? Oana ist eine engagierte junge Frau, die nun ein Team aus über hundert Mitarbeiterinnen und Mitarbeitern führt.

Viele junge Kolleginnen und Kollegen sind oft überrascht, welche Möglichkeiten man bei der Eisenbahn hat und wie vielfältig das System ist. Es gibt gute Karrierechancen und die Möglichkeit der Weiterbildung. Auch örtlich kann man sich verändern, denn deutsche und europäische Unternehmen sind in der Bahntechnik führend, agieren weltweit und bieten daher alle Chancen, sich persönlich im In- und Ausland weiterzuentwickeln.

Vielen von Euch ist eine gesunde Umwelt wichtig. Die Bahn hat große Umweltvorteile gegenüber anderen Verkehrsmitteln wie Auto und Flugzeug. Wir punkten durch geringere Emissionen und eine effizientere Nutzung von Ressourcen.

In der Welt der Eisenbahn findest Du unglaublich viele motivierte und ganz unterschiedliche Menschen, viele bleiben diesem System und der Gemeinschaft sogar ihr ganzes Leben lang treu. Bei uns ist nicht alles perfekt und wir haben noch viel zu tun, aber vielleicht entscheidest Du Dich mitzumachen und die Eisenbahn mit uns gemeinsam für die Zukunft zu gestalten. Ich bin seit über 25 Jahren dabei und habe es nie bereut. Wann kommst Du zu uns?

Enno Wiebe
Generaldirektor
UNIFE – Association of the European Rail Industry

FOTO: UNIFE

Berufseinstieg bei den Verkehrsunternehmen

Startklar für den nächsten Schritt: Ausbildung oder duales Studium?

Die Verkehrsunternehmen bieten abwechslungsreiche Jobs mit Perspektive

Du stehst vor deinem nächsten beruflichen Schritt und hast viele Fragen. Welche Branche könnte die richtige für dich sein? Was passt zu dir, wenn du etwas mit Menschen machen möchtest oder IT-Nerd bist und nach Abwechslung im Job und Bewegung suchst? Welche Ausbildungswege gibt es in einer Branche, die idealerweise sinnstiftend, zukunftsorientiert, nachhaltig und innovativ sein sollte?

Wie wäre es mit dem öffentlichen Verkehrssektor? Die nachhaltigen, vielfältigen und innovativen Berufsangebote in den Verkehrsunternehmen bieten dir bundesweit eine sichere Perspektive. Wer aktiv an der Verkehrswende und an einer klimaneutralen Zukunft arbeiten möchte, ist hier genau richtig. Was unsere Branche ausmacht, ist unsere Vielfältigkeit. Unternehmen des öffentlichen Personen- und des Schienengüterverkehrs sorgen bundesweit dafür, dass Millionen Menschen und Millionen Tonnen von Gütern ressourcenschonend ihr Ziel erreichen, Tag für Tag. Diese Verkehrsbranche bietet Zukunftschancen, Gestaltungsraum, Abwechslung und spannende Berufswege, auch für den direkten Berufseinstieg.

FOTO: PEXELS/ ANDREA PIACQUADIO

DIE
**VERKEHRS-
UNTERNEHMEN**

Wir glauben an die Talente junger Menschen und fördern Wissen, Potenziale und Können.

Wie wäre es mit einem Einstieg bei den Verkehrsunternehmen durch eine praxisorientierte Ausbildung oder ein duales Studium? Das kann im Fahrbetrieb, im kaufmännischen oder technischen Bereich sein. Schon einmal an ein duales Studium, wie zum Beispiel Bauingenieurwesen, Informatik, Elektrotechnik oder Immobilienwirtschaft, gedacht? All das ist möglich, denn die Verkehrsunternehmen suchen immer motivierten Nachwuchs und freuen sich auf deine Bewerbung!

Du hast schon was gelernt und willst dich aktiv für die Verkehrswende mit einsetzen? Ob mit Hochschulabschluss oder abgeschlossener Ausbildung, ob Quereinsteiger*in oder Facharbeiter*in – in unserer Berufswelt bist du willkommen. Die Verkehrsbranche wird jährlich bis 2030 und darüber hinaus viele Tausende Mitarbeitende einstellen. Da ist für jede*n ein passender Job dabei!

Übrigens: Wir sind auch offen für Studierende unterschiedlichster Fakultäten. Ein studienbegleitendes Praktikum, ein Werkstudierendenjob, eine Bachelor- oder Masterarbeit für erste Praxiseinblicke in die Verkehrsbranche sind ideal für eine berufliche Weichenstellung bei den Verkehrsunternehmen.

Vielfalt ist bei den Verkehrsunternehmen willkommen.

Zukunft gelingt auch durch Diversität. Neue Ideen und Perspektiven entstehen durch das Zusammenspiel unterschiedlicher Persönlichkeiten, die mit ihrem Wissen, Können und ihren Potenzialen Tag für Tag einen wertvollen Beitrag für ihr Unternehmen leisten, das wissen wir zu schätzen.

Wie gelingt dein Einstieg in der Zukunftsbranche Mobilität?

Das Branchen- und Karriereportal www.in-dir-steckt-zukunft.de zeigt dir mit einem Klick passende Jobs für alle Fachbereiche und Karrierelevel. Auf dem Portal findest du einen großen Stellenmarkt und konkrete Infos zu Ausbildungsoptionen, Arbeitgeberkontakte und Berufsbilder, in deiner Nähe und bundesweit.

Praxisberichte aus der Branche zeigen dir, wie unsere Verkehrsunternehmen denken, handeln und arbeiten und welche Erfahrungen Mitarbeiter*innen dort gemacht haben. Damit dein Einstieg gelingt und deine Bewerbung leichter wird, gibt es praxisnahe Karriere- und Bewerbungstipps im Blog. Klick dich einfach durch und mach dich schlau. Wir freuen uns auf deine Bewerbung für einen Berufseinstieg mit Perspektive!

**Willkommen an Bord der Verkehrsunternehmen. Steig einfach ein!
www.in-dir-steckt-zukunft.de**

ZuBa bei der Bundesagentur für Arbeit

Gutes Werkzeug für Berufsberater

Seit etwa fünf Jahren haben bundesweit alle Mitarbeitenden und alle Berater*innen der Bundesagentur für Arbeit sowie der Berufsinformationszentren (BIZ) Zugriff auf die Inhalte des Handbuchs Zukunftsbranche Bahn. Das sei ein sehr gutes Werkzeug, Bahnberufe kennenzulernen und dieses Wissen weiterzugeben, erklärt Sven Bußmann, Key Account Manager der Bundesagentur.

ZuBa: **Herr Bußmann, das Handbuch Zukunftsbranche Bahn wird seit 2020 von Ihren Mitarbeitenden und Beratern genutzt. Warum kooperieren die Bundesagentur für Arbeit und der Bahn-Media Verlag?**

Sven Bußmann: Der Verlag kam auf die damalige Großkundenberatung der Bundesagentur für Arbeit zu. Mittlerweile bin ich hier für die Eisenbahnbranche verantwortlich und unterstütze die größten Arbeitgeber bei der Personalgewinnung. Neben der Vermittlung spielt die Ausbildung und Qualifizierung von Quereinsteigenden eine wichtige Rolle zur Deckung des Fachkräftebedarfs in der Bahnbranche. Die Demografie und die politischen Investitionen in die Eisenbahn lassen den ohnehin hohen Bedarf an Fachkräften in den unterschiedlichsten Berufen noch einmal ansteigen. Wir wollen mit der Kooperation die Möglichkeiten und langfristigen Perspektiven in allen Bedarfsfeldern bekannt machen. Die Branche bietet nicht nur die bahntypischen Berufe mit und ohne Kundenkontakt, sondern auch viele andere Möglichkeiten in kaufmännischen und gewerblichen Berufen. Das Handbuch gibt da einen guten Überblick. Darüber haben wir uns in vielen Gesprächen bereits ausgetauscht.

Sven Bußmann

Key Account Manager
bei der Bundesagentur für Arbeit

Was halten Sie persönlich von dem Handbuch Zukunftsbranche Bahn? Und wo sehen Sie seine konkreten Vorteile?

Das Handbuch Zukunftsbranche Bahn finde ich sehr gut. Es unterstützt Jugendliche bei der Berufsorientierung im Bereich des Eisenbahnwesens. Es ist aber auch für Arbeitssuchende geeignet, die sich beruflich verändern wollen oder müssen. Viele Berufe können auch durch Teilqualifizierungen in einem Berufsabschluss münden. Das Handbuch bietet außerdem Hinweise für die notwendigen Fachkenntnisse und – wie der Name ja verrät – die Zukunftsfähigkeit der Berufsbilder.

FOTOS: BUNDESAGENTUR FÜR ARBEIT / PIXABAY ANDREAS160578

Neben den klassischen Berufsbildern wie Lokführer*in und Zugbegleiter*in bietet das Handbuch das ganze Spektrum der Berufe für die Branche. Es zeigt die Ausbildungsberufe und auch die Weiterbildungsmöglichkeiten und bietet gerade für Schüler*innen eine interessante Möglichkeit, einen Einstieg in die Branche zu bekommen. Zusätzlich erhalten sie einen Unternehmensüberblick und Tipps für die Bewerbung. Zusammen mit zum Beispiel dem BerufeNet und einer Beratung durch die Berufsberatung der Agentur für Arbeit wird sichergestellt, dass Interessen und Potenziale der Jugendlichen mit ihrer späteren Tätigkeit übereinstimmen.

Wie wird diese Vielfältigkeit des Handbuchs im Alltag Ihrer Mitarbeitenden genutzt? Und wird es von den Kund*innen angenommen?
Das Handbuch steht den Beratungsfachkräften der Berufsberatung über einen elektronischen Tauschordner bundesweit zur Verfügung. Die Rückmeldungen zeigen hier ein Interesse an Informationen, die im Beratungsgespräch an die Jugendlichen weitergegeben werden oder bei der Einschätzung helfen, ob ein Berufswunsch mit den Potenzialen der Jugendlichen harmoniert. Einzelne Berufsbilder werden ausgedruckt und an die Interessenten weitergegeben. Die Jugendlichen können sich im Internet und über Bestandsexemplare in den Berufsinformationszentren (BIZ) der Agenturen informieren. Damit sich die Jugendlichen auch außerhalb der BIZ mit den Berufen beschäftigen können, empfehle ich eine Anzahl von kostenfreien Mitnahmeexemplaren.

Herr Bußmann,
vielen Dank für das Gespräch.

Die Fragen stellte Dennis Tesch.

IMPRESSUM

Herausgeber:
VDV
Verband Deutscher Verkehrsunternehmen e.V.
Hauptgeschäftsstelle Köln
Kamekestraße 37-39, D-50672 Köln
www.vdv.de

und

Bahn-Media Verlag GmbH & Co. KG
Salzwedeler Straße 5, D-29562 Suhlendorf
www.bahn-media.com

Verlag:
Bahn-Media Verlag GmbH & Co. KG
Eingetragen im Handelsregister Lüneburg:
HRA 200919
pers. haft. Ges.: Bahn-Media Verwaltungs-GmbH,
Lüneburg HRB 201912
Geschäftsführer:
Dipl.-Volksw. Christian Wiechel-Kramüller
USt-IdNr.: DE264819031
St.-Nr.: 47/200/32000
Salzwedeler Straße 5, D-29562 Suhlendorf
www.bahn-media.com

Anzeigen- und Projektleitung:
Andrea Wiechel-Kramüller
orga@bahn-media.com
Telefon: +49 (0) 5820 970177-10
Maike von Scheve
vscheve@bahn-media.com
Telefon: +49 (0) 5820 970177-18

Redaktion:
Dennis Tesch
Christian Wiechel-Kramüller (v.i.S.d.P.)
Friederike Heuer (Satz + Layout)
Dr. Regine Anacker (Lektorat)

Druckerei:
"ADverts" printing house, LV-1021 Riga, Lettland

Erscheinungsweise: 1x jährlich
Auflagenhöhe: 6.000 Exemplare
17. Jahrgang
ISSN: 1868-7970, ISBN: 978-3-9819896-8-7
Schutzgebühr: 16,90 EUR

Bildnachweise:

Titel
coffeekai - iStock

Berufsbilder Bahn
Leonhard Weiss GmbH & Co. KG
Clemens Laub - SBB CFF FFS

Berufsbilder aus den Unternehmen
David Payr - ÖBB

Kontaktarena Unternehmen
Thomas Kiewning - DB AG
oatawa - stock.adobe.com

Europa
Kamran Aydinov - Freepick
Steve Vidler -
mauritius images

Bewerbungshelfer
Stockking - Freepik
Designed by Freepik

Kontaktarena Hochschulen und Fachschulen
benzoix - Freepick
Daniel Ernst - stock.adobe.com

Editorial
EyeEm - Freepik
AP Studio - Freepik

WISSEN, WAS ZÄHLT
Geprüfte Auflage
Klare Basis für den Werbemarkt